박만순의 기억전쟁 2

■ 일러두기

1. 이 책의 원고는 2020년 9월부터 2022년 3월까지 《오마이뉴스》에 연재된 기사를 수정·보완한 것이다. 각 원고 끝에 기사가 게재된 날짜를 명시해 두었다.
2. 증언 가운데 당시에 흔히 쓰던 옛말은 가능한 살려 썼고, 필요하다고 판단되면 현대어를 괄호 안에 병기했다.
3. 피해자, 유족, 증언자들은 성함만 쓰고 존칭은 생략했다.
4. 자료 표기 : 단행본은 『 』, 글 제목이나 노래·영화 제목은 「 」, 신문·잡지 이름은 《 》, 기사 제목은 〈 〉으로 표시하였다.

박만순의 기억전쟁 2

박만순 지음

고두미

책머리에

망각을 강요하는 세력과의 기억전쟁

"강순애 나와!"

불안감에 얼굴이 벌게진 강순애는 엉거주춤 일어났다. 유치장에 갇혀 있던 다른 여성들도 무슨 일인가 싶어 웅성댔다. "빨리 안 나와!"라는 고함에 그녀는 머리를 숙이고 유치장 밖으로 나왔다. 강순애는 고 순경(가명)에 의해 철사로 코가 꿰인 채로 2km 끌려갔다. 그녀가 피를 흘리며 소처럼 끌려간 곳은 홍성군 홍성읍 월산리 서낭당 자리였다. 막 코뚜레를 한 소가 주인에게 끌려가는 모습이었다. 아니 그보다 더 처참했다. 경찰서에서 서낭당까지 평소에는 20분이면 갈 수 있는 곳이었는데 강순애는 한 시간이 걸려갔다. 중간에 몇 차례나 주저앉고 기절하기를 반복했으니 그럴 만했다. 고 순경은 '인간 반 짐승 반' 모습을 한 강순애를 서낭당 앞에 세우고는 카빈총의 방아쇠를 당겼다. '탕' 소리와 함께 그녀의 고통도 끝났다.(2장)

드라마 '전설의 고향'에나 나올 법한 얘기이다. 하지만 1950년 10월 초 충남 홍성군에서 대낮에 버젓이 벌어진 일이다. 어떤 명분으로 강순애의 죽음을 설명할 수 있을까. 부역혐의? 백번 양보해서라도 그녀가 설령 부역행위를 했다손 치더라도 그런 불행이 닥칠 수는 없는 것이다. 그런데 72년 전 대한민국에서는 이런 일이 비일비재했다. 다만 21세기를 사는 우리들이 그런 사실을 모를 뿐이다.

국민보도연맹 사건과 형무소 재소자 학살 사건은 한국전쟁 초기에 대한민국 군경이 비무장한 민간인을 집단적으로 살해한 것이다. 그렇기에 국가와 국민간의 직접적인 대립 전선이 형성되었다. 그런데 '부역혐의' 사건은 그렇지가 않았다. 소위 북한군이 점령했던 인공시절에 감투를 쓰거나 인민위원회 심부름을 했다는 이유로 부역혐의의 굴레를 쓴 이들에게는 복잡한 상황이 작용했다.

UN군의 수복 후 군검경합동수사본부가 설치되어 부역혐의자에 대한 검거와 재판이 이루어졌다. 그런데 문제는 이와 같은 형식도 갖추어기 전에 각 지역별로 이루어진 '빨갱이 사냥'이었다. 부역혐의자 학살은 '죄형법정주의'에 기초한 것이 아니었다. 추정과 의심만으로 죄를 단정하고, 당사자가 월북하거나 다른 지역으로 피신하면, 그 가족을 대신 죽였다. 노인과 아이들을 가리지 않았다. 심지어 2~3세 미만의 어린이가 숱하게 있어 이름도 없이 '박아기', '김아기'로만 기억되고 있다.

지난해 충남 홍성과 태안, 아산, 경기도 김포, 여주에서 마주한 이들은 부역혐의로 가족을 잃은 이들이 유독 많았다. 이들이 겪은 역사의 상처를 엿보면서 새롭게 느낀 것이 많았다. 부역혐의자와 그 가족들에 대해 심사와 처벌을 주도한 이는 지서장과 구장, 청년방위대와 우익단체 간부였다. 그런데 놀라운 것은 그들 중에 인공시절 감투를 쓴 이들도 있었다는 점이다. 부역자가 신분 세탁을 해, '빨갱이 사냥'에 앞장서는 반공투사로 거듭난 것이다. 카멜레온보다 더 빠르고 놀라운 변신을 꾀한 것이다. 양지만을 찾는 이들의 삶과 역사는 한국전쟁 중에만 존재했던 것인지 자문하지 않을 수 없다.

부역 혐의자를 처벌하면서 주요한 기제로 작동한 것은 무엇인가? 법도 아니었고, 이성은 더욱 아니었다. 사실 이 사건은 국가와 국민이라는 직접적인 갈등과 마을과 집안 간의 갈등이 동시에 작용했다고 볼 수 있다. 그래서 특정한 성씨나 집안이 몰살한 경우가 많다. 대살(代殺)도 횡행했다.

결국 국가와 사회는 범죄를 저지른 이들을 처벌하는 것이 주가 아니라 공포사회를 조성하려는 것이 주요 목적이었다. 결론적으로 그런 목적은 성공했다. 1960년 4.19 혁명 직후 민간인 피학살자 유족들의 목소리가 잠시 터지긴 했지만, 박정희 군부세력의 군홧발에 움츠러 들을 수밖에 없었다.

20년간 전쟁과 망각의 역사를 기록하면서 '웬만큼 안다'고 자부하던 자신의 생각이 얼마나 허무맹랑하고 오만한 것이었는지를 이번에 새삼 깨달았다. 그런 생각을 한 데에는 백낙용 국민보도연맹 서천군지부장의 죽음을 접하면서였다. 6.25 발발 직후 예비검속되었던 그가 1950년 6월 28일 대전형무소에서 학살되었다는 제적등본상의 기록은 보도연맹원에 대한 예비검속과 학살이 얼마나 신속하게 집행되었는지 알게 해주었다.

일제강점기 수십 년간 민족해방운동에 몸 바친 이들은 해방 후에 남북분단과 좌우익 갈등으로 여러 갈래의 삶을 선택했다. 그중 사회주의의 신념을 갖은 이들은 한국전쟁 중에 국가에 의해 싹쓸이를 당했다. 대부분의 민간인학살 사건의 유족들이 그랬듯이 독립운동가의 가족들도 반백 년을 넘게 숨죽여 살아야만 했다. 충북 영동군 양강면 장철의 집안이 그랬다.(1장)

경기도 김포는 3.8선과 인접한 지역으로 전쟁 직후 북한군에 의해 점령된 지역이다. 정권을 누가 집권하던 행정조직은 필요하기에 북한군이 점령했던 시절에 인민위원회가 설치되었다. 전쟁 전에 마을 이장을 했던 이들이 대부분 리인민위원장으로 등용되었다. 그런데 UN군 수복 후에 그것은 부역의 증거로 작용되었다. 신부와 반공인사도 처형되었고, 한 집안에서 30여 명이 몰살한 경우도 있었다. 전쟁 후 30년 넘게 유가족들에게 올가미를 채운 연좌제가 있었음을 두말할 필요가 없는 일이다.(8장)

이번 책을 엮으며 끔찍한 사연이 너무 많지만, 끔찍함보다는 가슴이 먹먹한 사연이 특히 기억에 남는다. 경기도 여주군에서 아버지가 갇힌 창고에서 보초를 서야 했던 아들의 사연이다. 그 아들의 마음은 어땠을까? 사실 본인이 다치고 고통을 겪는 것보다 더 커다란 마음의 상처를 받지 않았을까.(9장)

미군에 의해 폭격과 기총소사로 백여 명의 가족을 잃은 월미도 원주민들은 전쟁이 발발한 이후 72년 동안 자신의 고향으로 돌아가지 못하고 있다. 국가에 의해 자신의 가족을 잃은 것도 억울한데 고향을 강탈당한 것이다.(7장)

여성을 바닷가에 세워놓고 권총으로 조준 사살하고 주민들에게 수류탄까지 던져 사연은 벌린 입이 다물어지지 않게 한다. 마치 군사작전을 치르듯이 악행을 저지른 것이다.

충남 태안군 근흥면에서의 악행은 소원면과 태안군 일대로 확산된다. 한국전쟁 초기 태안경찰서 경찰들은 관내 보도연맹원들에게 산채로 석유를 뿌리고 불을 질렀다. 옷과 몸에 불이 붙은 보도연맹원들이 사방으로 달아나자 경찰들은 이들을 향해 조준사격을 가했다.(3장) 그런 뒤에 태안면 소재지에 시신을 공개적으로 전시했다니, 이 이야기가 조선시대의 것인지 착각이 들 정도이다. 이런 사연을 읽다 보면 '우리 사회가 살만한 곳인가'에 대한 회의감이 밀려온다.

하지만 세상에는 악마만 존재하는 것이 아니다. 생명과 인권의 소중함을 느껴 함께 사는 세상을 꿈꾸는 이들이 있다. 1960년 4.19 혁명 직후 경북 경산군 코발트광산의 진실을 파헤치기 위해 동분서주했던 강창덕 기자와 그의 바통을 이어받아 시민 인권교육에 전념하고 있는 최승호 기자는 시대를 달리하지만 대한민국 현대사의 의인이다.(5장)

또한 지주를 살려준 충남 아산군 영인면 신운리 인민위원장 하수홍과 우익인사를 풀어준 경기도 화성군 태장면 병점리 인민위원장 최병기가 있었다. 이들이 있었기에 우리 사회는 '살만한 곳'이 된 것이다.

이번 책을 엮으며 끔찍한 사연이 너무 많아 글 쓰는 내내 필자 역시 고통스러운 시간을 보내야 했다. 하지만 역사의 기록으로 남겨야 한다는 믿음이 오마이뉴스에 '박만순의 기억전쟁' 연재를 지속시키는 힘이 되었다.

'박만순의 기억전쟁'을 연재하는데 동기 부여를 해준 오마이뉴스 심규상 기자와 매주 원고의 교정을 도와준 박순옥 기자에게 감사드린다.

'기억전쟁 시리즈' 네 번째 책을 내는 동안, 두 번째 책부터 표지 그림을 그려준 박건웅 화백이 이번에도 맡아 주었다. 그림으로 세상을 아름답게 바꾸려는 그의 선한 의지가 표지그림에 담겨 있다. 진실화해를위한과거사정리위원회 정근식 위원장과 소설가 안재성 님이 귀한 추천사를 보내주었다.

마지막으로 많은 유족과 시민들이 책을 내는 데 도움을 주었다. 이들의 도움이 없었으면 이 책은 세상의 빛을 못 보았을 것이다. 다시 한 번 모든 후원자들께 감사를 드린다.

2022년 6월

박만순

박만순의
기억전쟁2

차례

제1장 예비검속

제2장 부역

제3장 수류탄

제4장 몰살

제5장 해골광산

제8장 변신

제9장 창고

1

예비검속

대전형무소 최초 학살

정부 기록으로 확인된 백낙용 보도연맹 서천군지부장의 죽음

충남 서천상포사 김철주(가명)는 자전거를 타고 부리나케 시초면 풍정리로 향했다. 시초면에 사는 지인이 풍정리에 상(喪)이 났다고 알려주었기 때문이다. 상을 당한 백현수(1879년생)는 시초면의 유지로 김철주도 아는 이였다.

백현수 집안의 내력을 아는 김철주는 가슴 한쪽에 싸한 감정을 안고 자전거 페달을 부지런히 밟았다. 경쟁업체인 다른 상포사보다 먼저 상가에 조등(弔燈)을 걸어야 하기 때문이다. 제일 먼저 조등을 거는 상포사가 장례 일체를 주관하는 것이 당시의 관례였다.

풍정리 상가는 여느 집보다 곡이 처량했다. 망인(亡人)의 큰며느리 김양순이 구슬프게 곡을 했지만, 정작 그의 남편이나 시동생들은 한 명도 자리를 지키지 못했다.

삼일장의 마지막 순서인 출상(出喪)은 원만히 이루어지지 않았다. 김양순이 망인의 관을 붙들고 대성통곡을 했기 때문이다.

"아이고 아버님, 이렇게 가시면 원통해서 어떡해요. 아들이 넷이나 되면서 며느리 손에 출상을 나가시니……."

삼일 내내 곡을 한 그녀가 결국 출상을 앞두고 혼절한 때는 1955년이었다.

이승만이 대전으로 피난하며 제일 먼저 한 일

백남환이 보리밥 한 숟가락을 입이 미어터지게 넣고 된장찌개를 막 뜨려는 찰나였다.

"백낙용 씨, 잠시 서에 갑시다."

사복을 입은 경찰 두 명이 백낙용을 부르는 소리였다. 마루에서 식사를 하던 백낙용 가족은 기겁했다. 밥상에 숟가락들을 동시에 내려놓는 소리가 났다.

백낙용의 부모, 아내, 동생, 자녀 6명 등 총 11명의 대식구가 밥숟가락을 내려놓고 벌린 입을 다물지 못했다. 충남 서천군 시초면 풍정리에서 1950년 6월 27일 저녁에 벌어진 일이다. 그 와중에 백낙용의 동생 백락정과 장남 남환도 시초지서에 같이 연행됐으나, 둘은 그날 저녁 석방됐다.

다음 날 백낙용의 아내 김양순은 시동생 락정에게 남편의 속옷을 시초지서에 갖다줄 것을 부탁했다. 백락정이 지서에 가자 경찰은 "야, 거기다 놓고 가!" 하는 말뿐이었다. 다음 날 음식과 속옷을 가지고 갔을 때도 경찰의 반응은 전날과 같았다. 3일째인 6월 30일도 똑같은 상황이 발생하자, 그제서야 백락정은 '형에게 무슨 일이 생긴 것이 아닌가' 하는 의구심이 일었다.

그렇다면 백낙용은 그 시각 어디에 있었을까? 그는 6월 27일 연행되자마자 시초지서를 경유해 서천경찰서로 이송됐다. 곧바로 대전형무소로 이송된 그는 다음 날인 6월 28일 대전 산내 골령골에서 학살됐다.

그가 죽은 6월 28일은 무슨 날인가? 북한군이 남침하고 사흘 만에 서울이 함락된 날이다. 이승만이 서울시민을 속이고 대전으로 피난 온 6월 27

일의 다음 날이기도 하다. 또한 대한민국 정부가 군과 경찰에 형무소에 수감 된 정치·사상범들과 보도연맹원들을 예비검속해 처형하라는 지시를 내린 시점이다.

내무부 치안국은 충남경찰국에 좌익과 보도연맹원을 검거하고 처리하라는 무선(모스 부호) 전문을 하달했다. 그리고 충남경찰국은 대전경찰서와 유성경찰서 등 각 경찰서로, 각 경찰서에서는 각 지서로 이를 하달했다.

당시 충남경찰국 사찰과에 근무하던 서○○은 "6월 25일부터 30일 사이에 치안국에서 무선전문으로 보도연맹원들을 전부 검거해 처단하라는 지시가 충남경찰국으로 하달됐다"고 진술했다.(진실화해위원회 『2010년 상반기 조사보고서』)

1950년 6월 28일 대전형무소

위의 결정문은 1950년 6월 말 치안국이 전국의 형무소 재소자와 보도연맹원들을 처단하라는 명령을 내렸다는 것을 말해준다. 그렇다면 대전에서 6월 말 학살이 이루어졌다는, 보다 구체적인 근거는 무엇일까? 이와 관련해 1950년 7월 1일자 미군 전투일지에 유력한 내용이 있다.

> "신뢰할 만한 정보통의 1950년 7월 1일 보고에 따르면 한국 정부의 지시에 의해, 대전과 그 인근에서 공산주의 단체 가입 및 활동으로 체포됐던 민간인 1400명이 경찰에 의해 살해됐다. 이들의 시신은 대전에서 약 4km 떨어진 산에 매장됐다." (미 제25사단 CIC 파견대의 전투일지 활동 보고서)

미 CIC(육군 방첩대) 파견대의 전투일지에 구체적인 날짜가 언급돼 있지는 않지만, 보고서 작성일이 7월 1일이기에 사건 발생일은 6월 말임을 알 수 있다. 또한 중앙일보사에서 펴낸 『민족의 증언』에도 6월 말에 학살이 발생했음을 알 수 있는 내용이 있다.

이(승만) 대통령이 머물던 충남 도지사 공관과, 국무회의가 열리던 충남 도청과 대전형무소는 지근 거리에 있었다. 학살이 일어난 대전 산내 골령골과도 수 킬로미터에 불과했다. 당시 피난을 온 정부 각료와 고급관리, 국회의원 등은 대부분 대전시내에 있는 여관인 '성남장'에 머물고 있었다.

> "7월 1일 새벽에 성남장에서 잠시 눈을 붙이고 있는데 충남지사 관저에서 국무회의가 열리고 있다면서 급히 오라는 호출이 왔어요. 성남장에서 지사 관저로 오면서 보니까, 벌써 대전시가 발칵 뒤집혀 있어요. 모두 제정신이 아니예요."(중앙일보사, 『민족의 증언』 1권, 1983, 이선근 정훈국장)

대통령 이승만은 6.25 전쟁 앞에서 전란으로부터 어떻게 국가를 구하고 국민의 생명을 보호할까를 고민하지 않았다. 한강 다리를 폭격해 500여 명의 서울시민을 학살하고 자신은 대전으로 도망갔다. 대전으로 가면서 결정한 것이 대한민국과 자신에 부정적인 집단의 절멸(絶滅)이었다. 즉 형무소에 수감된 정치·사상범과 국민보도연맹원을 집단학살하겠다는 결정을 한 것이다.

위의 기록과 증언에 더해 대전 산내사건 유족들 중 자신의 가족이 6월 말에 학살(제사 일 기준)됐다고 주장하는 이들이 나타났다. 이러한 내용을 종합해, 제1기 진실화해위원회는 대전 산내사건의 최초 발

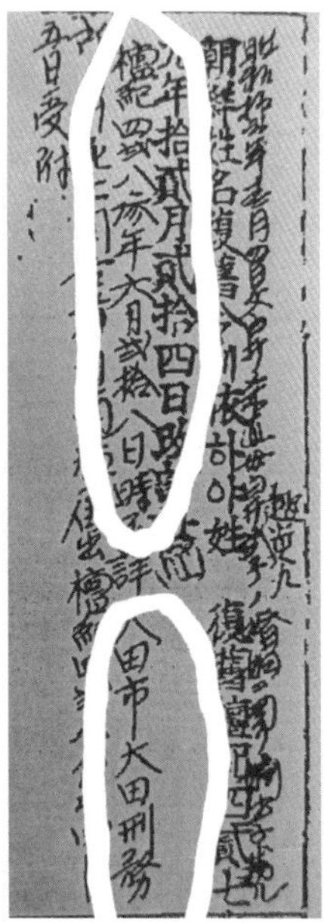

1950년 6월 28일 대전형무소에서 사망했다는 기록이 명시된 백낙용의 제적등본.

생일을 1950년 6월 28일로 진실규명했다.

그런데 이번에 이 날짜에 쐐기를 박는 일이 생겼다. 백낙용의 사망과 관련해 '단기 4283년(1950년) 6월 28일 時不詳(시불상) 대전형무소 사망'이라고 명기된 문서가 나왔다. 백낙용의 제적등본이다.

대전 산내 골령골에서 발생한 최초 시기의 학살 피해자가 문서로 확인되는 순간이다. 군작전일지와 증언으로만 언급되던 피해 날짜가 문서로 검증되는 역사적인 상황이다.

국민보도연맹 서천군 지부장이 된 동아일보 지국장

"당신 서천군수 해라."

"싫습니다."

경성고보 출신의 백낙용은 조선총독부에서 권유한 서천군수 자리를 과감하게 내팽개쳤다. 그런 후에 고향인 서천군으로 내려와 동아일보 지국을 차렸다.

그런 그가 1950년 초 국민보도연맹 서천군지부장을 맡은 연유는 무엇일까? 백낙용은 1947년 9월 서천경찰서에 검거됐다. 이유는 '포고령 2호' 위반이었다. 경

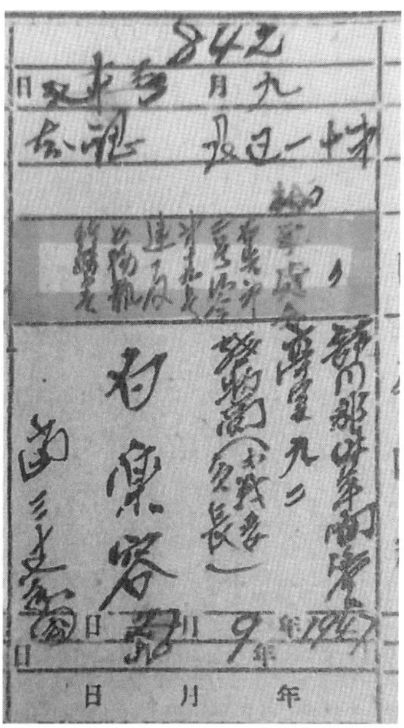

동아일보 기자 시절의 백낙용과 포고령 위반으로 집행유예 2년을 선고받은 판결문(왼쪽).

찰이 취재를 불허한 집회를 동아일보에 기사화했다는 것이었다.

이 일로 인해 그는 1948년 2월 17일 집행유예 2년의 선고를 받았다. 석방 후 약 2년 만에 국민보도연맹 서천군 지부장이 됐다. 사실 백낙용은 좌익활동한 전력이 있는 것도 아닌데, 좌익계열의 집회를 신문에 냈다는 것만으로 구속되고 강제로 국민보도연맹 지부장이라는 감투를 쓴 것이다.

'대한민국에 충성을 서약하면 공산당으로부터 보호해 준다'는 국민보도연맹 명부는 6.25가 발발하자 살생부(殺生簿)로 변했다. 예비검속 영순위가 된 백낙용은 대전형무소로 이송돼 산내에서 영원히 돌아올 수 없는 길을 갔다.

그렇다면 백낙용의 나머지 3형제는 왜 아버지의 출상을 지켜보지 못했을까?

백낙용 집안이 겪은 일제강점기와 한국전쟁

4형제 중 막내 낙규는 일제강점기에 징용대상자가 되어 일본으로 끌려갔다. 그는 해방 이후 귀국하지 못했고, 이후 소식이 두절됐다. 둘째 낙정은 앞서 보았듯이, 시초지서로 연행된 형 낙용을 수소문하다 행방불명됐다. 행불이라고는 하지만 당시의 정황상 경찰에게 학살됐을 확률이 높다.

셋째 낙효는 어떻게 된 것일까? 그는 인민군에 의해 의용군으로 차출됐다. 그가 의용군에 입대할 때 그의 조카이자 낙용의 장남인 남환도 같이 입대했다. 그런데 남환은 북으로 후퇴하는 도중 대열에서 이탈해 집으로 돌아왔지만, 낙효는 이후 소식이 두절됐다.

그 결과 백낙용 4형제는 아버지 백현수의 임종과 출상을 지키지 못했고, 백낙용의 아내 김양순이 남편과 시동생의 역할을 대신해야 했다.

이로써 백낙용 집안의 불행이 끝난 것은 아니다. 백낙용의 어머니 조정구도 장남의 죽음에 화병으로 사망했다. 남편 백현수가 죽기 몇 달 전인

백낙용의 어머니 조정구가 쓴 고소설 「어룡전」,

1955년이었다.

사실 조정구(1878년생)는 조선의 신여성이었다. 비록 신식 교육을 받지는 못했지만 어릴 적부터 책과 학문을 가까이한 그녀는 만 17세인 1895년에 고소설 「어룡전(魚龍傳)」을 썼다. 이 소설은 구전으로 내려오던 이야기를 글로 쓴 '구비소설'이다. 조정구의 소설은 기존에 최초의 '어룡전'이라고 밝힌 필사본보다 23년 먼저 쓰여졌다.

아버지 백낙용이 1950년 6월 27일 시초지서로 연행될 때 같이 끌려갔다 석방된 남환은 죽음의 문턱에서 1차로 살아났다. 그러다가 그해 8월 말경 의용군에 강제로 입대했다가 '대열'에서 이탈했다. 하마터면 총알받이가 될 뻔했던 상황에서 벗어났다.

물고기밥이 될 뻔하다

불행의 수렁에서 허우적대던 백남환이 자칫 물고기밥이 될 뻔했던 것은 그로부터 9년 후였다.

"북괴의 북송사업을 저지하는 것이 우리의 임무다. 귀관들이 임무를 성공적으로 수행하고 돌아오면 그에 상응하는 대가가 지급될 것이다."

조선민주주의인민공화국(북한)이 재일조선인을 북한으로 영주 귀국시킨 '재일조선인 북송사업'은 1959년에 시작됐다. 이승만 정부는 이를 극력 저지키 위해 한편으로는 전국에서 반공시위를 조직했다. 다른 한편으로는 '경찰특공대(?)'를 조직해, 이들을 일본에 침투시켜 북송사업을 방해하는 활동을 펼칠 계획을 수립했다.

"형님이 내무부 치안국의 '재일조선인 북송사업 저지를 위한 경찰특공대'에 자원했어요. 당시에는 임무를 성공하고 돌아오면 경찰 고위직으로의 특채와 엄청난 경제적 보상을 해 준다고 했어요." (백남식, 1949년생, 충북 진천군 광혜원면)

당시는 한·일 국교 수립이 이루어지기 전이라 '경찰특공대' 60명은 밀항을 해야 했다. 부산에서 통통배 10척에 나눠 탄 이들 중 절반가량은 불행하게도 현해탄에서 물고기밥이 됐다.

백남환은 천만다행으로 일본에 도착했지만 본연의 임무를 수행하기도 전에 일본 경찰에 적발됐고, 오무라수용소에서 2년간 격리됐다.

백낙용 집안 식구들이 법치주의가 확립된 사회에서 살았다면 평탄한 삶을 살았을 것이다. 하지만 분단과 한국전쟁, 남북의 체제경쟁으로 인해, 그의 가족들은 죽임과 행방불명, 국가폭력, 연좌제로 얼룩진 한국현대사의 비극을 모두 경험해야 했다.

2021.12.25

젖먹이 두고 아버지 대신 죽은 어머니

충북 영동군 양강면 독립운동가 장준 가족이 겪은 한국전쟁

"선생님, 우리나라가 해방이 됐답니다. 읍으로 나오시랍니다."

1945년 8월 16일 식전에 충북 영동군 영동읍에서 해방 소식을 들은 소년이 양강면 양정리 장철에게 와서 한 말이다. 이 말에 장철은 신발도 신지 않고 버선발로 집을 뛰쳐나갔다.

"만세! 조선독립 만세!"

그는 미친 사람처럼 마을을 한 바퀴 돌며 목이 쉬어라 '조선독립 만세'를 외쳤다. 집집마다 다니며 "우리나라가 해방되었다네. 왜놈들이 물러간디야."라고 외쳤고, 심지어 잠자리에서 일어나지 않은 이들을 깨워 해방 소식을 전했다.

장준 환영대회가 열리다

"모두 서둘러라."

"네. 아버님."

장철의 채근에 우진·영진·도진·기진 형제는 외출 준비를 서둘렀다. 셋째아들 장도진은 네 살짜리 딸 설자를 목말을 태웠다. 그들이 사는 양정리

에서 영동 역전까지는 10리(4km) 길이었는데, 가는 길은 흰옷을 입은 이들로 인산인해를 이루었다. 영동 마차다리(현재 영동대교)를 지나 영동시장 즈음부터는 제자리 걸음을 해야 했다. 영동역에는 나무로 연단이 설치됐다.

"지금부터 독립운동가 장준 선생 환영대회를 시작하겠습니다."

사회자 말에 참석자들은 우레와 같은 박수를 보냈다. 잠시 후 연단에 장준(1894년생)이 나타나자 "장준! 장준!" 하는 연호가 터졌다.

"동포 여러분! 그동안 왜놈들의 착취와 탄압에 얼마나 고생 많으셨습니까. …….."

육촌형인 장준의 연설을 듣는 장철(1895년생)은 울컥했다. 일제강점기부터 장준과 함께한 고난의 세월이 머릿속을 스쳐갔다.

장준과 장철은 '영동소작인상조회', '7월회'에 이어 '영동노농동맹회', '영동청년연맹' 활동을 같이 했다. 특히 영동청년연맹 활동과 관련해 1928년 영동군 18명의 활동가가 구속됐는데, 장철도 장준과 함께 1년 감옥살이를 했다.

장준은 이외에도 영동청년동맹(1929년), 영동소비조합(1930년), 영동적우동맹(1931년)의 최고지도자 역할을 했다. 특히 영동소비조합은 출범한 지 1년 만에 영동면(현 영동읍)에서만 조합원을 3000명이나 모았다. 생활용품을 공동구입해 중간이윤 없이 조합원들에게 값싸게 공급해, 조합원들의 경제적 이익을 추구했던 소비조합운동은 농민과 주민의 폭발적 지지를 받았다.

장준은 일제강점기 충북 영동군의 농민운동과 소비조합운동, 사회운동을 이끌었다. 그는 이외에도 1921년 종중 땅을 담보로 양강면 양정리에 구세군 예배당을 유치하여 구세군 선교에 산파 역할을 했다. 장준은 그곳에서 노동야학을 열었다. 또 그는 1926년 12월 결성된 제3차 조선공산당에서 충남북도당 위원장을 맡았다. 장준은 일제강점기에 20여 년 동안 독립

충북 영동군 양강면 양정리, 장준의 생가 터.

운동과 사회운동에 몸 바친 애국자이자 혁명가였다. 해방 전 공주형무소에 수감돼 있던 장준은 1945년 8월 17일 출옥했다.

장준은 말 그대로 영동군민에게는 전설 속의 독립운동가였다. 그러니 영동역에서 '독립운동가 장준 환영대회'를 치른 것은 당연했다. 8월 17일 행사에 장설자(당시 4세)는 아버지 장도진의 목마를 타고 할아버지 장철과 함께 참가했다.

해방된 조국에서도 감옥살이

1945년 12월 8일부터 3일간에 걸쳐 남·북조선의 332만여 명 조합원과 239개 조합을 대표하는 545명 대의원이 참석한 전농 결성대회가 서울 경운동 천도교회관에서 열렸다. 전농은 결성대회를 통해 일본 제국주의자와 민족반역자의 토지몰수와 조선인 지주에 대한 소작료 3·7제를 결정했다. 이 역사적인 대회에 장준과 장철이 각각 충북과 영동군 대표로 참석했다.

오중순(영동읍 심원리), 이종(영동읍 봉현리), 김태수(영동읍 매천리)도 함께했다.

장준과 장철을 위시로 한 이들은 해방 후 통일국가 건설에 심혈을 기울였다. 인민위원회·전농·조선공산당의 주춧돌 역할을 했다. 장철의 사촌 형인 장곤(1909년생)과 장인국, 장준의 아들 장세진, 장철의 아들 장도진·장기진도 동참했다.

1946년 10월 1일 미군정의 식량정책에 반대해 대구시민들이 일으킨 식량 봉기는 전국으로 확대되었다. 충북 영동에서도 마찬가지였는데, 이 와중에 10월 3일 영동읍에서 좌·우익이 격돌하는 사건이 발생했다. 이 사건으로 장준 등 18명이 청주지방법원에서 재판을 받았으며 장철과 그의 아들 장기진(1923년생)도 '소요 및 건조물 손괴 혐의'로 재판을 받았다. 일제강점기 민족해방을 위해 몸을 아끼지 않고 독립운동을 한 이들과 그의 자식들이 해방 후 조국에서 감옥살이를 해야 하는 비운을 겪었다.

시간이 흘러 남한만의 단독선거가 개최되기 하루 전인 1948년 5월 9일 오후 9시경 영동군 양강면 양정리 속칭 '속세봉'에서는 봉홧불이 올랐다. 장도진이 주동이 돼 5·10선거(초대 국회의원 선거) 반대 시위를 전개한 것이다. '5·10선거는 남북의 영원 분열이니 결사 반대한다'는 취지였다. 하지만 남로당과 좌익 진영의 반대에도 제주도 2개 지역구를 제외한 198명의 국회의원이 전국에서 선출됐다. 이어 1948년 8월 15일 대한민국 정부가 수립되었고, 이승만이 초대 대통령이 됐다.

이에 북조선은 남로당으로 하여금 인민대표자대회 소집을 위한 지하선거를 치르도록 했다. 북조선은 이 선거에 총 유권자 868만 1746명 가운데 그 77.52%에 달하는 673만 2407명이 선거에 참여하였다고 발표했으나 이는 대단히 과장된 수치임이 분명하다. 하지만, 북조선은 위 선거를 토대로 1948년 8월 21일 해주에서 1080명의 남측 '인민대표'가 참여한 가운데 360명의 남측 최고인민회의 대의원을 선출한 뒤, 조선민주주의인민공화국을 설립했다. 남조선과 북조선에 각각 대한민국과 조선민주주의인민공화국이라는 독립된 정부가 수립된 것이다.

장준과 장철은 당시 해주에서 열린 최고인민회의 대의원으로 선출돼 활동했다. 이후 장준은 북에 남았고 장철은 남하했다. 양단된 민족의 운명처럼 육촌 형제인 이들의 운명도 갈렸다.

아기를 친정어머니에게 넘겨

장철의 아들인 장도진의 딸 장설자는 양강초등학교 1학년 때인 1949년에 서울로 가는 기차에 몸을 실었다. 돈암동 문칸방에서 엄마 박봉아를 만났다. 박봉아의 남편 장도진은 경북 금릉군(현 김천시)에서 검거돼 김천형무소를 경유해 서대문형무소에 수감됐다. 장도진의 옥바라지를 위해 박봉아는 서울에 올라와 있었다. 장설자는 엄마의 손을 잡고 그해 여름 서대문형무소에서 아버지를 두 번 면회했다.

증언자 장설자(장도진의 딸).

이후 장설자는 양강면 양정리 본가로, 박봉아는 친정인 경북 금릉군 봉산면 봉계리로 내려왔다. 한국전쟁이 발발하고 6월 28일 인민군이 서울에 진주하자 장도진은 서대문형무소에서 풀려났다. 그는 육촌누나인 장경진을 찾아가 "영동으로 내려갑니다"라고 했지만, 이후 영원히 소식이 끊겼다. 영동으로 남하하다 군경에 검거돼 학살됐을 수도 있고, 인공 시절 서울에서 활동하다 월북했을 가능성도 있다.

전쟁 발발 직후인 1950년 6월 30일부터 장도진의 부인 박봉아가 있던 경북 금릉군 봉산면 봉계리에서는 예비검속이 실시되었다. 박봉아의 친정 아버지도 봉산지서에 연행됐지만 곧 풀려났다. 그는 봉산면장을 역임하고 술도가도 운영한 지역 유지였다. 대신 박봉아가 검거됐다. 당시 그녀에겐 아버지 얼굴도 못 본 젖먹이(장준혁)가 있었다. 죽음을 직감한 그녀는 친정 어머니에게 아기를 넘기고 자기 손가락에 있던 결혼반지도 빼주었다. 친정엄마는 눈물만 주르륵 흘렸다.

박봉아는 7월 15일경 봉산면 국민보도연맹원들과 함께 CIC 트럭에 실려 금릉군 구성면 상거리 지리대 지리계곡으로 갔고 그곳에서 총살 당했다. 남편 장도진이 이미 국가보안법으로 처벌을 받았는데, 단순히 그의 아내라는 이유만으로 이중처벌을 받은 것이다.

과부와 아이들만 남은 마을

한국전쟁 때 영동군 양강면 양정리는 마을이 풍비박산났다. 장도진의 큰형 장우진(1915년생)은 국민보도연맹원으로 영동읍 어서실에서 학살됐다. 둘째형 장영진(1917년생)은 전쟁 통에 행방불명되었다. 장준과 그의 아들 장세진은 전쟁 전에 월북했다. 국민보도연맹 양강면 책임자였던 장곤은 시기가 불분명하지만 월북했다. 장인국은 전쟁 전에 전주형무소에 수감되었다가 전쟁 직후 학살되었다.

1950년 3월 14일 발생한 영동초등학교 방화사건 여파도 참혹했다. 이 사건에 연루된 양강면 양정리 이강문, 장우섭, 장인천은 청주형무소에 수감되었다가 전쟁 발발 직후 청원군 일대에서 학살됐고, 이범철은 영동경찰서에서 고문을 받다가 사망했다. 이외에도 양정리에서는 국민보도연맹 사건, 형무소사건, 부역혐의사건으로 수많은 희생자가 양산됐다.

당시 양강면 양정리에는 남편을 잃은 과부와 아버지를 여읜 자식이 수십 명에 달했다. 장세진(장준의 아들), 장철의 아들 삼형제인 장우진·영진·도진, 장곤, 장인국 집만 따져보더라도 5명의 과부와 20명의 자녀들이 남편과 아버지 없이 살게 되었다. 그중 장설자 3남매는 아버지 장도진과 엄마 박봉아를 모두 잃어 천애고아가 되었다. 특히 젖먹이 장준혁은 영양실조로 1951년에 사망했다. 장철의 동생 장희는 아기 장준혁의 시신을 작은 항아리에 담아 산에 묻었다.

1970년도에 영동경찰서는 '관찰보호자카드'를 작성해 해당 주민들을 감시했다. 카드 대상자 중 양강면 양정리 정원자(1892년생)가 있었다. 그녀는 장도진의 어머니였는데, 장도진이 남로당원으로 활약하다가 월북해 행방불명됐다며 경찰은 정원자를 감시했다. 만약 장도진이 간첩으로 남파되면 어머니와 접선할 수 있다는 이유에서였다.

장도진이 월북했는지는 불분명하다. 다만 박봉아는 그의 아내라는 이유로 한국전쟁 초기 처형됐고, 정원자는 어머니라는 이유로 죽을 때까지 경찰의 감시를 받았다. 장설자 역시 결혼 전에 경찰이 찾아와 아버지 장도진의 행방을 물었다. 정작 장설자가 경찰과 국가에 묻고 싶었던 것을 말이다.

2022.03.11

2

부역

“남편 어디 있어?”
임산부에게 총구 겨눈 경찰

충남 홍성군 보도연맹 학살 피해자 이강세 이야기

국회의원 선거로 초비상 정국이었던 1948년 5월 초 밤 11시. 충남 홍성군 홍성경찰서 경찰들은 발소리를 죽이고 방문으로 다가갔다. 그리곤 상급자의 수신호가 있자 칼빈 총구가 문풍지를 북 하고 찢었다.

“꼼짝 마, 움직이면 쏜닷!”

방안은 쥐 죽은 듯 조용했다. 경찰들은 방문을 열어제치고 군화를 신은 채로 방으로 뛰어들었다. 방 안에는 임산부와 소녀 네 명이 옹기종기 앉아 있었다. 경찰은 임산부의 멱살을 잡고 가슴에는 총구를 갖다댔다.

“남편 어디 있어?”

“몰라요.”

“죽고 싶냐!”

소리치는 경찰의 검지가 움직이려는 찰나, 소녀들의 비명이 터졌다.

“악!”

임산부에게 총구 겨눠

“여기는 냅두고 마을이나 샅샅이 뒤져.”

다행히 상급자의 말에 경찰들은 우르르 나갔다.

그들이 찾던 이강세(1909년생)는 이미 마을을 벗어난 후였다. 이강세는 한 해 전인 1947년부터 쫓기는 신세였다. 그와 뜻을 같이한 동지들도 하나둘 경찰에 검거되었고 그들에게는 상상을 초월하는 고문이 가해졌다. 비선(祕線)을 통해 검거 소식을 접할 때마다 이강세의 가슴은 졸아들었다. 동지들의 고통이 자신에게 온전히 전해지는 듯했다.

특히나 임산부인 아내의 고통은 그에게 크게 다가왔다. 경찰 감시와 협박을 받는 것만도 고통인데, 임신한 몸이니 두말할 나위가 없었다. 1947년 이강세가 잠시 집에 들렀을 때 아내 이묘희는 임신을 했다. 때문에 이묘희에 대한 경찰 감시는 더 심해졌다.

"으앙~"

"아이고, 종섭이 엄마, 아들이에요."

딸만 넷이 있는 이강세 집에서 아들이 태어났다는 소식은 경사 중의 경사였다. 하지만 아들 이종민이 태어난 1948년 6월 25일, 충남 홍성군 홍성읍 옥암리 이강세 집은 마냥 잔치 분위기는 아니었다. 그때까지도 이강세가 경찰에 쫓기는 신세였기 때문이다.

아들이 태어났다는 소식은 이강세가 은거하던 보령군 원산도에도 전해졌다. 그는 이곳에서 어부와 농민, 스님으로 위장해 장인갑과 함께 지하 활동을 이끌었다. 2년간의 수배 생활에 이강세는 최종 선택을 해야 했다. 1949년 4월 서울에서 국민보도연맹이 만들어지고 대한민국 정부와 충남 경찰국은 '자수 기간'을 정했다. 국민보도연맹은 1949년 10월 25일부터 11월 30일까지를 자수기간으로 정하고 대대적인 자수·전향 작업을 진행했다. 자수하는 자에게는 과거를 묻지 않고 '국민으로서 보호해주겠다'는 것이다. 국민보도연맹(國民保導聯盟)의 결성 취지에 부합되는 것이다.

충청지역 검경 당국은 서울과는 달리 자수 기간을 한 달 연장했다. 정부의 감언이설은 끊임없었다. "자수하면 과거를 묻지 않겠다." "비료를 무상으로 배급해 주겠다." "가입할 경우 장래성도 있고, 취직도 보장해준다." 협박도 이어졌다. "가입하지 않으면 품앗이를 해주지 않는다." 농촌에서 품앗이를 해주지 않는다는 건 농사를 접으라는 의미로 '굶어 죽으라'는 얘기나 다름없었다.

이강세는 끝까지 신념을 버리지 않고 버틸 것인가, 자수를 해 새로운 삶을 살 것인가 고심했다. 자수하면 그간의 삶이 부정되고, '빨갱이'가 되는 것 같아 죽기보다 싫었다. 하지만 언제까지 도망다니고 처자식과 떨어져 있어야 한단 말인가. 결국 그는 홍성경찰서 문을 두드렸다. 좌익계의 거물이 제발로 찾아왔으니 경찰서장과 사찰과장의 입이 귀에 걸렸다.

홍성경찰서 사찰과에서 '자수서'와 대한민국에 충성을 약속하는 '서약서'를 쓰고 나온 이강세는 자괴감에 괴로웠다. 하지만 자수 후 6개월은 그의 생에서 유일하게 '신발 끈 풀고 살았던' 시절이었다.

평등사회 꿈꾼 농민운동 지도자

이강세는 아버지 이태로의 얼굴을 보지 못한 유복자다. 어머니 홍씨는 개가를 했고 이강세는 큰아버지 이장로의 자식으로 호적을 올렸다. 그는 1922년 홍동공립보통학교에 입학했다가 개가한 어머니를 따라 홍성공립보통학교를 졸업했다. 보통학교를 졸업하고 나서는 홍동면 대령리 큰아버지 집에서 '머슴 아닌 머슴' 생활을 했다. 소죽 쑤고 나무 하는 생활의 연속이었다. 사촌형 이관세는 공주고등보통학교를 다녔다.

이강세는 이때부터 '사람 위에 사람 없고, 사람 밑에 사람 없다'는 평등사상을 깨쳤다. 백부가 특별히 괄시한 적은 없었지만 삶 속에서 '사람과 사람이 평등한 사회'가 필요함을 몸으로 체득했다. 사촌형 이관세는 1929년 광주에서 발생한 광주학생운동의 영향으로 공주고보에서 동맹휴학을 일으켰다. 그 일로 이관세는 퇴학당하고 3개월 동안 옥고를 치렀다.

이후 이강세는 일본과 서울에서 학업을 이어나갔다. 그는 자연스럽게 항일운동에 발을 담궜고, 독서회를 조직하는 한편 '재경홍성학우회'를 만들었다. 그는 '재경홍성학우회' 제1회 집행위원회에서 수양부 대표를 맡았다.(경성종로경찰서 고등계 비밀문서 제1517호, 1930.2.6.)

학창시절의 이강세.

해방이 되자 이강세는 활동을 본격화했다. 자치위원회와 건국준비위원회에 이어 인민위원회 주요 활동가가 됐다. 그는 홍성군의 대표적인 농민운동 지도자로 홍성군 농민위원장을 맡기도 했다. 농민회(전국농민조합총연맹)가 내건 '토지는 농민에게로'라는 구호는 센세이션을 일으켰다. 당시 국민 70%가 농민이었던 점을 감안하면 당연한 반응이었다.

이강세는 1945년 12월 서울에서 개최된 '전국농민조합총연맹결성대회'에 홍성군 대표로 참석했다. 홍성군농민조합 활동은 구항면과 홍성읍 옥암리·월산리 등지에서 가장 활발했다. 당시 구항면에는 홍성공업전수학교 재학 당시 광주학생운동에 호응해 시위를 계획하다 퇴학당한 이차홍이 농민조합장을 맡고 있었다. 또 홍성읍 옥암·월산리에는 이강세가 살고 있었다.(1992년 6월 29일자 《주간홍성》)

홍성군 농민조합은 한보국이 이끌던 인민위원회의 주요 동력이었다. 이강세는 1946년 10월 17일 조합원 300명을 이끌고 구항지서를 습격했다. 대구에서 시작된 '10월 항쟁'의 연장선이었다. 이후 이강세는 홍성경찰서 제1의 요시찰 인물이 되었다.(충남지방경찰청, 『충남경찰 연혁사』)

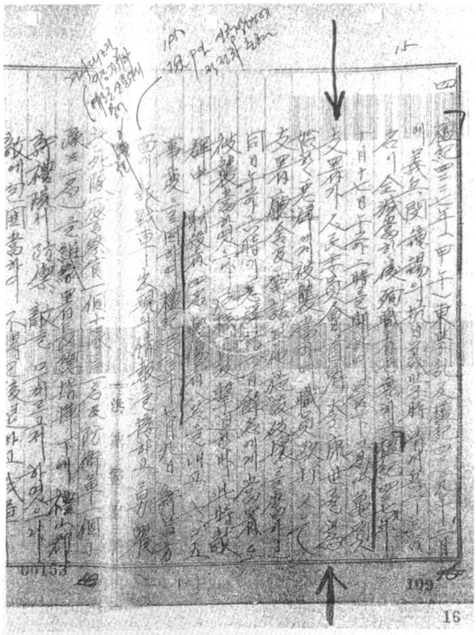

이강세를 위시한 홍성농민회가 구항지서를 습격한 사실이 기록된 충남경찰 연혁사.(출처=진실화해위원회)

그렇다고 이강세가 사회주의 이론으로만 농민운동을 지도한 건 아니었다. 그는 일본에서 배운 신농업 기술을 농민들에게 대가 없이 전파했다. 복숭아, 사과, 배 등의 과일 재배법과 묘목과 화초 재배까지 다양한 기술을 가르쳤다. 그런 이강세였기에 자연히 지역의 농민 지도자로 부상할 수 있었다.

홍성군보도연맹, 과연 몇 명이었을까

이듬해인 1950년 1월 25일 홍성군 보도연맹이 결성되었다. 이날 행사에는 대전지방법원 성세호 홍성지청장과 박헌교 홍성경찰서장, 김영배 사찰주임 및 다수의 지방유지와 우익단체 간부 등 100여 명이 참석했다. 사무국장은 박종세, 선전부장에는 이강세가 임명되었다. 이강세의 사촌형 이관세도 가입했다. 이들은 모두 한국전쟁 발발 직후 보도연맹원이라는 이유로 집단 학살당한다.

당시 전국의 보도연맹 가입 대상은 일차적으로 1949년 10, 11월 검경 당국에 자수한 이들이었다. 홍성군 자수자는 1380명이었다. 각 지역별로 보도연맹 확대 작업이 벌어졌는데 나중에는 소위 할당제가 도입되기도 했다.

최재선(1951년생, 홍성군 갈산면 상촌리)의 아버지 최정희(1918년생)도 할당제로 가입된 경우다. 홍성군청 공무원이던 최정희는 6.25 당시 구항면사무소에 근무했는데, 본인도 모르는 사이 보도연맹에 가입됐다.

"아버지가 출장을 갔는데요. 그 사이 구항면사무소 동료 직원이 아버지 책상에서 도장을 꺼내 보도연맹원 명부에 자의로 도장을 찍었다고 합니다."

아버지 얼굴도 못 본 최재선은 아버지를 죽게 한 황당한 사연을 전하며 눈시울을 흘렸다.

최정희는 극히 드문 사례일 수 있지만 보도연맹 가입자 모두가 좌익 활동을 한 것은 아니라는 점은 확실하다. 주요 간부들은 그랬다 쳐도 일반 보도연맹원들은 정부와 지역 경찰들의 강요로 가입한 경우가 많았다.

이강세가 자수한 1949년에 충남 지역 자수자들은 총 3902명이었다. 그 중 홍성군은 1380명으로, 충남 전체의 35%였다.(진실화해위원회, 『2009년 상반기 조사보고서』) 이후 가입 독려와 할당제 등을 통해 홍성군보도연맹에 가입한 사람은 더 늘었을 것이다. 때문에 홍성군 보도연맹원은 100명이고, 이 중 학살된 이들도 100여 명이라는 설명은 신빙성이 떨어진다. 홍성군 보도연맹원들은 얼마나 죽었을까? 진실규명이 필요한 대목이다.

증언자 이종민(이강세 아들).

2021.05.08

쫓겨나듯 이민 가고 육체노동 전전… 전쟁 통 아버지의 죽음 그후

충남 홍성군 보도연맹원 학살과 유족들의 삶

"야, 종섭아, 큰일 났다!"

"왜요 어머니?"

"난리가 났다."

"예?"

이종섭(1933년생)의 어머니 이묘희는 잔뜩 긴장한 얼굴로 큰딸에게 자초지종을 설명했다. 종섭의 아버지 이강세(1909년생)가 경찰에게 붙잡혀 갔다는 것이다. 이묘희는 아침밥을 먹는 둥 마는 둥 했고 종섭을 비롯한 딸 넷도 부들부들 떨기만 했다. 1950년 6월 25일의 일이다.

이묘희는 6개월 전 불안했던 나날이 떠올랐다. 1947년부터 2년에 걸친 남편의 도피 생활은 '지옥 같은 삶' 그 자체였다. 거기다 막내 이종민까지 임신하니 하루하루가 불안했다. 그런데 작년에 남편이 홍성경찰서에 자수하고 보도연맹 홍성군지부 선전부장을 맡고 나서부터는 발 뻗고 잘 수 있었다. 늦둥이 종민(1948년생)이의 재롱을 보며 오랜만에 이강세·이묘희 집안에도 웃음꽃이 피었다.

그런 지 6개월도 채 안 돼 남편 이강세가 식전에 홍성경찰서로 끌려가는

광천읍 폐광에서 학살된 이강세(뒷줄 왼쪽 첫번째).

난리가 났다. 그날은 다름 아닌 1950년 6월 25일. 이날 정말로 나라에 난리가 났다는 것은 나중에 시간이 흐른 후에야 알게 됐다. 천만다행으로 이강세는 그날 집으로 돌아왔다.

"그냥 물어볼 게 있어 그랬다는구만."

이강세는 덤덤한 표정으로 아내에게 말했다. 그러나 안심하기는 일렀다. 이틀 후 이강세는 다시 연행됐고 다시는 집으로 돌아올 수 없었다. 1950년 7월 11일 충남 홍성군 광천읍 담산리 광산터에서 학살되었다.

6.25 나던 날 예비검속 당해

한국전쟁 발발 직후인 1950년 6월 25일 내무부 치안국장(장석윤)은 전국 각 도의 경찰국장에게 '전국 요시찰인 단속 및 전국형무소 경비의 건'이라는 제목의 비상통첩을 전언통신문으로 내려보냈다. 이어 6월 29일에는 '불순분자 구속의 건', 6월 30일에는 '불순분자 구속처리의 건', 7월 11일에는

'불순분자 검거의 건'이 잇따라 하달되었다. 경찰의 예비검속은 일련의 통첩을 통해 진행됐다.(진실화해위원회, 『2009년 상반기 조사보고서』)

'요시찰인 단속 및 구속'은 이승만 정부에 비판적인 세력을 일시에 검거·구속한다는 의미로 여기에는 보도연맹원뿐만 아니라 전국의 형무소재소자(정치·사상범), 좌익활동가를 모두 일컫는다.

보도연맹원 예비검속과 학살은 강원도부터 시작됐다. 당시 6사단 헌병대에 근무한 김만식(1926년생)은 "6월 28일경 강원도 횡성에서 춘천 지역 보도연맹원들을 학살했습니다"라고 증언했다. 그리고 그는 30일에는 원주에서 보도연맹원들을 학살했다.(2007년 11월 13일, 진실화해위원회, 〈김만식의 공개증언〉)

당시 교통 수단을 감안하면 춘천 지역 보도연맹원들은 늦어도 6월 26일부터 춘천경찰서에 의해 예비검속 당한 것으로 보인다. 강원도 북부 지역은 6.25 발발 직후부터 보도연맹원들을 잡아들였다는 얘기다. 그런데 홍성군의 이강세는 6월 25일 1차로, 27일에 2차로 예비검속을 당했다. 이는 중부지방 경찰서들도 요시찰 인물에 대해서는 6.25 발발 직후부터 예비검속을 단행했음을 알려준다.

홍성군 인민위원장이 시신 수습 지시

이강세가 홍성경찰서 상무관에 구금되자 큰딸 종섭은 막내 종민을 업고 아버지 도시락을 들고 찾아갔다. "아이고, 우리 애기 왔구나"라며 막내아들을 건네받은 이강세의 눈은 슬픈 빛을 발하고 있었다. 불과 2~3분의 면회가 끝났지만 아기 이종민은 아버지의 품에서 떨어지려 하지 않았다. 이강세는 경찰에게 부탁해 경찰서 앞 매일홍성시장으로 갔다. 토마토를 사서 아들의 손에 쥐어주니 그제야 아버지의 품에서 떨어졌다.

홍성군내 보도연맹원 대부분은 각 지서를 경유해 홍성경찰서 상무관에 구금됐다. 홍성읍 옥암리 소쇄울의 김창모(1922년생)와 갈산면 상촌리 최정희(1918년생)가 그런 경우다. 비가 억수로 쏟아지던 7월 10일 경찰에 연행된 최정희가 다음 날 용봉산에서 학살됐다는 소식이 상촌리에 쫙 퍼졌다. 최정희의 사촌동생 최종로(1930년생)는 집안 어른들과 함께 상여를 메고 30리(12km) 길을 걸어가 시신을 수습했다.

예외적으로 갈산면 행산리 텃골에 살던 김종갑은 갈산지서에 구금됐다가 학살터인 갈산면 행산리 이동부락 광산으로 곧바로 끌려갔다. 이동부락 광산 입구에서는 김종갑을 포함한 7~9명이 학살됐다. 홍성군 보도연맹원 중 1차로 끌려가 학살된 이들은 보도연맹 간부급이었다. 이강세와 이관세를 포함한 보도연맹원 약 20명은 트럭에 태워져 광천읍 담산리 광산터로 끌려가 학살됐다.

홍성경찰서에 남아 있던 여성 2명을 포함한 보도연맹원 80여 명은 홍북면 상하리 용봉산 2곳에서 학살됐다. 여기에는 홍성농업학교 학생이었던 이홍성(홍북면 봉신리)처럼 학생도 포함됐다. 학살이 일어난 때는 1950년 7월 11일로 북한군이 홍성에 진주하기 하루 전이었다.(진실화해위원회, 『2009년 상반기 조사보고서』)

다음 날 인민군이 홍성군에 들어왔고 한보국이 홍성군 인민위원장을 맡았다. 한보국이 누구인가? 한보국은 1919년 3.1 만세운동 민족대표 33인 중 한 사람인 만해 한용운의 아들이다. 그는 6.25 전 월북했다가 전쟁 발발과 더불어 남하했다.

인민위원장이 된 한보국이 제일 먼저 내린 지시는 '이강세의 시신을 수습하라'는 것이었다. 한보국과 이강세는 해방 직후부터 홍성군 인민위원회와 농민조합에서 뜻을 함께 한 동지였다. 하지만 한보국의 지시에도 이강세의 시신은 수습되지 못했다.

옴짝달싹 못 해 이민 결심

토마토를 사준 아버지 이강세가 광천읍 폐광터에서 학살당한 후 이종민의 삶은 어땠을까? 그는 아버지 몫의 땅이 3500평이나 되어 보리쌀은 먹을지언정 굶지는 않았다. 그는 서라벌예대 연극영화과에 입학했다. 이범선 소설을 원작으로 유현묵 감독이 메가폰을 쥔 영화 「오발탄」(1961년)을 본 후부터 그의 롤모델은 유현묵이 되었다.

그는 서울중앙방송국 공개 채용에 응시했다. '언젠가는 영화감독이 되겠다'는 꿈으로 우선 아나운서 시험에 응시했다. 그런데 '귀하는 해외여행에 결격사유가 있어 아쉽게도 떨어졌습니다'라는 통보가 돌아왔다. 아버지 사건으로 인한 신원조회로 낙방한 것이다. 그는 앞이 캄캄했다. 무슨 일을 하려 해도 신원조회에 걸려 옴짝달싹 못 할 거라는 절망의 구렁텅이에 빠졌다.

증언자 이종민(이강세의 아들).

이종민은 대한민국이 싫어졌다. 외국으로 나가는 방법은 이민밖에 없었는데 그도 쉬운 일은 아니었다. 여권을 신청했지만 3년 동안 감감무소식이었다. 결국 처가를 통해 육군소령이 신원보증을 서 여권을 발급받을 수 있었다. 그렇게 허둥지둥 보따리를 싸 미국으로 간 때가 1975년이었는데, 2005년이 되어서야 이종민은 되돌아와 영구귀국

했다. 그는 홍성신문 상무이사를 맡기도 했는데 2017년부터 홍성군유족회 회장을 맡았다. 그는 아버지의 청춘을 앗아간 한국전쟁기 민간인 학살 사건의 진실을 파헤치기 위해 오늘도 고군분투하고 있다.

연탄가스로 숨진 남편

아버지가 전쟁 때 학살당한 자식들의 삶은 비슷하다. 아버지 최정희의 얼굴도 못 본 최재선(1951년생)은 어머니가 1955년에 개가해 의붓아버지와 함께 살게 됐다. 갈산중학교에 억지로 입학했지만 수업료를 제대로 낼 수 없었다. 다행히 졸업은 할 수 있었다. 중학교 졸업 후 최재선은 아버지가 운영하는 양복점에서 기술을 배우며 일을 했다. 잠시 상경했다가 시골로 내려와 1986년부터 35년째 세탁소를 운영하고 있다.

홍성군 갈산면 상촌리 김수일(1949년생)의 삶도 크게 다르지 않다. 어머니가 1951년도에 개가하자 형은 작은아버지에게 맡겨지고, 자신은 어머니를 따라갔다. 갈산중학교에 입학했지만 결국 입학금을 내지 못해 쫓겨났다. 15세에 강원도 춘천 식당에 취업해 설거지부터 시작해 육체노동 세계를 전전했다. 서울에서 개인택시와 카센터를 하다가 자리를 잡지 못하고 시골로 내려왔다. 치매 걸린 어머니를 14년 모시기

홍성군 광천읍 폐광터에서 학살된 김창모의 딸 김일선.

도 했다.

광천읍 폐광에서 학살당한 김창모의 딸 김일선(1949년생, 경기도 부천시 소사구 소사1동)의 삶은 훨씬 기구했다. 아버지가 죽자 어머니는 광천읍 내죽리로 개가했다. 김일선은 초등학교도 입학 못하고 사촌동생 애기업개 일을 했다. 밥, 빨래 등 종일 일을 했지만 구박만 돌아왔다.

1965년 17세에 창신동에서 식모살이를 했는데, 한 달 월급이 500원이었다. 19세에 결혼했지만 식은 올리지도 못했다. 시부모를 모시고 시누이, 시동생 뒷바라지를 해야 하는 고된 신혼살림이었다. 1972년 음력 1월 그녀는 하늘이 무너지는 아픔을 겪었다. 남편이 연탄가스 중독으로 세상을 떠난 것이다. 이렇게 허망하게 남편이 죽었을 때 김일선의 나이는 24세였다. 이후 자식 둘을 키우는 일이 김일선에게 남겨졌다. 그녀는 공장 생활을 전전하다 현재는 공공근로 일을 하고 있다. 6.25 때 아버지가 학살당한 고통이 반백년 넘게 이어져 온 것이다.

2021.05.15

좌익 신랑, 우익 신부…
사랑으로 극복한 이념 갈등

충남 홍성군, 적대세력에 의한 민간인 학살 사건

"우리들은 (충남 홍성군) 결성면사무소 토벌작전에 참가하오. 그러니 여성 동무들은 월산으로 가 있으시오."

1950년 10월. 이종섭(1933년생)이 대전에서 '여맹(여성동맹) 간부교육'을 받고 온 직후였다. 그녀는 홍성군 인민위원회와 민청(민주청년연맹) 회원 약 200명이 결성면으로 향하는 모습을 물끄러미 바라보았다.

연합군이 인천상륙작전에 성공했고 서울이 수복됐다는 소식이 들리긴 했지만, 홍성군청에는 아직 인공기(조선민주주의인민공화국 국기)가 펄럭이고 있었다. 이런 시기에 결성면 우익세력이 면사무소를 점거했다는 전갈이 홍성군 인민위원회에 접수됐다. 전체적인 전황(戰況)은 불리했지만 마냥 가만히 있을 수도 없었다.

민청원들은 무장하고 인민위원회는 비무장한 상태로 결성면사무소 탈환 작전을 펼쳤다. 면사무소를 접수한 결성면 우익세력들의 저항은 완강했지만 결국 인민위원회에 밀리고 말았다. 당시 결성면사무소에는 대한민국 군인과 경찰이 없었고, 우익세력뿐이었다. 이 과정에서 결성면 면장을 포함한 우익 인사 상당수가 학살되었고, 민청 등 지방 좌익도 약간의 인명

피해가 있었다. 1950년 10월 초의 일이었다.(이종섭의 생전 증언)

결성면사무소 습격사건

결성면사무소 탈환에 성공한 이들이 홍성군으로 오는 도중 대한민국 경찰이 홍성군청과 경찰서를 접수했다는 전갈이 왔다. 경찰과의 전면전은 승산이 없음을 잘 아는 홍성군 인민위원장 전명재는 홍성읍 월산으로의 후퇴를 결정했다. 불과 몇 시간 전 결성면사무소를 탈환한 사기는 사라지고 이제는 대한민국 경찰에 쫓기는 신세가 됐다.

월산에서는 지도부 긴급회의가 열렸다.

"천수만으로 해서 월북합시다."

천수만(淺水灣)은 충청남도에 위치한 남북으로 긴 만으로 동쪽은 서산군, 홍성군, 보령군에 접하고, 북쪽과 서쪽은 태안군의 태안반도와 안면도와 닿았다.

"천수만까지 갈 여력이 있습니까? 인민군 따라 월북합시다."

의견이 엇갈려 중구난방하던 중에 타타탕 하는 소리가 들렸다. 경찰이 가까이 온 것이다.

"각자 흩어져서 가야산에서 집결합시다. 이후 행로는 그곳에서 정합시다."

전명재 위원장은 행동지침을 내리고 자리에서 일어났다. 하지만 이후 가야산에 집결한 이들은 많지 않았다. 이곳에서 홍성군 인민위원회는 3일간 방어선을 구축하고 싸웠지만 결국 패퇴했다.

사형선고를 받은 이가 육군 대위와 결혼한 이유

많은 이들이 가야산 현장에서 학살되거나 포로수용소로 이송되었다. 그 과정에서 홍성군 인민위원장 전명재는 자폭했고, 광천읍 인민위원장이었

여맹 활동을 했다는 이유로 사형 선고를 받았던 이종섭(둘째 줄 가운데).

던 장인갑은 검거 후 처형되었다. 전명재는 홍성읍의 500석지기 집안의 자제였고, 장인갑은 6.25 당시 홍성군에 두 명밖에 없던 의사 중 한 명으로 광천에서 병원을 운영하고 있었다.

아버지 이강세가 보도연맹 학살사건으로 죽임을 당한 후 장녀 이종섭은 홍성군 여맹 간부를 떠맡게 되었다. 여맹 간부교육을 마치고 난 후 '월산에 가라'는 지시를 받은 이종섭은 이후 월산 인근 마을로 내려왔다가 붙잡혀 재판을 받았다. 도피했을 뿐인데 이종섭은 군경에 의해 '빨치산'으로 되어 있었다.

"이종섭, 사형!"

판사의 언도에 이종섭은 눈물이 주르르 흘렀다. 아버지에 이어 자신도 이렇게 세상과 작별하는구나라는 생각이 차올랐다. 다행히도 이후 재판에서 무기징역 형으로 감형됐고, 최종적으로는 수감 3년 만에 석방될 수 있었다.

대전형무소에서 출감한 그녀 앞에는 사회의 싸늘한 시선이 기다리고 있었다. 천만다행으로 대전형무소 간수 소개로 서울 동화백화점(신세계백화점의 전신)에 취직했다. 하지만 그렇다고 '빨갱이 딱지'가 떼어진 것은 아니었다. 홍성경찰서의 감시와 신원조회는 수시로 행해졌다.

이종섭은 이렇게 살 수는 없다고 작정하고 결혼을 결심했다. 상대는 육군 대위였다. '군인과 결혼하면 경찰이 더이상 괴롭히지 않겠지'라는 생각에서였다. 그런데 또 다른 비극이 그녀를 기다리고 있었다. 종섭이 결혼한 사람이 애 둘 딸린 유부남이었던 것이다. 결국 그녀는 미국으로 이민을 갔고 2020년에 사망했다.

1950년 10월 2일 홍성군 서부면 청년들은 '국군을 환영하는 모임에 참석해 달라'는 갈산면 주민의 부탁을 받았다. 그런데 서부면 청년 40~50명이 갈산면 소재지에 도착하고 몇 시간 후 국군이 아니라 홍성읍에서 후퇴해온 지방좌익과 인민군이 들이닥쳤다. 인민군과 지방좌익은 면소재지에서 1.5km 떨어진 꾀꼬리봉으로 옮겨갔다.

그날 밤이 되자 지방좌익들은 산에서 내려와 면소재지에 운집해 있던 서부면·갈산면 청년들을 학살했다. 분주소(지서), 갈산국민학교 인근, 민가 등 마을 여기저기에서 학살이 벌어졌다. 서부면 상황리 이명구, 이규헌이 갈산국민학교에서 죽창에 찔려 싸늘한 주검이 되었다.(진실화해위원회, 『2009년 하반기 조사보고서』)

면서기, 소방대장을 한 것이 죄가 되어

홍성내무서(경찰서)에 구금된 이들은 서로 눈만 멀뚱멀뚱 보며 한숨만 쉬었다. 인민군과 지방좌익에 의해 '반동분자'로 분류된 이들은 경찰, 대한청년단 등 우익단체원, 공무원, 교사, 일반 주민 등이었다.

홍성경찰서 경리계장, 생존자, 목격자의 증언에 의하면, 인민군 치하 홍성내무서장은 1950년 9월 26일 오후 9시 30분경 간부회의를 소집했다. 문건 소각, 비당원들의 행동 감시, 정치보위부와 합동작전으로 폭동을 방지하기 위한 체포 공작 등에 관한 회의였다.

다음 날인 9월 27일 홍성내무서원 60여 명은 본격적으로 후퇴 준비를 했고, 오후 5시경에는 준비를 완료했다. 그날 밤부터 9월 28일 새벽까지 홍성내무서에 수감돼 있던 80여 명의 우익인사들은 뒷결박을 당한 채 트럭에 실렸다.

트럭은 월산리와 소향리를 향해 출발했다. 홍성읍을 지날 때에는 B29가 폭격하기 시작했다. 끽 하는 소리와 함께 트럭이 멈추자 우익인사들은 이때다 싶어 트럭에서 뛰어 내려 사방으로 흩어졌다. 그러자 경계를 서던 인민군과 내무서원들의 총구에서 불이 뿜었다.

"타타탕!"

날아간 총알에 뒤통수를 맞아 뒹구는 이, 허벅지가 관통돼 주저앉은 이들이 속출했고, 도망가려던 사람들의 발은 땅에 얼어붙었다.

우익인사들은 다시 트럭에 실려 월산리와 소향리로 갔다. 드드드 타타탕 하는 소리와 함께 80여 명의 민간인은 목숨을 잃었다. 학살에는 총뿐만 아니라 칼과 도끼도 동원됐다. 다음 날인 9월 28일 상당수 시신이 수습되었고, 수습되지 못한 20여 구는 현장에 매장됐다.

조한철 집안은 홍성군 구항면 오봉리의 대표적인 우익 집안이었다. 조한철은 면서기, 당숙 조병호는 소방대장 겸 국민회 간부, 숙부는 구항면장을 역임했고, 경제적으로도 부유했다.

1950년 8~9월경 밤, 조한철은 사택에서 지방좌익에게 끌려가 구항분주소에 감금당했다. 조한철보다 먼저 홍성내무서에 수감된 당숙 조병호는 풀려난 뒤 가족들에게 조한철의 소식을 전해주었다. 이후에도 조한철이 용봉산 등지에서 학살됐다는 소문이 들려왔지만 시신은 수습되지 못했다.

인민군 점령기인 1950년 7월 12일부터 그해 10월 7일까지 북한군과 지방좌익에 의해 학살된 충남 홍성군 우익인사는 250명에 달한다.(공보처 통계국, 『6.25사변 피살자명부』 / 한국자유총연맹 홍성군지부, 『6.25학살자명단』)

좌·우익 피해자 유족이 결혼, 주례는?

"선생님, 제 결혼식 주례 좀 부탁드립니다."

"오 그래, 자네 신부 될 사람은 누구인가?"

"박창석 씨의 딸입니다."

"……."

이종민의 부탁에 김영환은 한참 뜸을 들였지만 마침내 "알겠네"라고 답했다. 김영환(1912년생)은 판검사 시험에 합격해 판사를 거쳐 변호사로 일했고, 제5대 국회의원 출신이었다. 그는 4.19 혁명 후 무소속으로 충남 홍성군에서 국회의원에 당선되었다.

그는 인공 시절 인민군과 지방좌익에 의해 반동인사로 분류돼 홍성내무서에 구금되기도 했다. 트럭에 실려 '죽음의 땅'으로 끌려가던 때에 B29의 폭격이 있었고, 그 와중에 죽기 살기로 탈출해 목숨을 건질 수 있었다. 김영환에게 주례를 부탁한 이종민은 국민보도연맹사건으로 죽은 이강세의 아들이었다. 그렇기에 김영환은 이종민과는 정반대의 입장에 있었다.

그런데도 그가 주례를 맡게 된 것은 신부의 아버지 때문이었다. 신부 아버지 박창석은 홍성군 법원서기였는데 인민군 후퇴시절 지방좌익에 의해 학살당했다. 어찌보면 김영환은 박창석과 동병상련의 입장이었다.

김영환은 신랑 이종민이 기특하다는 생각도 들었다. 아버지와 장인이 정반대 편에 선 '역사의 피해자'임에도 불구하고 결혼을 결심했기 때문이다. 신랑 신부는 주례 김영환의 축복 속에 결혼했다.

"아버지와 장인의 신념과 활동은 그분들의 몫이고, 나와 아내는 별도의 문제라고 생각했다."

이종민은 이념 갈등을 사랑으로 극복한 것이다.

2021.05.22

추석 쇠러 왔다가 끌려간 세브란스 의사의 죽음

충남 홍성군 민간인 학살 유족회 김동규·이기만의 사연

"6·25 전쟁 당시 학살돼 집단 매장된 것으로 추정되는 민간인의 유해가 충남 홍성에서 발굴됐습니다. 조사단과 유족은 특별법 제정 등 국가 차원의 후속 조치를 호소했습니다. 이상곤 기자의 보도입니다."

TV에서 나오는 소리에 김동규(1948년생)는 화들짝 놀랐다. 66년간 잊혀졌던 비밀 창고의 문이 열리는 순간이었다. 그는 멍하니 TV를 응시했다. 뉴스는 이어졌다.

"충남 홍성군 폐금광에서 발굴된 유해는 적게 잡아도 21구로 두개골에서 M1 소총 탄두가 발견된 것도 있습니다. 유해들은 대부분 성인 남성으로 추정되며, 굴 안쪽에서 서로 엉킨 채 무더기로 발견됐습니다. 이름이 적힌 라이터와 단추, 벨트 등 유품도 함께 출토됐습니다."

다음부터 이어진 다른 뉴스는 김동규의 귀에 들어오지 않았다. '6.25', '홍성', '집단 매장', '유해발굴'이라는 단어가 그가 알아들은 것의 전부였다. '6.25때 홍성에서 집단학살된 이들에 대한 유해발굴'이라니! 도저히 믿기지 않는 일이었지만, 뉴스가 거짓말을 할 리 없지 않은가? 그는 그날 근무를 마치고 방송국 보도국에 전화를 걸었다.

"여보세요. 연합뉴스TV죠? 아까 뉴스에 나왔던 홍성 유해발굴 때문에 그러는데요."

그렇게 김동규는 2016년 3월 6일 뉴스를 확인해 들어갔다. 뉴스는 틀림없는 사실이었고, 충남 홍성군 광천읍에서 한국전쟁기 유해 매장지를 발굴한 결과 총 21구의 유해가 나왔다는 것이다. 연합뉴스TV에서 알려준 홍성유족회장 연락처로 다음 날 바로 전화했다.

"아이고, 그짝도 유족입니까?"

전화를 받은 황선항 유족회장은 놀라서 되물었다. 수십 년 만에 잃어버린 형제를 만난 기분이었다.

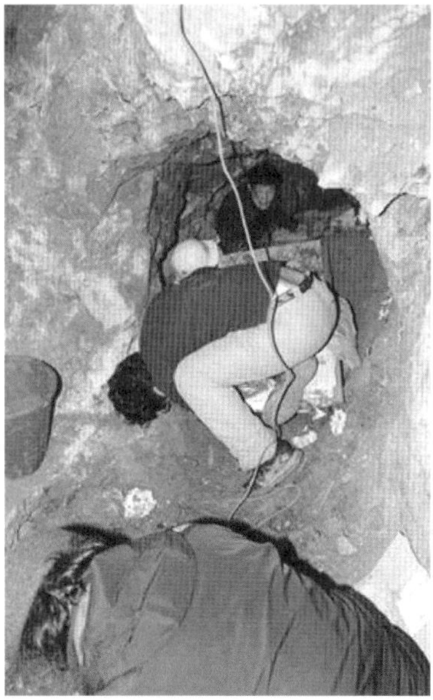

광천폐광 유해 발굴 현장.(사진제공=심규상)

DNA 감식으로 아버지 유해 찾아

그해 4월 김동규는 홍성군 구항면 황선항 회장 사무실에 찾아갔다. 2005년에 과거사법이 제정되었고, 1차로 민간인 학살 사건이 진실규명되었음을 그제서야 알게 됐다. 김동규는 기가 막혔다. 사는 게 뭔지, 정신없이 살다 보니 과거사법도 몰랐던 것이 마치 자기 잘못인 양 생각돼 부끄러웠다.

"지금이라도 유족회에 가입해서, 추가로 진실규명 될 수 있도록 같이 노력해 봅시다."

황선항 회장의 말에 그는 정신을 차렸다.

그때부터 김동규는 아버지를 죽음에 이르게 한 사건의 진실 규명에 물불

가리지 않고 뛰어다녔다. 2016년 5월 20일 홍성군청에서 열린 '유해 발굴 최종 보고회'를 시작으로 매년 가을 용봉산에서 열리는 위령제에도 꼬박 참석했다.

그러다가 2018년 홍성군 유해 발굴과 관련해 DNA 감식비용이 편성됐다는 희소식이 들려왔다. 2016년 발굴된 21구 유해 중 치아, 대퇴부 등을 중점적으로 채취했다. 이후 유족들의 DNA를 채취해서 친자 유무, 동일부계 혈족인지를 분석했다. 김동규는 2016년 홍성군청에서 열린 최종 보고회 때 당시 유해 중에 아버지의 유해가 있을 거라고 확신했다. 왜냐하면 발굴된 유품 중 겉옷 및 와이셔츠 단추, 구두 밑창 등이 아버지가 사용하던 것과 똑같았기 때문이다.

김동규는 부친 김숙제가 서울 세브란스병원 근무시 입었던 옷과 신었던 신발이 나온 사진을 간직하고 있었다.

"맞는 것 같습니다. 확실한 것은 이후 DNA 감식을 통해서 최종 확인하셔야 겠습니다."

사진을 본 유해발굴단장은 이렇게 답변했다. DNA 감식 결과는 '70% 일치'였다. 김동규의 아버지 김숙제를 포함한 4구의 유해 중 일부가 용봉산에 모셔졌다. 68년을 떠돌던 원혼이 안식처를 찾았다.

세브란스 병원 의사가 '부역 혐의'

1950년 한국전쟁이 일어난 무렵 김숙제(1927년생)는 연희전문을 졸업하고 세브란스병원에 의사로 재직했다. 전쟁 직후 한강다리가 끊기면서 피난을 가지 못한 그는 추석을 앞둔 9월 7일 충남 홍성군 광천읍 내죽리로 내려왔다. 그곳에는 부모님이 살고 계셨다.

그런 그가 내려온 지 채 한 달도 안 돼 치안대에 연행되었다. 다름 아닌 '부역 혐의'였다. 그는 서울에 있을 때나 광천에 내려왔을 때나 부역과는

세브란스 병원에 근무할 때의 김숙제(앞줄 앉은 이).

하등 관련이 없었다. 그런데도 그는 왜 연행되었을까? 그의 매형 서석기가 북한군이 주둔하던 인민공화국 시절 홍성군 노동당 서기장(?)이었기 때문이다.

그런 이유로 김숙제는 매형 서석기와 함께 1950년 10월 초 광천지서에 연행됐다. 김동규의 어머니 정태수가 지서에 밥을 해 날랐다.

"어머니, 조금 있으면 나가니 걱정하지 마세요."

김숙제는 그렇게 어머니를 안심시켰으나 희망사항에 불과했다. 1950년 10월 7일 홍성군 광천읍 담산리 폐광 앞에서 피의 살육제가 벌어졌다. 이곳에서 젊디젊은 세브란스병원 의사도 이승과 작별했다. 이곳에서 부역혐의자 70~80명이 학살됐다. 학살 후 경찰은 마을 주민에게 "시체 치워라"라고 시켰다. 마을 사람들이 가마니에 나무를 끼워 담가(擔架)를 만들어, 시신을 폐광에 매장했다. 주검 중에는 김숙제를 포함해 광천읍 내죽리 사람 7명이 있었는데, 누구도 시신을 수습하지 못했다.

630명~1000명이 부역 혐의로 죽어

1950년 10~11월 홍성군에서는 소위 부역자들에 대한 불법적 처벌이 곳곳에서 있었다. 홍성읍 월산리 주민 17명이 그해 10~11월 소향리 붉은고개에서 학살됐다. 홍성군 금마면 송암리 강문구와 윤창호의 아버지는 인공 시절 인민위원회에서 일을 했다는 이유로, 금마지서 경찰과 치안대에 의해 지서 뒤편 화양리 안골에서 죽임을 당했다. 홍성군 홍북면 대동리 장만성은 마을 큰길에서 술집을 운영했는데, 수복 후 치안대에 연행되어 대동리 뒷산에서 살해됐고, 그의 아내도 죽었으나 장소는 확인되지 않았다.

이렇게 홍성 곳곳에서 피의 살육제가 벌어진 것은 홍성경찰서 차원에서 실행된 조직적인 부역 혐의자 학살 계획 때문이다. 제1기 진실화해위원회의 조사 결과는 다음과 같다. 수복 후 '부역자 처리'는 각 지서 경찰과 치안대에 의해 각 면 단위에서 자체적으로 진행되었고(1950년) 11월 말경이 되어서야 각 지서에 구금된 부역자들을 홍성경찰서로 이송하였다.

수복 후 홍성경찰서 유치장 8동에는 각 동에 70~80명씩 500~600여 명의 사람들이 구금되어 있었고 이들 중 100여 명은 소향리 붉은고개로 끌려가 집단살해되었다. 그보다 적은 수는 용봉산 절 입구 골짜기에서 집단살해되었다.(진실화해위원회, 『2010년 상반기 조사보고서』) 진실화해위원회는 10곳의 장소에서 630명 이상이 희생당했다고 진실규명 결정했다. 홍성유족회(회장 이종민)는 최대 1000명이 학살되었을 것으로 추정한다.

평생을 목수 생활

하얀 바지저고리를 입은 아버지 이창성(홍성군 홍동면 월현리)이 텃밭에서 끌려가는 모습을 목격한 이기만(1946년생, 김포시 고촌읍 신곡리)은 다시는 아버지를 볼 수 없었다. 이창성은 1950년 10월 17일 경찰에 의해 '부역 혐의'로 학살됐다.

아버지 없는 자리는 너무나 컸고 식구들은 각자도생했다. 큰형은 농사를 짓고, 둘째형은 홍성중학교를 졸업하고 양복점 기술을 배웠다. 큰누나는 일찍 결혼했고, 작은누나는 식모살이를 했다. 이기만은 홍동국민학교

증언자 이기만(이창성의 아들).

를 졸업했는데, 형이 가정경제를 생각해서 머슴 가라고 했지만 싫다고 했다. 19세에 상경해 서울 삼각지 영신가구에서 목공 세계에 뛰어들었다. 잠은 공장 천장에서 잤는데, 밤에는 한글과 영어를 독학했다.

이기만은 40여 일을 배우고 나서 영등포 가구공장으로 옮겨 대패질을 배우고 도면을 그리기 시작했다. 도면을 그리면서부터 독자적인 작업을 할 수 있었다. 첫 월급은 1년 후에나 탈 수 있었다. 1년 만에 받은 첫 월급은 500원이었는데, 혼자 작업을 시작하고부터는 1만 3000원으로 껑충 뛰었다. 월급이 안정되자 이기만은 시골에 사는 어머니 주가금에게 매월 1만 원씩 송금했다. 송아지를 장만할 돈이었다. 하지만 이기만의 어머니는 송아지를 사 보지도 못한 채 61세에 작고했다.

목수 일로 평생을 보낸 그는 2021년 현재 김포에서 빌딩 관리소장을 하고 있다. 아내와 부지런히 일을 해 집도 두 채 장만했다. 이제 그에게 남은 바람은 아버지의 명예회복을 하는 것뿐이다.

증언자 김동규(김숙제의 아들).

경찰서 정보과장 신원보증으로 쿠웨이트 가

세브란스 병원 의사였던 아버지 김숙제를 잃은 김동규는 대평초등학교 졸업 후 홍성군 광천읍 내죽리에 있는 서당을 3년 다녔다. 이후에는 건축 일에 뛰어들었다.

1975년 삼호주택에 근무할 때 쿠웨이트에 갈 기회가 있었는데, 신원조회에서 걸렸다. 회사에서 경찰서 정보과장 이상의 신원보증을 받아 오라고 했다. 그는 이전에 집을 지어준 적이 있는 천안경찰서 정보과장에게 부탁해 간신히 쿠웨이트에 갈 수 있었다.

젊은 시절을 건설업계에서 보낸 김동규는 지금은 건물 경비 일을 하고 있다. 그러다가 2016년 직장에서 연합TV 뉴스를 접한 것이다. 김동규 역시 이기만처럼 아버지의 진실규명과 명예회복이 남은 생 최대 과제다.

2021.05.29

사람을 소 다루듯…
철사로 코를 꿰어 끌고 간 순경

충남 홍성군 홍성읍 옥암리 민간인 희생 사건

"강순애 나와!"

불안감에 얼굴이 벌게진 강순애는 엉거주춤 일어났다. 유치장에 갇혀 있던 다른 여성들도 무슨 일인가 싶어 웅성댔다. "빨리 안 나와!"라는 고함에 그녀는 머리를 숙이고 유치장 밖으로 나왔다.

"이놈의 ×××가 왜 이렇게 꼼지락거려!"

벌컥 화를 낸 고 순경(가명)은 강순애의 귀빵을 때렸다. 강순애가 흑 하며 쓰러졌다. 고 순경은 무슨 일로 화가 났는지 강순애에게 분풀이로 발길질을 해댔다.

"야! 뭐 하느라 안 끌고 나와?"

상급자가 화를 내자 고 순경은 반은 정신이 나간 강순애를 끌고 나왔다.

상급자는 한마디 하고는 돌아섰다.

"처리해 버려!"

철사로 코 꿰어 2km 끌고 가

고 순경은 경찰서 밖으로 그녀를 끌고 나왔다. 강순애는 철사로 뒷결박

강순애가 철사로 코가 꿰인 채 끌려와 학살된 서낭당 터.

이 된 데다 광목천으로 허리가 단단히 묶인 상태였다. 큰길을 벗어나자 고 순경은 그녀의 복부를 갑자기 주먹으로 때렸다. 순간적으로 정신을 잃은 강순애는 잠시 후 악 하는 비명과 함께 머리가 깨지는 듯한 고통에 휩싸였다. 코와 얼굴이 너무 아파 꼼짝을 할 수 없었고 고통으로 눈도 제대로 뜰 수 없었다.

"빨리 일어나!"

고 순경이 다그쳤으나 강순애는 몸이 말을 듣지 않아 몇 번의 발길질 끝에 간신히 일어났다.

그런데 강순애 얼굴에서 주르르 뭔가 흘러내렸다. 다름 아닌 코피였다. 저승사자 같은 고 순경이 철사로 강순애의 코를 뚫어 꿴 것이다. 코와 입에서는 피가 나오고 눈에선 눈물이 쉴새 없이 흘러내렸다. 너무 아파 울음도 나오지 않았다. "가자!"며 고 순경이 철삿줄을 잡아당기자 강순애의 코는 떨어져 나갈 것 같았다. 강순애는 철삿줄이 잡아끄는 방향으로 끌려갔다.

몸이 자연히 움직였던 것이다.

그녀가 피를 흘리며 소처럼 끌려간 곳은 홍성군 홍성읍 월산리 서낭당 자리였다. 막 코뚜레를 한 소가 주인에게 끌려가는 모양이었다. 아니 그보다 더 처참했다. 경찰서에서 서낭당까지는 2km로, 평소에는 20분이면 갈 수 있는 곳이었는데 강순애는 한 시간이 걸려 갔다. 중간에 몇 차례나 주저앉고 기절하기를 반복했으니 그럴 만했다.

서낭당에 도착했을 때 그녀는 이미 사람 모습이 아니었다. 피를 얼마나 흘렸는지 그녀의 온몸은 피로 얼룩졌고 얼굴은 퉁퉁 부어 수박만 했다. 목은 쉬어 아무 말도 할 수가 없었다. 하지만 그녀의 눈빛은 '얼른 죽여주시오'라고 말하고 있었다. 고 순경은 '인간 반 짐승 반' 모습을 한 강순애를 서낭당 앞에 세우고는 카빈총의 방아쇠를 당겼다. 총소리와 함께 그녀의 고통도 끝났다.

매형을 사지(死地)로 끌고 간 특무상사

1950년 10월 초 충남 홍성군 홍성읍 옥암리는 '인간 사냥터'였다. 북한군이 진주한, 소위 인공 시절 부역행위를 한 혐의를 받은 자들이 홍성경찰서 경찰에 의해 무작위적으로 연행되었다. '증거'라는 말은 사전에나 있었다. 누군가의 밀고만 있으면 물불 가리지 않고 잡아가던 시절이었다.

이 와중에 옥암리 옥골마을의 장동인·동철·동석·동현 4형제도 홍성경찰서에 연행되었다. 경찰서 유치장은 만원 상태였다. 이들이 인공 시절 무슨 특별한 활동을 했는가? 그렇지 않다. 해방 후 4형제는 부지런하게 일을 해 논 10마지기(2000평, 6612㎡)와 밭 7000평(2만 3100㎡)의 농사를 짓는 중농이었다. 거기에 셋째는 금융조합에 다녔으니 마을에선 장래가 촉망되는 집안이었다.

이들 4형제를 포함한 부역 혐의자들은 우익 집안 사랑방에 구금돼 매질을 당했다. 결국 동아줄로 묶여 읍내 경찰서까지 끌려갔다. 옆 마을 옥암리 골말에도 초상집 분위기였다. 특히 강덕홍 집안이 그랬다. 강덕홍·맹준수 부부와 강창국·강창현·강창금·강순애 남매와 강순애의 남편 김동욱과 아들 김명열(1946년생) 등 8명이 연행되었다. 고 순경에게 코가 꿰어 끌려가 서낭당 앞에서 죽임을 당한 강순애는 남편과 아들까지 세 식구가 모두 연행됐다.

옥암리의 조철현(가명)도 연행됐다. 인공 시절 특별한 일을 한 게 없는 그는 피해 있으라는 주변의 말에도 "내가 뭔 잘못이 있느냐?"며 집에 있다가 봉변을 당했다. 이런 상황은 비단 홍성읍 옥암리뿐만이 아니었다. 홍성군 전체에서 '빨갱이 사냥'이 펼쳐졌다.

이 참극의 중심에는 홍성읍 옥암리 출신의 육군 특무상사 천만호(가명)가 있었다. 그는 지역의 의용소방대와 마을에 심어놓은 끄나풀들을 이용해 부역 혐의자들을 대거 연행했다. 그 중에는 자신의 매형 조철현도 있었다. 조철현이 홍성경찰서 유치장에 구금되어 있을 때 천만호의 친구가 찾아왔다.

장동인 형제가 학살된 붉은고개.

"자네, 아무리 그래도 매형을 죽게 할 수는 없잖은가. 매형을 풀어주게."

"안 돼. 그 양반은 죽어야 돼."

눈에 살기를 띤 특무상사의 극언에 친구는 입을 다

물 수밖에 없었다.

장씨 4형제 중 막내 장동현(18세)은 어리다고 석방되었지만 나머지 형제들과 강덕홍 집안 사람들은 1950년 10월 13일 홍성읍 소향리 '붉은고개'에서 학살되었다. 1950년 10~11월경 홍성군에서 부역 혐의로 학살된 이는 최소 630명 이상이었다.

어머니가 죽기 전 딸에게 남긴 말

조철현의 아내 유씨(가명)는 임종 직전에 딸에게 고백을 했다.

"야, 사실 네 아부지(조철현)가 죽은 것은 네 외삼촌(천만호) 때문이여."

"엄마 그게 무슨 말이에요?"

놀란 딸이 되묻자 유씨는 말을 이었다.

"6.25 때 특무상사였던 네 외삼촌이 아부지가 빨갱이 짓을 했다고 경찰서에 잡아 들였잖어. 그라다가 붉은고개에서 죽여 버린 겨."

말은 이어졌다.

"그걸 네 할아버지, 할머니가 모두 아시는데 내가 어떻게 그 집에서 살겠나."

그랬다. 자신의 남동생 때문에 남편이 죽자, 유씨는 시댁에서 1951년에 나와야 했다. 얼마 후 옆 마을로 개가한 그녀는 명절 때 친정에 왔어도, 단 한 번도 자식들을 찾지 않았다. 큰딸과 아들은 옥암리 시댁에 맡겨 놓고, 막내딸은 개가하는 집으로 데려갔다.

한 번도 잊은 적 없는 자식들을 보고 싶은 마음이야 굴뚝같았지만, 시부모를 볼 면목이 서지 않았다. 자식을 보면 자기 동생의 악업(惡業)이 생각나 주저앉을 것 같았다. 유씨의 마지막 말을 여동생에게 전해 들은 조씨 남매는 대성통곡했다. 어릴 때 개가한 엄마가 미웠고, 자신들을 한번도 찾아오지 않은 것도 야속하기만 했다. 그럴 수밖에 없는 사정을 알고 나니 엄마가 무척 불쌍해 보였다. 그때는 어머니 유씨가 세상을 떠난 후였다.

"제가 왜 책임져야 합니까?"

부역 혐의로 한국전쟁 때 죽은 옥암리 옥골마을 4형제 중 첫째였던 아버지 장동인의 아들 장광훈(1947년생, 충남 홍성군 홍성읍 옥암리)은 홍성국민학교를 졸업하고 생계 전선에 뛰어들었다. 친구 아버지가 하는 이발소에서 기술을 배워 17세에 상경했다. 낮에는 일하고 밤에는 청계천 헌책방에서 구입한 책으로 이발소 창고에서 독학했다. 하지만 열악한 숙식 상황으로 인해 병이 들어 21세에 귀향했다.

다시 이발소에서 일하다가 손님과의 인연으로 대전KBS 홍성중계소에서 일하게 되었다. 1971년도였다. 학력도 없고 기술도 없었지만, 소개해준 이의 신의와 자신의 성실함만을 믿고 무작정 "해보겠습니다"라고 해 입사했다. 그가 맡은 일은 청원경찰로, 당시 KBS는 국가 기간산업으로 보안대상이었다. 그런데 그놈의 신원조회가 문제였다.

"장광훈 씨는 도저히 입사할 수 없습니다."

"왜요?"

"당신 아버지 일 때문에 안 돼요."

"아버지가 문제면 문제지, 제가 왜 책임져야 합니까?"

결국 대전KBS 유우열 방송과장이 신원보증을 해줘 무사히 넘어갈 수 있었다. 매년 분기마다 안기부(국가정보원의 전신), 청와대에서 신원조회를 했는데, 크게 문제 삼지는 않았다. 장광훈은 1998년까지 재직했고, 2021년 현재는 홍성에서 공인중개사로 일하고 있다.

일가 8명이 부역 혐의로 희생된 옥암리 골말 강씨 집안은 어떻게 됐을까. 강종환(1945년생)의 아버지 강창송(1923년생)도 집안 형제들이 홍성경찰서에 연행되었을 때 같이 끌려갔다. 그런데 무학자라는 이유만으로 천만

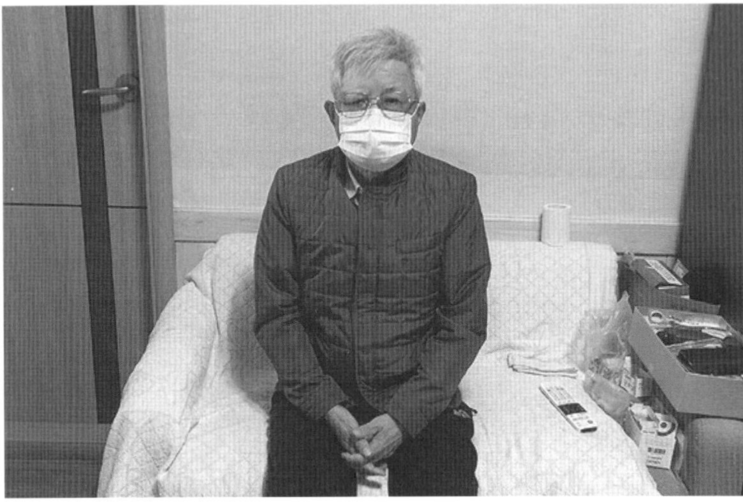

증언자 강종환(강순애의 조카).

다행으로 풀려났다. 막내 고모 강창군도 부역 혐의로 대전경찰서에 구속돼 고초를 겪었다. 그녀는 오랜 기간 경찰의 감시와 신원조회로 고생하다가 지난 2004년에 사망했다.

현재 강종환은 당진에 살고 있다. 뒤늦게 과거사법을 알게 된 그는 제2기 진실화해위원회에 진실규명 신청서를 접수했다. 이번에 강종환 집안의 묵은 상처가 치유될 수 있을까?

2021.06.12

좌우 합작 주장한 독립운동가, 빨갱이로 몰려 죽다

전 서울시 교육위원 최홍이의 가족사

1974년 최홍이는 서울 용산공업고등학교로 발령이 났다. 그의 마음 한켠에는 서운한 감정이 있었다. 3년 전 서울 신용산중학교에서 교직을 시작한 이래 '기회가 되면 인문계 고등학교 교사가 되어 좋은 대학에 제자들을 많이 보내겠다'는 포부가 있었기 때문이다.

물론 공업고등학교라고 해서 가르치는 일을 등한시할 그가 아니었다. 그런데 교장이 최홍이에게 맡긴 과는 '자동차과'였다. 당시 자동차과는 기계, 전기, 통신, 전자, 토목, 금속과에 이은 비인기반이었다. 게다가 그는 교육환경이 훨씬 열악한 야간반을 맡게 됐다.

최홍이는 교장에게 항의했다.

"교장 선생님, 제가 왜 자동차과를 맡아야 하나요?"

"당신이 서울대 나온 게 아니잖아요. 그렇다고 명문대 나온 것도 아니구, 하다못해 지방 정규대학을 나온 것도 아니잖아요."

교장의 말에 그는 충격에 빠졌다. 결국 인문계 고등학교, 아니면 실업계 고등학교에서도 상대적으로 우수한 학생들을 가르치고 싶었던 자신의 욕망이 헛된 것임을 깨달았다.

그는 '모든 곳에서 최선을 다하자'며 마음을 다잡고 교실로 들어갔다. 하지만 학생들의 배움 열정은 제로에 가까웠고 담임 교사인 최홍이는 1년 내내 허탈과 자괴감을 느껴야 했다. 그해 12월 그는 자동차과 학생들에게 일렀다.

"토요일 12시까지 전부 한강대교 제1교각으로 모여라."

한강대교에 모인 학생들에게 그는 정색하고 말했다.

"나랑 함께 모두 한강에 빠져 죽자."

학생들은 모두 어리둥절했다.

"너네가 부모 잘못 만났다고 그렇게 공부 안 하느니, 죽는 게 낫다."

분위기가 숙연해졌다. 이윽고 학생들은 울먹였다.

"선생님, 잘못했습니다. 잘 할게요."

그 졸업생 중 10여 명이 기업체 대표와 임원, 교수가 되어 2021년 지금까지도 최홍이와의 만남을 이어가고 있다. 최홍이는 그만큼 학생에 대한 애정과 열정이 넘치는 교사였다.

독립운동을 한 이가 보도연맹?

"계세요."

"누구세요?"

자신을 충남 논산군 양촌지서장이라고 밝힌 그는 대뜸 깍듯하게 인사부터 했다.

"영감님, 축하드립니다."

"예?"

얼떨떨해 하는 그에게 지서장은 전보를 내밀었다.

'고시합격 급(急) 상경요망'

당시 초등학교 교사였던 최홍이는 그해 중등교원 시험에 합격했는데, 그

소식을 전하면서 '고시 합격'이라고 전보를 친 것이다. 당시에는 (사법)고시 합격자를 '영감님'이라고 불렀고, 이런 연유로 지서장이 직접 전보를 갖고 오기까지 했다.

지서장이 최홍이에게 '영감님'이라 부른 것은 한 편의 코미디였다. 하지만 최홍이가 중등교원 시험에 합격한 것은 '인생역전'에 더 가까웠다.

최홍이의 아버지 최원복(1908년생)은 1929년 광주학생운동 관련으로 충남 홍성군 홍성공업학교에서 퇴학당했다. 이후 최원복은 만주와 북조선을 오가다가 흥남 알루미늄공장에 취직했다.

하지만 해방 후 남조선 출신자에 대한 차별이 심해지자 1946년에 월남을 했다. 고향인 홍성군 구항면에서 최원복은 지역 명사 대접을 받았다. 하지만 1949년에 국민보도연맹이 만들어지자 그는 강제 가입해야 했다.

하지만 최원복은 좌익 활동을 한 적이 없었다. 대한민국 정부 수립을 전후해 좌·우익이 대립할 때 그는 언제나 좌·우 합작을 주장했다. 좌파 후배들에게 "싸우지 마라. 관공서 습격하지 마라"고 타일렀던 것이다. 하지만 이승만 정권에게는 좌·우 합작론자도 '빨갱이'로 취급되었다. 이후 한국전쟁이 발발하자 최원복은 구항지서로 연행되었고 1950년 7월 11일 광천읍 담산리 폐광 근처에서 대한민국 군경에 의해 학살되었다.

최홍이의 부친 최원복.

최원복의 죽음으로 가족의 고통은 수십 년간 이어졌다. 최원복의 아내 전감예는 홍성과 광천의 장날마다 고추를 내다 팔았다. 장까지는 약 7km였는데 집에서 걸어서 갔다.

큰딸 최옥래는 경기도 파주에서 군복 수

최원복이 학살된 광천읍 폐광에서 발굴된 유해.(사진제공=오마이뉴스 심규상 기자)

선하는 가게를 차렸다. 옥래 동생 혜자와 윤숙은 통신강의록으로 공부를 하는 한편 언니 가게에서 일하기도 했다. 혜자는 미군과 결혼해 1965년경 미국으로 갔다. 혼인신고를 하고 미국으로 가는 것이기에 신원조회에 문제가 없었다. 하지만 윤숙이 1970년에 취업이민을 갈 때는 신원조회에 걸렸다. 결국 '반한(反韓) 활동을 하지 않겠다'는 서약서를 쓰고 나서야 비행기를 탈 수 있었다.

최홍이는 충남 홍성군 홍성중학교 2학년 때 신체검사에서 몸무게가 28kg이 나왔다. 영양부족이었다. 그의 집안은 도시락을 쌀 수 없을 정도로 가난했다. 당시는 키 순서대로 번호를 매겼는데 최홍이는 중학교 3년 내내 1번을 도맡았다.

이후 어렵사리 들어간 홍성고등학교는 6년 만에야 졸업했다. 고등학교 입학금을 마련하는 것도 쉽지 않았다. 최홍이는 용기를 내어 고등학교 서무과장(현재의 행정실장)에게 사정했다.

"두 달만 봐주세요."

그가 어렵사리 돈을 장만해 두 달 후 학교를 찾아갔을 때, 이미 반 편성에서 최홍이는 제외된 상태였다.

고등학교 졸업 후 1964년도에 논산훈련소에 입대했다. 학력과 '빽'이 없었던 그는 춘천 수송대로 배치되었다. 이후 제9범죄수사대(CID)로 가게 된 최홍이는 신원조회에 걸려 비밀인가 취급이 불허되었다.

"행정과장님 저 일반 보병으로 갈랍니다."

"최홍이, 네 잘못이 아니잖아."

행정과장은 만류했다. 최홍이의 아버지가 6.25 때 보도연맹 사건으로 죽은 것에 대해 군 행정과장이 '네 잘못이 아니다'라고 한 것이다.

제대 후 최홍이는 '대한민국에서 신원조회를 하지 않는 곳은 어디일까'를 고심하다가 결국 '교직'밖에 없다는 결론을 내렸다. 1966년 가을부터 친구들에게 고등학교 책을 빌려 공부를 시작했다. 4개월 만인 1967년 1월에 치른 공주교대 시험에서 5:1의 경쟁률을 뚫고 합격을 했다.

1969년도 논산군 양촌면 동산초등학교 첫 발령을 받은 그는 그해 말 중등교원 시험에 합격했다. 그러니 고등학교를 6년 만에 졸업하고 공주교대도 어렵게 다닌 그가 중등교원 시험에 합격한 것은 '인생역전'이라 할 만했다.

서울시 교육위원을 세 번 하다

최홍이의 교직 생활은 '비상식'과의 투쟁, 그 자체였다. 그는 첫 발령지인 논산군 양촌면 동산초등학교 재직 시절 월급명세서를 보고 깜짝 놀랐다. 도서 구입비가 1,700원이라고 쓰여 있는 게 아닌가. 월급 12,000원 받던 1969년도였다. 어떻게 된 일인지 확인해보니 충남교육청과 논산교육청에서 《어린이 자유》(중앙정보부 발간)와 《어깨동무》(육영재단 발간)를 강매한

증언자 최홍이.

것이었다. 교사들에게 무조건 나눠준 것이 '도서구입비'로 둔갑했다.

최홍이는 이같은 사실을 《동아일보》에 제보했고, 사회면 기사로 보도되자 교육청에서 난리가 났다. 논산교육장이 "낙도(落島)로 보내겠다"고 협박했지만, 그는 오히려 충남교육청 학무과장에게 항의했다.

교직사회 내 부정과 부조리에 그는 눈을 감지 못했다. 그러다 보니 1989년 전교조가 만들어질 때 후배교사들이 함께할 것을 권했다. 하지만 아버지가 국민보도연맹 사건으로 학살당한 가족사 때문에 함께하지 못했다.

2002년도에 교육위원이 신설되자 출마하라고 후배 교사들의 성화가 자못 컸다. 교육개혁을 향한 의지가 큰 강물이 되어 사회에 물결칠 때였다. 그는 2002년부터 2014년까지 서울에서 교육위원을 세 번 했다.

12년간의 교육위원을 수행한 최홍이(1942년생, 충남 공주시 사곡면 유등리)는 아버지 사건의 명예회복을 위해 애쓰고 있다.

2021.06.19

3

수류탄

가족도 숨겨줄 수 없었던 부역 혐의자, 결국 죽음의 길로

충남 태안군 민간인 학살 피해자 박병칠의 유족 박민교 이야기

뒷결박 지은 새끼줄은 쉽게 풀리지 않았다. 박병칠(당시 27세)은 죽을힘을 써가며 새끼줄을 푸는 데 집중했다. '여기 있다가는 개죽음을 면치 못하겠구나' 하는 불안감이 엄습했다. 한밤중 곡물 창고 안은 캄캄했다. 바로 옆 사람도 희미하게 보일 정도였다. 어떤 이는 코를 골았고, '어머니, 살려 주세요' 하는 잠꼬대도 들려왔다.

창고에는 백 수십 명의 사람이 갇혀 있었는데, 온갖 악취가 진동했다. 한여름에 성인 남성 백여 명이 갇혀있으니 당연한 일이었다. 씻지 못한 지 며칠이 지났고, 심지어 대·소변도 창고 안 화장실에서 해결해야 했다. 그러니 창고 안은 악취와 가스로 숨도 못 쉴 지경이었다. 옆에 사람이 있다는 것 자체가 괴로움이었다.

한 시간여 승강이를 벌인 박병칠은 까치발을 하고 화장실로 갔다. 누가 깰새라 숨을 죽인 채 화장실 창문을 뜯어냈다. 십여 분 후 간신히 창문을 빠져나온 박병칠이 두 발을 땅에 디디자 시원한 바람이 목줄기를 훑고 갔다. '이제는 살았구나' 생각하니 안도의 한숨이 절로 나왔다. 하지만 아직 때가 일렀다. 한국전쟁이 한창이던 1950년 10월의 어느 날 밤 일이었다.

"여기 있으면 우리 가족 다 죽어요"

새벽에 곡물창고를 탈출한 박병칠은 죽기 살기로 뛰었다. 하지만 부역 혐의로 붙잡힌 그가 집에 갈 수는 없었다. 그는 둘째처형이 사는 서산군 부석면 가사리로 향했다. 태안경찰서에서 20리(8km) 거리였다. 남들 눈에 띄지 않게 해가 뜨기 전에 닿아야 했기에 박병칠은 뛰었다 쉬었다를 반복했다.

그렇게 해서 그는 한 시간이 채 안 돼 처형 집 싸리문을 열었다. 새벽에 땀을 뻘뻘 흘리며 들어온 그에게 처형은 반색을 했다.

"제부, 어쩐 일이래요?"

"예, 처형……."

운을 뗀 그는 태안경찰서에 연행됐다 탈출했다고 털어놓았다. 이야기를 들은 처형의 안색이 변했지만 그도 동생 남편을 매몰차게 대할 수는 없었다. 그렇게 하루 이틀이 지나고 나흘째 날. 결국 박병칠의 처형이 입을 열었다.

"제부, 서운해하지 말고 제 말 들어보세요."

그는 처형이 무슨 말을 할지 짐작이 되었다.

"여기 있으면 우리 가족 다 죽어요. 죄송하지만 나가 주세요."

"……."

1950년 10월 한국전쟁 중 부역 혐의자 색출 작업은 매서웠다. 아무리 동기간이라 하더라도 빨갱이로 찍힌 사람을 숨겨주었다가는 똑같이 빨갱이 취급을 받았다. 숨겨준 사람 목숨도 장담할 수 없었다.

그렇게 처형 집을 나온 박병칠은 막막했다. 하지만 아내와 아이가 살고 있는 태안면 반곡리 집으로 갈 수는 없었다. 이번에는 형님 댁으로 정했다. 그는 밤에 40리(16km) 길을 걸어 태안군 남면 당암리 형에게 갔다. 형님이 부모님을 모시고 있었기에 동생을 쉽게 내쫓지 못할 거라고 박병칠은 생각했다. 하지만 그건 착각이었다.

부모는 박병칠을 환대했지만, 형수는 달랐다.

"서방님, 언제까지 여기 계실 거예요? 다른 곳으로 가세요."

그 말을 들은 박병칠은 '부모형제도 소용이 없구나'라는 생각에 눈물이 났다. 하지만 형수 입장도 이해는 갔다. 자기가 형수였어도 마찬가지겠다는 생각이었다. 막다른 길에 다다른 박병칠은 결국 자기 집으로 향했다.

꿈에 나타난 외삼촌

박병칠이 태안면 반곡리 집 싸리문 앞에 섰는데 "으앙" 하는 아기 울음소리가 들려왔다. 그가 조심스레 방문을 열자 아내 이남숙은 "앗! 민교 아버지"라며 울음을 터뜨렸다. 이남숙의 팔에는 갓난아기가 안겨 있었다.

박병칠이 치안대에 연행되었을 때 이남숙은 만삭이었다. 그가 도피하는 사이 딸이 태어났다. 며칠 만에 만난 박병칠 부부는 수십 년 동안 이별했던 것처럼 기뻐했다. 하지만 박병칠은 여전히 도망자 신세였다.

이남숙은 남편을 다락에 숨겼다. 다락 밑으로 빨래줄을 걸고, 거기에 기저귀를 널었다. 긴장과 초조함의 날이 지나고 치안대원 조민수(가명)가 일행과 함께 박병칠 집에 왔다.

"경찰서에서 병칠이를 잡아 오라고 시켰구만이라우."

건넌방에서 보초를 서는 조씨에게 이남숙은 치안대원들에게 찐 고구마를 건넸지만 속은 새까맣게 타들어갔다.

박병칠은 다음 날 이장 집으로 가 자수했다. 가족들이 피해를 볼까 봐 걱정도 됐고 무엇보다 살얼음판 같은 그 상태를 더이상 견딜 수 없었다. 자수한 박병칠은 얼마 후 태안면 장산리 야산에 끌려가 죽임을 당했다. 이 사실을 몰랐던 이남숙은 답답하기만 했다. 밥도 먹을 수 없었고, 그 탓에 모유

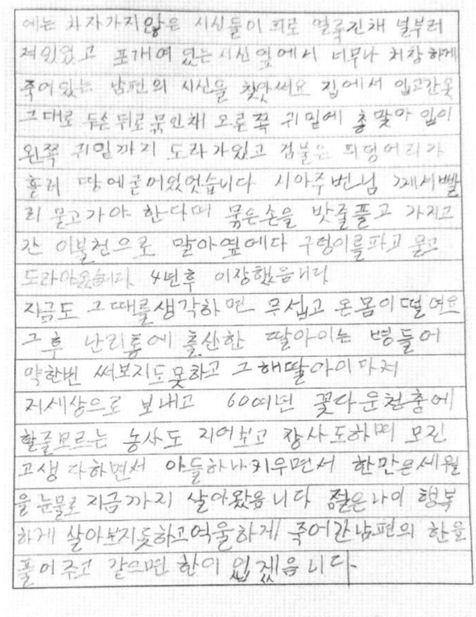

에는 차자가지않은 시신들이 피로 얼룩진채 널부러
져있었고 포개여 있는 시신옆에서 너무나 처참하게
죽어있는 남편의 시신을 찾았써요 집에서 입고간옷
그대로 두손 뒤로 묶인채 오른쪽 귀밑에 총맞아 입이
왼쪽 귀밑까지 도라가있고 검붉은 피덩어리가
흘러 땅에굳어있엇습니다 시아주번님 께서빨
리 묻고가야 한다며 묶은손을 밧줄풀고 가지고
간 이불천으로 말아옆에다 구덩이를파고 묻고
도라와습니다 4년후 이장했읍니다
지금도 그때를생각하면 무섭고 온몸이떨여요
그후 난리통에 출산한 딸아이는 병들어
약한번 써보지도 못하고 그해딸아이마저
저세상으로 보내고 60여년 꽃다운청춘에
할줄모르는 농사도 지어보고 장사도하며 모진
고생 다하면서 아들하나키우면서 한많은세월
을 눈물로 지금까지 살아왔읍니다 젊은나이 행복
하게 살아보지못하고억울하게 죽어간남편의 한을
풀어주고 갈으면 한이 없겠읍니다.

장산리 공동묘지에서 부역 혐의로 학살된 박병칠. 오른쪽은 박병칠의 아내 이남숙이 생전에 쓴 진술서.

가 나오지 않아 아기는 악을 쓰며 울어댔다.

며칠 후 박병칠의 외삼촌이 헐레벌떡 뛰어왔다.

"병칠이가 장산 공동묘지에서 죽었단다. 얼릉 일어나서 가보자."

"뭐라구요?"

외삼촌이 팔을 이끌었지만 이남숙은 몸이 말을 듣지 않아 일어날 수 없었다. 그러다 눈을 뜨니 꿈이었다.

꿈에서 깬 이남숙은 시아주버니와 집안 어른들과 함께 장산 공동묘지에 갔다. 그곳에는 10여 구의 시신이 나뒹굴고 있었다. 박병칠은 목에 총을 맞고 얼굴이 퉁퉁 부어 있었다. 또 다른 탄두가 오른쪽 귀밑을 관통해 입이 왼쪽 귀밑까지 돌아가 있었다. 입에서 흐른 검붉은 피는 땅을 적시고도 남았다.

박병남은 죽은 동생 박병칠의 뒷결박을 풀고 준비해간 이불 홑청으로 시신을 감쌌다. 경황이 없어 근처에 구덩이를 파 가매장을 했다. 4년 후에야 박병칠의 시신은 정식으로 매장됐다. 그가 피신 중일 때 태어난 딸은 1년도 안 되어 죽었다. 딸은 이름도 없었다. 아버지가 학살 당한 직후라 딸에게 이름을 지어줄 수 없었다.

비가 추적추적 내리던 1950년 9월 말 도롱이 입은 불청객들이 박병칠 집 싸리문을 열었다.

"계시우?"

안방에서 자던 박병칠이 문을 열자 불청객들은 달려들어 주인장의 손을 뒷결박지었다. 그 소란에 곧 태어날 아기의 쌈저고리(배냇저고리)를 만들던 아내 이남숙과 건넌방에 있던 박병칠의 어머니, 아들 박민교(1946년생)는 깜짝 놀랐다.

박병칠은 이진수(가명)네 사랑채로 끌려갔다.

"회의에 참석했던 놈이 누구야?"

마을 치안대원과 경찰들은 북한 인민군이 주둔하던 인공 시절 활동을 물었다. 박병칠은 회의에 몇 차례 참석했다는 이유로 '적극 가담자'로 둔갑했다.

이후 이남숙과 아들 박민교가 박병칠을 만나러 갔다. 박병칠이 추녀 아래에서 쪼그려 앉아있었지만 총과 죽창을 든 치안대원들 앞이라 말 한마디 건넬 수 없었다. 잠시 후 한 치안대원이 추녀 밑에 있던 사람 하나를 불러내 몽둥이로 때리기 시작했다. 그리고는 집 앞에 있던 방죽샘에 집어넣었다. "살려 주시오"라는 애처로운 외침은 금세 물속으로 가라앉았다. 이후 극적으로 탈출해 열흘간 도망을 다닌 박병칠은 결국 자수를 했고, 영영 가족을 볼 수 없게 됐다.

박병칠은 일제강점기에 인천에서 중학교를 졸업하고, 그곳에서 초등학교 교사를 했다. 이후 일본군으로 끌려간 그는 운전병으로 있다가 휴가차 조선에 들어와 이남숙과 결혼했다. 해방 후에는 교사 생활을 정리하고 고향인 서산군 태안면 반곡리에서 농사를 지었다. 그러다 6.25가 났고, 부역 혐의로 불귀의 객이 됐다.

경찰 자료 믿을 수 없다는 사법부

"신원기록 심사보고에 망인(亡人)들이 처형된 자로 기재된 것은 인정되나 (중략), 망인들을 (부역혐의 학살사건)희생자로 확인하게 된 원시자료에 대한 언급이 없어, 희생자로 단정하기 어렵다"(서울중앙지방법원 2014년 1월 15일 〈2011가합127633 판결문〉)

서울중앙지방법원의 판결문을 받아든 박민교(태안군 태안읍 남문리)는 망연자실했다. 아버지가 '6.25 때 학살되었다는 경찰기록은 있으나, 확실히 죽었다고 볼 수는 없다(?)'는 해괴한 논리였다.

제1기 진실화해위원회는 2008년 서산경찰서로부터 '신원기록 심사보고(아래 신원기록)' 문서를 입수했다. '신원기록'은 내무부 치안국이 1980년 9월 1일부터 9월 30일까지 전국 각 경찰서에서 한 달간 실시한 '신원기록 일제정비'의 결과물이다.

6.25 때 '빨갱이' 혐의로 희생됐거나, 월북 혹은 납북된 자, 반정부 성향의 인물을 세부적으로 분석해 사찰대상을 문서로 정리했다. 이 문서에서 '부역에 가담해 사살된 자'로 표시된 이가 서산군(태안군 포함)에서만 1473명이었다(태안 민간인학살 백서, 2018). 태안군은 1989년에 서산군에서 나뉘어졌다.

박병칠 역시 이 신원기록에 포함돼 있다. 이는 박병칠이 부역 혐의로 학살되었고 그 가족을 1980년대까지 연좌제로 감시해 왔다는 구체적인 물적 증거이다. 그런데 대한민국 사법부는 이를 인정하지 않았다.

박병칠이 학살된 장산리 공동묘지와 증언자 박민교(박병칠의 아들).

박병칠이 죽은 후 이남숙은 닥치는 대로 농사와 장사를 했다. 남편이 살아 있을 때 힘든 일을 해보지 않은 그녀였지만 자식을 건사하려면 어쩔 수 없었다. 아들 박민교는 동국대 경찰학과에 합격했지만 신원조회에 걸려 최종 불합격됐다. 끝내 남편의 명예회복을 보지 못한 이남숙은 2015년 89세의 나이로 작고했다.

2021.06.26

"애들은 풀어줘!" 한마디에 죽음 문턱에서 살아난 소년들

충남 태안군 소원면 민간인 학살 유족 정만호 이야기

콜록이는 소리가 여기저기서 났다. 창고 안은 캄캄했다. 그나마 흰 옷을 입은 사람들이 많아서 가까이 앉은 사람을 식별할 수 있었다.

"엄마, 배고파요."

"이것아, 이 난리 통에 배고픈 것이 대수냐!"

어린 자식에게 핀잔을 주었지만 애틋한 마음은 어쩔 수 없었다. 이곳 모항초등학교(충남 태안군 소원면) 창고에 갇힌 이틀 동안 먹은 게 하나도 없다 보니 모두가 허기져 있었다. 하지만 그들 머릿속에는 배고픔보다는 '우리가 살아날 수 있을까?' 하는 걱정이 앞섰다. 늦가을의 쌀쌀한 날씨도 마음을 위축시켰다. 11월 초의 서늘한 날씨인데도 창고 안에는 이불은 고사하고 덮을 만한 게 아무것도 없었다. 창고 안에 갇혀 있는 사람 30명 중 마음 편히 잠든 이는 하나도 없었다.

"어린 것들 죽여서 뭐하냐! 당장 풀어 줘"

삐걱이는 소리와 함께 창고 문이 열렸다. 흐릿하게 사람 형체가 보였고 누군가 소리쳤다.

"전부 일어섯!"

엉거주춤 일어나는 행렬 중에는 정만호(1938년생)를 포함한 소년 셋이 있었다. 정만호와 송사성, 정석영은 또래 친구들이었는데 특히 정만호와 정석영은 자신들이 갇혀 있는 모항초등학교 5학년에 재학 중이었다. '이제 죽으러 가는구나'라고 생각한 이들의 얼굴은 침울해졌다. 소년들은 백짓장 같은 어른들의 얼굴을 보니 덩달아 얼굴이 하얘지고, 몸이 덜덜 떨렸다.

함석지붕의 창고 입구에는 소원지서장과 경찰들, 치안대원, 아낙네와 청·장년이 서있었다. 그들 앞을 지나가는 정만호는 마치 저승사자 앞을 가는 듯했다. 그런데 이런 말이 들려오는 게 아닌가.

"어린 것들 끌고 가서 어쩌려구 그래? 얘들은 당장 풀어줘!"

이렇게 외친 이는 박일옥의 아내(이름 미상)였다. 그 외침에 놀란 건 창고에 갇혀 있던 이들만이 아니었다. 입구에 서 있었던 경찰과 치안대원들도 놀랐다. 그도 그럴것이 그녀의 남편 박일옥(당시 38세)은 다름 아닌 인민군과 지방좌익에 의해 학살된 피해자였기 때문이다. 박일옥은 인민군이 후퇴하기 직전 태안내무서(경찰서)에 구금되었다가 인민군과 지방좌익에 의해 서산경찰서에서 동남 방향으로 5Km 거리에 위치한 양대리 해변에서 학살되었다.

박일옥의 아내처럼 남편이나 자식이 인민군과 지방좌익에 의해 학살된 이들은 '부역 혐의자'의 마지막 모습을 지켜보는 데 동원되었다. 그러니 박일옥의 아내가 한 말에 눈이 휘둥그레진 것도 무리는 아니었다. 대부분 사람들은 '저놈의 패거리들 때문에 우리 가족이 죽었다'며 울분에 차 있었다.

하지만 정만호를 비롯한 12, 13세의 소년들은 원수일 수도 없었고, 빨갱이일 리도 없었다. 그렇기에 박일옥 아내의 말에 누구도 제동을 걸 수 없었다. 결국 지서장은 부하들에게 소년들을 풀어 주라고 했다. 1950년 11월 1일 밤 12시경의 일이었다. 아수라장에도 사람이 있었다.

'갓난이'가 밤새 울다가 다음 날 죽어

박일옥 아내의 구명에 힘입어 소년 정만호, 송사성, 정석영은 살아났지만 나머지 27명은 약 2시간 후에 죽음을 면치 못했다. 지서장이 앞장서고 정만호의 어머니 가씨와 송사성의 어머니 김귀옥을 포함한 여성과 10대 후반 소년들이 뒷결박 당한 채 따라갔다. 맨 뒤에는 죽창을 든 치안대원들이 있었다.

'죽음의 행렬'은 모항초등학교에서 출발해 현재 태안군 소원면에 있는 만리포해수욕장 근처로 갔다. 수동 너머 모래밭 언덕에는 집채만 한 웅덩이가 군데군데 있었다. 이곳은 해당화 군락지로 여름이면 붉은 꽃이 사방을 붉게 물들였다. 가씨와 김귀옥 등 27명이 웅덩이 위에 세워졌다. 지서장이 하늘을 향해 권총 방아쇠를 당겼다. 사살 신호였다. 경찰들의 카빈 총구

정만호의 어머니와 마을 사람들이 학살된 만리포 해변.

가 불을 뿜었다. 비명 한 번 지르지 못하고 사람들이 짚단 넘어지듯 쓰러졌다.

"확인해!"

지서장의 말에 치안대원들은 주검을 향해 발자국을 뗐다. 그들은 죽창으로 쓰러진 주검을 쑤셔댔다. 가슴, 복부, 얼굴, 팔, 다리 가리지 않았다. 피가 뿜어져 나오고 얼굴이 일그러졌다.

11월 2일 날이 밝고 '만리포에서 사람들이 죽었다'라는 소문을 들은 사람들이 해변에 모여들었다. 정만호도 세 살 위 누나 정채임(1935년생)과 함께 갔다. 커다란 모래구덩이에 피로 물든 시신들이 쌓여 있었다. 정만호는 어머니의 시신을 발견했지만 가까이 갈 수 없었다. 소원지서 경찰들이 총구를 들이대며 "가까이 오면 모두 죽을 줄 알아!"라고 협박했기 때문이다.

오후에 유가족들이 다시 왔을 때 다행히 경찰들은 보이지 않았다. 정만호는 옷과 뻐드렁니를 보고 어머니를 찾았다. 그는 누나와 함께 어머니의 팔을 하나씩 잡고 시신을 끌어낸 후 근처에다 가매장했다. 송사성도 어머니 김귀옥의 시신을 가매장했다.

당시 송사성의 여동생 '갓난이'는 태어난 지 1년도 안 된 상황이었다. 아기는 엄마가 죽은 걸 알았는지 밤새 울어댔다. 할머니가 미음을 쑤어 먹이려 했으나 갓난이는 거부하고 울기만 했다. 그렇게 밤새 울어댄 갓난이는 다음 날 엄마 곁으로 갔다. 이름도 없었다. 그저 '갓난이'로 불린 아기였다.

교통호 파는데 동원된 마을 사람들

1950년 10월 말 경찰이 수복한다는 소식에 태안군 소원면 모항리 사람들은 피난짐을 싸기 시작했다. 인공(인민공화국) 시절 모항리 사람들 전체가 인민군의 강제노역에 동원되었다. 현재의 만리포해수욕장 바닷가에 교통호(방공호)를 파는 부역이었다. 교통호는 폭 1m에 성인 어깨 높이로 팠는데,

바닷가에 접해 있는 소원리는 모두 그들 담당이었다. 인근 파도리, 의항리 사람들도 모두 방공호를 팠다.

마을 사람들이 전부 동원된 이 작업은 인민군의 강압에 의한 것이었다. 하지만 '자라 보고 놀란 가슴 솥뚜껑 보고 놀란다'고 주민들은 혹여나 하는 마음으로 피난짐을 쌌다. 정만호의 어머니 가씨도 셋째딸 채임과 막내 만호에게 보따리 하나씩을 주고 자신의 친정인 원북면 동해리로 출발했다. 그녀는 출발하면서 장남 남호(당시 25세)에게 "너는 태안 가서 동생(구호, 당시 19세) 데리고 외갓집으로 오니라"라고 말했다.

장남 남호와 헤어진 가씨 일행이 동해리 고개를 막 넘어갈 때였다.

"꼼짝 마!"

그들은 10월 30일 소원지서 옆 농협창고에 구금되었고, 남호·구호 형제도 같은 날 저녁에 붙잡혀 왔다. 다행히 다음 날 새벽에 만호와 채림은 '어리다'는 이유로 석방되었다. 하지만 풀려난 지 하루도 안 돼 정만호는 도로 모항초등학교 창고로 끌려갔다. 거기에는 어머니와 마을 사람들이 있었다. 다음 날 저승길로 가기 직전 정만호는 박일옥의 아내 덕택으로 죽음을 면할 수 있었다.

소년단에 가입했다고 죽어

하지만 소원지서 옆 농협창고에 구금되어 있던 정남호·구호 형제는 11월 4일 태안군 소원면 신덕리 염전 원뚝 방조제에서 학살되었다. 정씨 형제는 머리와 가슴에 여러 발의 총상을 입었는데, 동생 채임과 만호, 집안 일가가 지게를 가져가 시신을 수습했다. 정만호의 친구 송사성은 형 옥순의 시신을 수습했다.

그렇다면 정씨 형제는 어떤 이유로 학살되었을까? 대전지방검찰청 서산지청의 자료에 의하면 정남호는 1950년 4월 22일 국가보안법 위반으로,

정구호는 1950년 6월 19일 상해죄로 기소되었다. 하지만 죄(?)가 경미해 불기소 처분되었다.

정만호는 "형들이 인공 시절 소년단에 가입했던 것 같다"고 증언한다. 하지만 소년단에 가입했다는 이유만으로 적법한 절차 없이 19, 25세의 청년들이 죽임을 당하는 것은 아니지 않은가!

정만호의 어머니와 형들이 죽은 뒤에도 소원면 모항리의 공포시대(?)는 끝나지 않았다. 수복 후 치안대 사무실로 쓰인 정낙설 집은 사람들로 북적거렸다. 1950년 11월 초 부역 혐의자를 집단학살한 이후에도 잔존 부역자들을 색출해 처벌한다는 명분이었다. 마을 사람들은 남녀노소 불문하고 치안대 사무실로 끌려가 몽둥이찜질을 당했다. 정만호 역시 누나 채림과 함께 끌려갔다. 열세 살 소년 정만호는 한참을 매에 시달렸지만 그의 입에서는 나올 얘기가 없었다.

사망신고를 조작한 경찰과 공무원

1951년 말 정남호는 어머니와 형들의 사망신고를 하기 위해 소원면사무소에 갔다.

"사망신고 하러 왔는디유."

그런데 호적계 담당 공무원으로부터 깜짝 놀랄 소리를 들었다.

"이미 사망신고가 돼 있는데."

"그럴 리가 없는디유?"

공무원이 내민 서류에는 '가씨와 정남호·구호 형제가 1950년 10월 15일 상오(오전) 2시에 (태안군) 소원면 신덕리에서 사망'한 것으로 기재되어 있었다.

1950년 10월 15일에는 가씨와 정씨 형제가 모두 살아 있었다. 가씨 모자는 각각 11월 2일과 4일에 학살되었으며 장소도 달랐다. 그런데 죽기

증언자 정만호.

17~20일 전에 이미 사망한 것으로 처리된 것이다. 사망 신고일은 1951년 7월 12일로 되어 있었다.

이런 황당한 일은 어떻게 발생했는가? 소원지서가 부역 혐의자로 학살된 이들에 대한 기록을 정비(?)하면서 실제 사망일시, 장소를 다르게 기록한 것이다. 피해자들을 두 번 죽인 것이나 다름없는 일이었고 자신들의 만행을 숨기기 위한 조직적 진실 은폐 작업이었다.

이 허위 사망신고는 후일 명예회복에 큰 악영향을 끼쳤다. 제1기 진실화해위원회가 서산경찰서에서 나온 〈신원기록 심사보고〉에 기초해 가씨와 정만호·구호를 '피해자'로 확정했는데, 재판부는 '근거 없다'며 패소판결을 내렸다. 거기에는 조작된 '사망신고서'가 주요하게 작용했다. 국가가 학살하고, 사망신고를 위조하고, 죽은 이유를 모르겠다고 잡아뗀 형국이다. 경찰·치안대, 공무원, 사법부가 합작한 불의(不義)의 합작품이다.

2021.07.03

석유 뿌려 태워 죽이고 시신 전시까지

충남 태안군 소원면 모항리 민간인 학살

"정춘영이 나와."

"애 아부지는 없는디유."

"어디 갔어?"

"글씨, 어제 나가서 안즉 안 왔는디유."

충남 태안경찰서 소원지서 경찰의 물음에 정춘영의 아내 이예순이 답했다. 경찰들은 찾던 사람이 없자 논에서 일하던 정춘영의 동생 정성영을 대신 연행했다. 보도연맹원 예비검속 방침에 따른 것이다.

1950년 6월 25일 한국전쟁이 발발하자 태안경찰서는 상부의 명령을 받아 6월 말부터 7월 11일까지 보도연맹원들을 붙잡아 들였다. 좌익 전향자 등으로 꾸려진 보도연맹원들이 북한군이 남하하면 협력할 수 있다는 이유에서였다. 초기에 연행된 태안 지역 보도연맹원 일부는 트럭에 실려 대전형무소 방향으로 끌려갔다. 하지만 트럭은 예산군 오가면에서 멈췄고 그곳에서 그들은 저세상 사람이 되었다.

태안 보도연맹원 일부가 대전 방향으로 이송된 사실은 태안경찰서 소속 조정찬 경위의 순직 사유에서도 확인할 수 있다.

당시 태안서 소속 좌기 직원은 동년(1950년) 7월 9일 좌익극렬분자(보련) 등을 대전형무소에 압송도중 홍성 장곡면에서 ××의 교통방해로 인한 자동차 발화사고로 불행히도 소사 순직하였음.(진실화해위원회, 『2009년 상반기 조사보고서』)

석유 뿌리고 예광탄을 쏘아

나머지 태안군 보도연맹원 대다수는 서산군 태안면(현재 태안군 태안읍) 백화산 사기실재로 끌려 갔다. 저녁 무렵 이들을 실은 트럭은 사기실재 고개를 넘지 않고 고개에서 멈췄다.

보도연맹원들은 꼼짝도 할 수 없었고 트럭에 내릴 때도 짐짝 버리듯이 버려졌다. 그들은 몸도 마음대로 움직일 수 없는 상태였다. 앞서 경찰은 태안경찰서 마당에서 보도연맹원을 2인 1조로 세워 등을 마주 보게 했다. 그런 후에 두 사람의 엄지손가락을 철사로 묶었다. 고통에도 사람들은 비명조차 지를 수 없었다. 총 개머리판이 사정없이 날라왔기 때문이다.

사기실재에 버려진 이들의 머리 위에는 석유가 부어졌다. 잠시 후에 예광탄을 쏨과 동시에 일부 경찰이 보도연맹원들의 옷에 불을 붙였다. '화르륵' 옷과 살이 타면서 여기저기서 비명이 터져나왔다. 엄지손가락이 철사로 묶인 이들은 살기 위해 몸부림을 쳤다. 몇몇은 이인삼각(二人三脚)하듯이 발을 맞춰 도망을 치기도 했다. 하지만 그들도 몇 발자국 가지 못하고 경찰의 조준사격을 당했다. 잠시 후 시신 타는 냄새와 총소리가 뒤섞여 사기실재는 '지옥도' 그 자체였다.

참혹한 죽음보다 더 놀라운 일이 그 다음에 벌어졌다. 상급자의 명령에 따라 경찰들은 새카맣게 그을린 시신들을 트럭 적재함에 실었다. 총에 맞아 떨어져 나간 팔, 다리도 전부 포함됐다.

태안군 보도연맹원 대다수가 학살된 사기실재.

잠시 후 시신을 실은 트럭은 태안면 고추판매소 창고 앞에 멈춰 섰다. 경찰들은 새카맣게 탄 시신 백여 구를 전시(?)하고는 사라졌다. 1950년 7월 12일 초저녁의 일이다. 시신을 본 사람들은 비명을 지르고 도망가거나 구토를 해댔다. 사망자 유족들은 경찰이 태안에서 후퇴한 다음 날에야 시신을 수습할 수 있었다. 이외에도 서산군 덕지천(현재의 서산시 덕지천동)에서 태안군 소원면 모항리 보도연맹원 일부가 죽임을 당했다.

앞서 등장한 모항리 정성영도 이때 죽었다. 보도연맹원인 형이 집에 없다는 이유로 대신 연행됐다가 돌아오지 못했다. 안타깝게도 정성영이 사기실재에서 죽었는지, 덕지천에서 죽었는지는 확인되지 않았다. 당시 소원면 모항리 보도연맹원 11명을 포함한 태안군 보도연맹원 110여 명이 목숨을 잃었다.

모항초등학교 부자 교사의 죽음

"컹컹."

그로부터 얼마 후인 9월 말경, 어두컴컴한 밤 모항리 초입에서 시작된 개 짖는 소리는 온 마을로 번졌다. 그렇게 모항초등학교 교장 국계환(당시 42세)의 집에 들이닥친 불청객은 다름 아닌 마을 사람들이었다. 인민군이 주둔하고 난, 소위 인공(인민공화국) 시절 완장을 찬 이들이다.

"국계환이 나왓!"

주인장이 방문을 열자 그들은 "뭘 꾸물거려, 빨리 나오지 않고"라며 큰 형뻘이자 아버지뻘인 국계환 교장에게 반말을 해댔다. 아내와 자식들은 아버지가 불청객들에게 뒷결박 수모를 당하는 모습을 고스란히 지켜보았다. 화살은 국교장의 아들 국병녕(당시 20세)에게도 향했다.

"야, 병녕이도 묶어."

지휘자의 말에 국병녕도 뒷결박을 당했다. 불청객들이 물러나자 교장 집에서는 곡(哭)이 터져나왔다.

국계환·국병녕 부자는 모항초등학교 교사로 아버지는 교장이었고 아들은 평교사였다. 이들은 북한군이 후퇴하기 직전 지방 좌익에게 반동이라는 이유로 끌려갔다. 하지만 그들은 부농도 지주도 아니었다. 단지 초등학교 선생이었을 뿐이다.

1950년 9월 20일 연행된 이들은 모항리 안상각의 소금창고로 끌려갔다. 이후 20일 가까이 구금됐던 이들은 10월 9일 모항리 해변으로 끌려 나왔다. 지방좌익들은 국계환·국병녕 부자를 에워쌌다. 지휘자의 턱짓에 사람들 손에 쥐어져 있던 죽창과 쇠스랑이 내질러졌다. 피가 사방으로 튀었다. 죽창과 쇠스랑을 쥔 이들의 옷과 얼굴에도 피가 튀었지만 아랑곳하지 않았다. 그들 중에는 앞선 7월 모항리에서 보도연맹으로 학살된 이의 유가족도 있었다. 보복 학살의 시작이었다.

계급갈등과 씨족갈등이 겹쳐

국계환·국병녕 부자처럼 반동과 우익(가족)이라는 이유로 지방좌익에게 학살된 소원면 모항리 사람은 17명이다. 당시 모항리는 3개 구에 불과했으니 엄청난 수치다.

피해자의 직업은 국계환·국병녕 부자를 제외한 15명 모두 농업이었다. 또 전직 이장 5명, 현직 이장 3명이 희생됐다. 이 외에도 국교환은 대한청년단원이라며, 국응선은 형 국중곤이 경찰과 친분이 있어서, 박일옥은 이장으로 있으면서 우익조직을 만들었다는 이유로 살생부에 올랐다. 이들은 안만순·안상각 부자의 소금창고와 분주소 등지에 구금되어 있다가 모항리 해변에서 죽거나 서산군 양대리, 소원면 파도리 등지에서 죽임을 당했다.

UN군이 반격해 옴에 따라 북한군과 지방좌익은 후퇴하기 직전인 1950년 9월 말부터 10월 초까지 군경 가족이나 우익인사, 그들의 가족을 집단학살했다. 이는 전국적인 현상이었다. 그런데 태안군에서는 북한군과 지방좌익에 의한 집단학살(적대세력에 의한 사건)이 유독 많았고 방식도 잔인했다. 소원면 모항리가 특히 그랬다. 왜 그랬을까?

단순히 계급갈등만으로 치부하기에는 석연찮은 면이 있다. 태안군 소원면 모항리 사례를 구체적으로 분석해보면 답이 나온다. 모항리 피해자 17명 중 국씨가 10명이다. 가해자는 지방좌익과 일부 보도연맹원 유가족이다. 그런데 후일 경찰이 수복한 후 경찰과 치안대에 의해 '부역 혐의 사건'으로 죽임을 당한 모항리 사람 61명 가운데 정씨이거나 정씨 가족이 42명이었다. 즉, '적대세력에 의한 사건'과 '부역 혐의 사건'의 피해자 중에 국씨(58%)와 정씨(68%)가 절대적인 비중을 차지했다.

한반도통일역사문화연구소 최태육 소장은 "6.25 전쟁 전부터 소원면 모항리에 내재해 있던 씨족간 갈등이 전쟁으로 인해 증폭된 것"이라고 보았다. 전통적인 계급갈등에 씨족갈등이 더해진 경우이다. 모항리에서만 전쟁 때 89명의 민간인이 죽음을 당했다.

치안대가 처형에 앞장서

다시 시간이 얼마 흐른 1950년 10월 초. 태안군 소원면 모항리 정춘영 집에 사람들이 들이닥쳤다. 소원지서 경찰들이 형 정춘영이 없자 그의 동생 성영을 잡아간 지 3개월 만의 일이었다. 상황은 비슷했다. 이번에는 그 불청객이 경찰이 아니라 치안대라는 점이 다를 뿐이었다. 또 3개월 전에는 보도연맹원을 예비검속했다면 이번에는 인공 시절(북한군 점령시절) 부역행위가 문제가 됐다.

춘영과 그의 동생 완영과 연영이 붙잡혀갔다. 정춘영 삼형제를 연행한 이들은 소원면 자치치안대(이하 치안대)원들이었다. 치안대원 중에는 적대세력에 의한 사건 피해자 유가족들도 끼어 있었다. 치안대는 소원지서 경찰이 수복하기도 전에 부역 혐의자를 임의로 검거·연행했다. 경찰이 수복한 후 공식적으로 '부역자심사위원회'가 구성됐다. 소원지서장이 중심이 되어 대한청년단 간부, 의용소방대 간부, 면장, 적대세력에 의한 사건 피해자 유가족으로 채워졌다.

이들은 부역혐의자들을 A, B, C 등급으로 구분했다. A급으로 분류된 사람은 대부분 즉결처형되었고, B급은 일부가 처형되었고, 일부는 재분류 후 처형되거나 훈방되었다. C급은 훈방되었다.(『태안 민간인학살 백서』, 2018) 심사위원회에 적대세력에 의한 피해 유가족들이 참여해 사감(私感)이 개입될 수밖에 없었다.

경찰 수복 후 충남 태안군의 부역 혐의자 검거 및 학살에는 태안경찰서가 중심에 있었다. 그런데 소원면과 이북면(현재의 이원면)에서는 치안대가 직

숙부들이 학살된 태안군 소원면 신덕리 해안(당시는 바닷가) 현장에 선 정낙관.

접 처형에 참가했다. 소원면 모항리에서는 주민 61명이 불법 처형되었다. 모항리 정연영·완영 형제는 다른 이들과 함께 신덕리 해안에서 죽었고, 정춘영은 시목리 장재 금광구덩이에서 죽임을 당했다. 이외에도 모항리 해변에서 집단학살이 발생했다. 소원면 '피의 살육제'는 1950년 10월 5일경부터 11월 4일에 걸쳐 일어났다.

학살 방식은 적대세력에 의한 사건과 비슷했다. 죽창과 쇠스랑으로 무장한 치안대가 부역 혐의자들을 떼죽음으로 몰고 갔다. 모항리 해변에서 죽임을 당한 27명의 얼굴은 죽창과 쇠스랑에 훼손돼 식별이 불가능할 정도였다.

남매 옷을 벗겨 고문을 하기도

11월 초까지 이어진 부역 혐의자 학살 이후에도 치안대는 해체되지 않았다. 치안대는 정낙설 집에 사무실을 차리고 부역 혐의자를 추가로 연행해 구타하고 고문했다. 정춘영의 아들 정낙관(당시 14세)도 수 차례 연행되어 고초를 겪었다.

같은 마을의 정씨 남매(13세, 16세)도 치안대 사무실에 연행되어 옷이 전부 벗겨진 채 고문을 당했다. 야만의 시대에 광기 어린 풍경이었다.

2021.07.10

민간인 살상에 수류탄 투척한 특무상사의 광기

충남 태안군 근흥면의 민간인 학살

피난을 갔던 최천수(가명)는 해군 309정에 몸을 싣고 충남 태안군 근흥면 정죽리에 있는 안흥항에 도착했다. 최천수의 마음 한켠에는 분노와 흥분이 일었다. 항구에는 민간인으로 보이는 사람 수십 명이 서 있었다.

뒷결박 지어져 항구에 서있는 이들은 다름 아니라 북한군 점령 때인 인공 시절 '부역 혐의'를 받고 있었다. 해군 특무상사가 그들을 죽 훑어보았다. 그는 그 중 눈빛이 살아 있던 김광섭에게 "네 소원이 뭐냐?"고 물었다. 그는 주저하지 않고 "인민공화국 만세!"라고 외쳤다. 이왕 죽을 바에야 하고 싶은 얘기나 하고 죽자는 심정이었다.

특무상사의 눈이 꿈틀거렸다. 그는 권총을 꺼내 김광섭 얼굴을 정조준해 방아쇠를 당겼다. 총구와 김광섭의 거리가 불과 1m도 안 되었기에 총알은 그의 이마에 정통으로 맞았다. 이후에도 특무상사의 검지가 계속 움직였다. 순식간에 손가락이 여섯 번 움직였고, 김광섭의 얼굴은 통째로 날아갔다. 앞서 김광섭은 해군과 교전하면서 군인 한 명을 사살한 바 있다. 과잉살상은 그에 대한 보복이었다.

“흑백 같은 소리하고 있네”

특무상사의 광기는 식을 줄 몰랐다. 끌려온 사람 중에는 김수원(당시 24세), 김노랭이(별명), 김막둥이(별명) 삼형제가 있었다. 특무상사는 막내 김막둥이를 계선주에 올라가게 했다. 계선주는 배를 매어 두기 위해 부두에 세워 놓는 기둥이다. 특무상사의 오른손 검지가 움직이자 김막둥이의 목이 꺾여지면서 몸뚱이가 바다로 떨어졌다.

항구에서 피의 살육제를 벌인 해군 특무상사 일행은 안흥지서로 발걸음을 옮겼다. 지서에서는 부역 혐의자들에 대한 심사가 한창이었다. 배에서 내려 지서에 미리 도착해있던 최천수 치안대장이 특무상사에게 경례를 했다. 당시는 계엄 상황이라 군인이 무소불위의 권력을 휘둘렀다.

“지금 뭐하는 거요?”

“흑백(黑白)을 구분하고 있습니다.”

“흑백? 흑백 같은 소리 하고 있네. 전부 일어 서!”

유치장 등에 있던 부역 혐의자들이 모두 끌려 나왔다. 주민 30여 명도 겁먹은 눈빛을 하고 해군 일행의 뒤를 좇았다. 혐의자들은 바닷가에 일렬횡대로 늘어섰다. “사격 준비!”라는 특무상사의 구령에 총구가 반짝였다. “사격!” 하는 소리와 동시에 총구에서 불이 뿜어졌다. 이어서 쾅 하는 소리가 났다. 다름아닌 수류탄 터지는 소리였다.

최천수의 입이 딱 벌어졌다. 군사작전을 하듯이 수류탄까지 던져 부역 혐의자들을 싹쓸이할 생각은 미처 하지 못했기 때문이다. 게다가 그들은 죽창 하나 들지 않은 민간인이 아닌가. 조금 전 항구에서 김광섭의 머리가 날아간 모습을 본 데 이어 소총과 수류탄으로 주민들을 살상하는 모습을 본 최천수와 치안대원들은 몸을 부르르 떨었다.

이날 총질은 안흥항 바위 위에서 끝을 맺었다. 특무상사는 여성 두 명을 바위 위에 세워 놓고 조준사격했다. 그중에는 가의도리 주민으로 인공 시

근흥면 부역 혐의자들이 구금되었던 근흥지서 옆 창고.

절 근흥면 여맹위원장을 한 장순태도 있었다. 1950년 10월 8일 해군의 총질과 수류탄 투척으로 목숨을 잃은 태안군 근흥면 주민은 37명이었다.(『태안 민간인학살 백서』, 2018)

태극기 들고 환영대회 나갔는데…

이보다 앞선 1950년 9월 29일. 근흥면 면소재지에서 '군경 수복기념 환영대회'를 한다는 소식이 들려왔다. 한태선 등 근흥면 마금리 주민은 직접 그린 태극기를 들고 길을 나섰다.

"아이고 군경이 수복한다니, 이제 살 만하겠구만."

"글쎄 말여."

그런데 어쩐 일인지 면소재지에는 마금리 주민 십여 명밖에 보이질 않았다. 돌아온다던 군인과 경찰은 코빼기도 안 보였다. 얼마 후 마금리 주민들이 군경수복환영대회를 하려 했다는 소식을 지방좌익들이 들었다. 그들은 군경을 피해 근흥면 소재지인 용신리에 모여 있었다.

마금리 주민들의 행동은 전세가 역전되면서 불안한 마음으로 북으로 후퇴하는 방법을 찾던 지방좌익들에게 불안을 자극했다. 결국 악에 받친 지방좌익들은 10월 4일 용신리 해변에서 마금리 주민 12명을 창으로 찔러 죽였다. 희생자들은 모두 농민이었다. 이날을 전후로 근흥면 주민 22명이 세 차례에 걸쳐 지방좌익에게 죽임을 당했다. 박계환은 의용소방대원이었다는 이유로, 조제환(남로당 경력자, 의용소방대장)과 노기진(29세, 면서기)은 지방좌익에게 협조하지 않았다는 이유로 죽었다.

이 와중에 최천수는 서산경찰서에 구금되었다가 서산군(현재의 서산시) 양대리 총살 현장에서 구사일생으로 살아났다. 그의 아버지는 마을 좌익에게 죽창으로 몸 12곳을 찔려 죽을 뻔했다. 때문에 최천수는 근흥지서 경찰들이 수복하기 전부터 근흥면 치안대장을 맡는 등 좌익척결에 앞장섰다. 근흥면 역시 태안군의 다른 면과 마찬가지로 보도연맹원 학살 사건에 이은 '지방좌익에 의한 사건'이 보복 차원에서 이루어졌고, 뒤이어 '부역 혐의자 학살사건'도 유사했다.

지서장·면장·이장들이 '부역자심사위원회' 구성

이후 경찰과 치안대에 의한 근흥면 '부역 혐의자 학살 사건'은 10월 초순부터 12월 말까지 수차례에 걸쳐 진행됐다.

수복 직후 근흥지서 경찰과 치안대는 각 마을의 민간인을 연행해 면사무소 창고에 구금했다. 경찰과 치안대 감찰부가 이들을 1차로 취조했다. 그리고 '부역자심사위원회'가 죽일 사람과 살릴 사람을 결정했다. 최천수 치안대장의 증언이다.

"취조계원이 작성한 내용을 내가 낭독을 해. 지서 직원이나 근흥면 유지들을 앞에 놓고서 내가 '이 사람은 어떻게 할 거냐? 이렇게 (손가락으로) 총을 쏘는 모양을 하면서, (총살)할 것이냐, 아니면 석방을 할 것이냐?' 하면 (지서 경찰과 유지들이) '이렇게 하자'라고 하면, 내가 '그렇게 하면 안 돼. 하나밖에 없는 생명을 이렇게 하면 안 된다'고, 근흥면 면장하고 이장들도 그 쓸 만한 이장들도 모여 갖고, 이름이 없고 협의체여. 지서장이 결정하는 것이 아니라. 면장, 지서장, 각 리 이장, 그리고 나, 다 합의를 봐야지."(진실화해위원회, 『2008년 하반기 조사보고서』)

즉 지서장, 면장, 치안대 간부, 이장 등이 부역자심사위원회를 구성해 부역 혐의자들의 생사를 결정한 것이다. 10월 31일 근흥면 안기리 주민 최긍우를 포함한 민간인 30여 명이 용신리 해변 질목으로 끌려갔다. 절벽 위에서 경찰이 총을 쏘면 시신이 모래사장으로 떨어졌다. 경찰들은 사람 뒤통수에 총구를 대고 검지를 움직였다. 그렇게 근접사격을 하니 생존자는 있을 수가 없었다.

"동무네는 영웅 가족이오."

근흥면 인민위원회 간부는 안기리의 함필기(당시 19세)를 한껏 추켜세웠다. 함필기의 형 함인기, 함현기는 국민보도연맹 사건으로 전쟁 직후에 학살되었다. 똑똑하다는 소리를 듣고 농과 가구를 만들었던 함인기는 한국전쟁 전 근흥지서의 강압에 의해 국민보도연맹에 가입했다. 동생 현기(미혼)도 마찬가지였다.

함인기·현기 형제는 전쟁이 나자 지서에 연행되었고 대전형무소 방향의 공주 어디에선가 죽임을 당했다. 형 둘이 죽고 난 후 남은 동생 함필기는 인공 시절 북한군과 지방좌익의 행정에 협조를 했다는 혐의를 받았다. 결국 그는 1950년 10월 용신리 해안에서 경찰과 치안대원에게 죽임을 당

태안군 민간인 희생자의 이름이 기록되어 있는 유족회 사무실에 선 함정만.

했다.

함인기의 아들 함정만(73세, 태안군 근흥면 안기리)은 삼촌 함필기의 학살 장소를 가보자는 기자의 말에 고개를 절레절레 저었다. 아버지 삼형제의 죽음을 기억하기가 너무나 고통스러웠기 때문이다.

시신이 밀물과 썰물에 떠밀려 다녀

인공 시절 민청(민주청년연맹) 활동을 했던 윤일미(근흥면 안기리, 당시 42세)는 수복 직후 경찰과 치안대원들에 의해 근흥면사무소 창고에 구금되었다. 하지만 인공 시절 윤일미가 한 일이라고 해봤자 마을 사람과 풍물 치고, 자기 집에서 그들에게 음식을 제공한 게 전부였다.

아버지 윤일미가 학살된 장소에 선 윤용찬.

그는 안흥항에 있던 안흥지서로 끌려가 2주간 구금됐다. 어머니 조씨가 매일 밥을 해 날랐다. 어느날 조씨는 아들 밥을 도로 집으로 가져왔다. 다음 날 안기리에는 '윤일미가 안흥항 바닷가에서 학살되었다'는 소식이 들렸다. 하지만 시신을 수습할 사람이 마땅치 않았다. 윤일미의 시신은 매일 밀물과 썰물에 떠밀려 다니다가 흔적도 없이 사라졌다.

"잠만 자면 아버지의 시신이 바닷가에서 휩쓸려 다니는 악몽을 꾼다."

아버지의 시신을 수습하지 못한 윤용찬(1944년생, 충남 태안군 근흥면 안기리)은 탄식했다.

2021.07.17

"아버지와 큰오빠, 작은오빠까지 경찰 손에 다 죽었어"

충남 태안 지역 민간인 학살 피해자 유족 지만월·배광모 이야기

지만월(84세, 충남 태안군 소원면 신덕리)은 대문에 걸려 있는 헝겊가방을 선물 보따리인 양 손에 쥐었다. 안방에 들어가 가방을 여니 문제지가 나왔다. 연필을 쥔 그녀는 예시문을 그대로 받아썼다.

'바다는 넓고 넓어요', '옷이 얇아서 추워요' 예전 같으면 발음 나는 대로 썼을 글들이 하나도 어색하지 않았다. 신덕리 마을회관에서 하는 한글교실에 처음 참여했을 때였다. 선생님이 "옷이 얇아서 추워요"를 말하고 써 보라고 했다. '옷이 얄바서 추워요'라고 썼는데, 선생님이 옅은 미소를 지으며 "할머니 이건 발음 나는 대로 쓴 거예요"라며 올바른 글쓰기를 알려주었다.

뒤늦게 한글을 배우는 요즘 지만월은 세상을 모두 가진 것 같다. 다만 코로나 때문에 마을회관에 가지 못하고 학습지로만 배우는 게 불만이다. 코로나가 잠잠해지면 다시 마을회관에서 한글을 배울 생각이다. 그녀는 젊었을 시절인 1950년대에도 마을 오빠 지재원이 운영한 야학에 다녔다. 당시 야학에서 〈국문독본〉을 배웠지만, 오랜 기간 글을 쓰지 않아 한글을 까먹었다.

어처구니없는 오해와 오발

1950년 10월. 지만월의 오빠 지기상(당시 19세)은 어머니 박씨와 함께 아버지 지재기와 형 지무상의 시신을 찾으러 여기저기 다녔다. 태안면 평천리와 원북면 신두리 등 사람들이 죽었다는 소문이 난 곳에는 안 간 데 없이 모두 다녔지만 아버지와 형은 그 어디에도 없었다.

지기상이 아버지와 형의 흔적을 찾기 위해 태안군 소원면 면소재지를 거닐 때였다.

"야! 이리 와."

경찰들이 그에게 담배 박스를 실은 지게를 메라고 했다. 지게를 진 지기상이 법산리로 가는데 뒤에서 총소리가 나는 게 아닌가. "탕" 소리에 그는 지게를 벗어 던지고 줄행랑을 쳤다. 그리고 이어진 총소리에 지기상은 삼

전쟁 때 아버지와 오빠 둘을 잃은 지만월.

밭에 고꾸라졌다.

사실은 이랬다. 당시 경찰들이 법산리 문○○을 향해 발포했는데 지기상이 겁을 먹고 도망가자 경찰도 이를 오해해 발포한 것이다. 1950년 10월 소원면 법산리와 신덕리의 경계 삼밭에서 있었던 일이다. 지기상의 여동생 지만월은 이 일이 1950년 7월 말경에 있었다고 기억한다. 하지만 당시는 인공 시절이었기에, 실제 사건은 군경이 태안을 수복한 그해 10월경에 발생했을 것으로 판단된다.(한반도통일역사문화연구소 최태육 소장)

죽은 지기상이 동분서주하며 찾던 아버지 지재기와 형 지무상(당시 26세)은 어떻게 됐을까? 1950년 7월 11일(음력 5월 26일) 보도연맹원 예비검속 때 소원지서에 연행된 지재기와 지무상 부자는 대전형무소 가는 방향의 유구 차돌고개에서 학살됐다. 지무상의 아들 지영옥(1947년생, 태안군 소원면 의항리)은 "소원면 영전리에 살던 장내홍씨가 할아버지와 아버지를 실은 트럭을 차돌고개에서 보았다고 했다"고 증언했다.

그렇게 아버지 지재기, 큰오빠 지무상, 작은오빠 지기상을 잃은 지만월은 학교를 다니는 것은 꿈도 꾸지 못했다. 다행히 전쟁 후 마을 오빠가 운영하던 야학에 다녔고, 그로부터 60여 년 만에 태안군이 운영하는 문해교실에 참여하고 있다.

돈도, 빽도 없고 가방끈도 짧아

지지직 하는 소리와 함께 라디오 방송은 시작됐다. 배광모는 세수를 시작했다. 그날따라 세수를 하는 기분도 상쾌했다. 그날 공무원 시험을 치는 배광모는 아침부터 서둘렀다. 어머니가 차려준 아침을 먹고 채비를 마친 다음 신발을 신을 때였다. 대청마루에 있는 라디오에서 시사퀴즈 내는 소리가 들렸다.

"이순신 장군이 태어난 곳은 어디일까요? 1번 부산, 2번 서울, 3번 온양,

4번 진도. 4곳 중에 어디일까요?"

배광모는 고개를 갸웃했다. 온양 같기도 하고, 진도 울돌목 같기도 했다. 집을 나서기 직전 라디오에서 아나운서의 정답 발표가 있었다.

시험 장소는 서산농고였다. 시험장 교실 뒷자리에 앉으려 하는데 의자에 웬 낙서가 돼있었다. '이 자리에서 시험 보는 분은 꼭 합격합니다' 배광모의 얼굴에 미소가 번졌다.

"자, 지금부터 시험지를 돌리겠습니다. 부정행위를 하다 적발되면 무조건 퇴실 처리를 할 테니 유의하시기 바랍니다."

시험감독관의 말이 있고 국사 시험지를 받은 배광모는 깜짝 놀랐다. 첫 문제가 다름 아닌 '이순신 장군의 출생지는 어디인가요?'였다. 기가 막히면서도 어안이 벙벙했다.

그는 '서울'에 답 표시를 했다. '이순신 장군의 출생지는 서울 건천동입니다'라던 아나운서의 말이 귓가에 생생했다. 행운은 이어졌다. 수학 시험에는 피타고라스 법칙을 다룬 문제가 나왔다. 그는 하마터면 비명을 지를 뻔했다. 어젯밤 꿈에서 공주사대부고 소원섭 선생님이 가르쳐 준 문제가 숫자 하나 바뀌지 않고 그대로 나왔기 때문이다. 마지막 시험은 헌법과 경제 과목이었다. 그가 서점에서 사서 공부한 『경제대의』, 『법제대의』에서 시험문제가 그대로 나왔다. 시험을 마치고 집에 오는 내내 배광모는 귀신에 홀린 기분이었다.

그렇게 해서 배광모는 1969년 서산군청 9급 공무원 1차 시험에 14:1의 경쟁률을 뚫고 당당히 합격했다. 공주사대부고를 힘겹게 졸업한 배광모가 짧은 시간 공부한 것 치고는 크나큰 성과였다.

배광모 앞에는 2차 시험이 기다리고 있었다. 구술시험이었는데 소문에는 '돈을 갖다 주든지, 빽을 쓰든지 해야 한다'고 했다. 돈도 빽도 없었던 배광모는 그저 면접관의 질문에 성실히 답했다. 결과는 합격이었다. 그런데

2차 시험까지 합격한 그에게 발령이 나지 않았다. 시간이 흘러도 감감무소식이었다.

그의 한숨 소리를 들은 형 배정모가 "내가 한 번 알아볼게" 하며 나섰다. 배정모는 당시 서산·태안 지역구 국회의원 이상희의 지역사무소에서 일하던 친구 최충수(가명)를 만났다.

"충수야, 내 동생 발령 좀 내주라."

그가 친구에게 건넨 뇌물(?)은 고작 갈비 한 짝이었다. 걱정 마라는 호언장담에 배정모는 동생 광모를 안심시켰지만 역시나 발령은 나지 않았다. 화가 머리꼭지까지 난 배정모가 태안 읍내에서 최충수와 마주쳤다. "야, 이 자식아"라며 욕하며 대드는 배정모에 최충수는 줄행랑을 쳤다.

그 일이 있은 직후 다행히도 배광모는 서산군 태안면사무소에 기한부(계약직) 공무원으로 발령이 났다. 소사(학교, 관공서 등에서 잔심부름을 하던 사람)도 국회의원이 관리하던 시대였다. 배광모는 왜 공무원 발령을 받기 어려웠을까?

경찰이 노파를 군홧발로 차

1950년 11월말 충남 태안군 태안읍 송암리. 소리를 지르며 뛰어드는 아들 배광모(당시 10세)를 배생춘은 놀란 눈으로 바라보았다.

"아부지, 큰일 났어요."

"왜 그러냐, 광모야?"

"웬 아저씨들이 삼촌을 붙잡아 갈려고 해유."

도자기를 만들기 위해 흙을 밟던 배생춘은 황급히 마당으로 달려갔다. 동생 배재성은 이미 뒷결박을 당한 상태였다.

"왜 이런대유?"

"시끄러워! 얼릉 데려가."

배생춘이 동생을 잡아가려는 경찰의 옷자락을 붙잡자 총 개머리판이 돌아왔다. 어머니 권순경이 경찰 바짓가랑이를 잡았다.

"내 아들이 뭔 죄가 있다고 잡아가는 규?"

"이 노인네가 죽으려고 환장했나!"

경찰의 군홧발에 권순경은 나가떨어졌다. 배광모가 "할머니!" 하고 부르짖으며 달려갔다.

삼촌 배재성이 학살된 사기실재에 선 배광모.

한국전쟁이 발발한 후 북한군이 점령한 인공(인민공화국) 시절 젊은이 몇몇이 배생춘의 사랑방에 모여 시국을 논했는데 이것이 후일 치안대원들의 미움을 샀다. 국군이 수복한 후에 치안대원들이 배재성을 태안경찰서에 밀고하면서 사달이 났다. 부역 혐의로 연행된 배재성은 이후 태안면 사기실재에서 경찰에게 학살됐다. 같은 마을 사람 8명은 태안면 바금이에서 죽임을 당했다.(『태안 민간인학살 백서』, 2018)

배광모는 할머니와 함께 사기실재에 삼촌의 시신을 찾으러 갔다. 삼촌은 엄지발가락이 없었기 때문에 시신을 찾는 것은 그리 어렵지 않았다. 배재성의 시신은 처참함 그 자체였다. 불에 탄 살점이 옷에 들러붙어 있었다.

배광모는 1998년 근흥면장으로 퇴직, 현재는 문화관광 해설사로 활동 중이다.

2021.07.24

"안 가르쳤으면 안 죽었을 텐데"… 가슴 치는 부모

충남 태안 지역 민간인 학살 피해자 유족 가청과 한원석 이야기

종일 집안 일가와 이웃집을 다니다 파김치가 되어 집에 온 가삼룡은 땅이 꺼져라 한숨을 쉬었다. 집안 분위기가 흉흉하니 손자 가청(당시 10세, 장남 가종호의 아들)은 쭈뼛거리기만 했다. 가삼룡의 한숨은 계속되었다.

"할아버지, 왜 그러세요?"

"아니다……."

어린 손자에게 차마 말할 수 없었던 가삼룡은 한참을 끙끙 앓았다. 그러다 도저히 안 되겠던지 가청을 불렀다.

"아가."

"예, 할아버지."

"네 작은아버지가 식전에 네 아버지 때문에 잡혀 가지 않았느냐. 그런데 지서에 논 한 마지기 값을 갖다주면 풀려날 수 있다는구나. 그런데 종일 다녀도 돈을 구할 수가 없구나."

가삼룡은 다시 한숨을 쉬었다. 10세 소년 청이 할 수 있는 말은 없었다. 할아버지도 손주한테 해결책을 바라고 한 말은 아니었다. 하도 답답해서 말한 것이다.

더군다나 가삼룡의 장남 가종호는 보도연맹원을 붙잡아 들인다는 소문에 행방을 감춘 지 며칠째였다. 둘째 가종렬은 형 대신 붙잡혀갔다. 들리는 소문에 따르면 구명에 필요한 시간은 3일이란다. 하루를 공쳤으니 이틀밖에 남지 않았다.

논 한 마지기 값을 마련하지 못해

다음 날 가삼룡은 아침 일찍 서둘렀다. 하지만 집안 일가와 마을에 돈 있을 만한 집을 모두 헤매고 다녔지만 허사였다. 그 다음 날도 마찬가지였다. 충남 태안군 남면지서에서 정한 3일 기한은 그렇게 지나갔다.

결국 가삼룡의 둘째아들 가종렬은 서산 양대리에서 후퇴하는 대한민국 경찰에게 학살되었다. 둘째가 총살 당했다는 소식에 가삼룡은 혼절했다. 그가 깨어나서 처음 한 말은 "가르치지 않았으면 안 죽었을 텐데……."였다.

그렇다. 태안군 남면 양잠리 출신 가종렬은 당시 고려대학교에 당당히 입학했다. 남면뿐만 아니라 태안군에서도 고려대를 가는 게 드물던 시대였다. 대학 졸업 후 가종렬은 남면초등학교 교사로 발령을 받았다. 그는 사상과는 관련이 없는 이였다. 문제는 다른 곳에서 터졌다. 남면사무소에 근무하던 형 가종호가 6.25 발발 후 보도연맹원 예비검속 때 집을 나가버린 것이다. 가종호가 행방불명되자 남면지서에서는 동생 가종렬을 잡아들였다. 동생 가종렬은 형을 대신해 죽음의 대열에 합류했다. 1950년 7월경의 일이었다.

북한에 살아있었던 아버지… 이산가족 만남은 불발

"할아버지, 아버지 제사는 어떻게 할까요?"

"네 아버지는 살아 있다."

"예?"

할아버지에게 아버지 가종호가 살아있다는 말을 들은 가청은 식은땀이 흘렀다. '도대체 무슨 근거로 그런 말을 하실까' 하는 의구심이 들었다. 할아버지 가삼룡이 그렇게 말한 데는 다 이유가 있었다. 그는 북한 방송을 몰래 청취했는데, 그 결과 장남 가종호가 살아 있을 것으로 짐작했다.

그런데 기적이 일어났다. 가삼룡의 추측이 사실로 확인된 것이다. 1986년 이산가족 만남 때였다. 가청의 일가 되는 가창호가 6.25 때 행방불명된 가종호의 소식을 전해준 것이다. 1986년 평양에서 있었던 이산가족만남 때 가창호는 전쟁통에 헤어진 형을 만나게 됐다.

"형님, 얼마나 외로우셨습니까?"

"나는 외롭지 않어. 우리 집안 종호 씨가 살아 있어 자주 왕래를 하고 있어."

가창호의 증언으로 가청의 아버지 가종호가 평양에 살아 있고, 그의 아들 둘이 김일성대학에 다닌다는 것도 알게 되었다.

이후 가청은 대한적십자사에 북한에 있는 아버지를 만나고 싶다고 신청서를 냈다. 하지만 어떤 연유인지 만남은 이루어지지 않았다. 가청은 이제는 아버지가 사망했을 것으로 보고 있다. 아버지가 돌아가시기 전에 만났었으면 하는 아쉬움이 너무나 크다.

연좌제 걸려 경찰시험 떨어져

가청(1941년생, 충남 태안군 남면 양잠리)은 가방끈이 짧다. 남면국민학교를 나온 것이 전부인데 할아버지 가삼룡은 손자에게 공부를 시키지 않았다. 그도 그럴것이 중학교를 나와 남면사무소에 근무하던 장남은 6.25 때 행방불명되고, 고려대를 나와 남면초등학교 선생을 하던 차남은 보도연맹사건으로 학살 당했기 때문이다. 이 악몽 같은 현실에 가삼룡은 '똑똑하면 죽는

증언자 가청.

다'라는 말을 금과옥조로 삼게 되었다. 손자 가청은 남면초등학교를 나온 후 서당에서 한문을 배운 게 배움의 전부였다.

군 제대 후 가청은 악착 같이 공부해 경찰시험에 응시했다. 1차 시험에 합격했지만 신원조회에서 미역국을 먹었다. 아버지 가종호와 작은아버지 가종렬 때문이었다. 더군다나 가청의 둘째작은아버지 가종하도 북한군 점령 시절인 인공 때 부역했다는 혐의로 남면지서에 연행돼 온갖 구타와 고문을 당한 후 1965년 고문 후유증으로 사망한 사실도 걸림돌이었다. 한 집안을 파괴시킨 국가가 그의 삶을 옥죄였다.

의용군에서 탈출했는데, 빨갱이라고?

"아이고, 석아."

1950년 9월 둘째 아들 한석(당시 22세)을 끌어안은 어머니 김성례는 통곡을 했다. 귀한 자식이 의용군에 끌려가 세상이 무너진 것 같았는데 기적처럼 아들이 다시 나타났으니 그럴 수밖에.

“이게 어찌 된 일이냐?”

“강원도에서 죽기 살기로 도망쳤어요.”

그제야 가족들은 가슴을 쓸어내렸다. 한석은 한창교·김성례 집안을 일으켜 세울 기둥이었다. 한석은 어릴 때 태안군 이북면(현재의 이원면)에서 신동으로 소문났었고, 끝내는 서울사범대에 입학했다. 그런 그가 사지에서 돌아왔으니 가족의 기쁨은 이루 표현할 수 없었다. 하지만 한달 후 기쁨은 슬픔이 되었다. 태안을 점령했던 인민군이 물러가고 경찰이 수복하자 한석은 이북지서에 연행돼 면사무소 양곡창고에 구금되었다.

한석이 의용군에 갔다는 이유에서였다. 하지만 강원도에서 탈출한 것만 봐도 한석이 자발적으로 의용군에 가지 않았다는 걸 알 수 있다. 하지만 수복 후 결성된 치안대는 사정을 봐주지 않았다. “서울에서 학교를 다녔기 때문에 빨갱이 물들었다”고 했다. 서울사범대를 다니던 한석이 한국전쟁이 발발하자 시골로 피난을 왔는데 그게 호랑이굴이 되었다.

집안은 초상집 분위기였다. 둘째아들 한석뿐만 아니라 이북면사무소에 근무하던 사위 정동현(당시 25세)도 연행되었기 때문이다. 한석의 할머니 조씨가 밥을 해 날랐다. 사람들이 갇혀 있는 양곡창고 문을 두드리면 창문으로 새끼줄이 내려와 주먹밥이 올려졌다. 이런 배달은 한 달간 이어졌다. 어느 날 조씨가 밥을 해 창고로 갔는데 그날은 창고가 텅 비어 있었다. 웅성거리는 소리가 들려 가보니 둘째아들과 사위를 비롯한 사람들이 뒷결박 당한 채로 어디론가 끌려가고 있었다.

옹동벗에서 쓰러진 이들

이북면사무소 양곡창고에 구금된 이들의 생사를 결정하는 소위 ‘부역자 심사위원회’는 지서장, 치안대장, 치안대 감찰부장 및 임원, 지역 유지들로 구성되었다. 심사위원회는 구금된 이들을 3등급으로 분류했다. A는 처형되고, B는 보류했다가 재심사하고, C는 석방했다. 형식상 심사위원회의 최고결정권자는 지서장이었다.

하지만 태안군 이북면에서는 치안대장의 목소리가 더 컸다. 이북면 치안대장 김치환(가명)은 면장으로 근무하다가 인민군 점령 시기 서산 양대리에서 북한군과 지방좌익에게 학살된 김형만의 친형이었다. 심사에서 이북지서 지서장은 될 수 있으면 처형자를 줄이려고 했지만, 치안대장 김치환은 적극적으로 처형하려고 했다. 지서장보다 치안대장의 목소리가 더 컸다. 친형의 죽음에 따른 보복 학살이었다.(『태안 민간인학살 백서』, 2018)

창고에 구금된 이들은 세 차례에 걸쳐 골로 갔다. 한석은 매형 정동현과 함께 1950년 12월 2일 이원면의 옹동벗으로 끌려갔다. 경찰은 뒷결박 당한 이들의 가슴에 총구를 들이댔다. 탕 하는 소리와 함께 젊은이들이 바닥으로 나뒹굴었다. 확인 사살은 치안대원이 했다. 참나무 몽둥이로 머리를 내리치면 딱 하며 두개골이 깨지는 소리가 났다.

다음 날 한석의 동생 한원석(당시 13세)은 마을 어른과 함께 옹동벗에 갔다. 가슴은 뻥 뚫리고 머리는 으깨어진 형의 시신을 찾았다. 목이 막히고 앞이 안 보였다. 그는 정신을 차리고 준비해간 칼로 형의 뒷결박을 풀었다. 하지만 형의 손은 굽어 펴지지 않았다. 12월 초겨울 날씨 탓이었다. 그날은 형의 시신에 표시만 해놓았고, 다음 날 집안 식구들과 함께 한석의 시신을 수습했다.

똑똑하면 죽는다

한석의 죽음이 확인 된 그날 밤, 아버지 한창교와 어머니 김성례는 밤새 곡을 했다. 한창교는 '가르치지 않았으면 안 죽었을 텐데'를 기도문 외우듯이 했다. 하지만 경찰과 치안대가 배운 이들만 죽인 것은 아니었다. 태안군

증언자 한원석.

이북면 관리 관동마을에서만 23명이 학살당했는데 피해자 대부분이 무학자였다. 죽음에는 유·무식도 없었고, 이념도 없었다. 한석과 함께 죽은 매형 정동현은 면사무소에 근무하는 우익이었다. 같은 마을 김정교는 치안대원에게 돈을 꿔주지 않았다며 죽임을 당했다.

부역혐의자 학살 이후에는 또 하나의 광풍이 몰아닥쳤다. 치안대가 빨갱이 가족의 재산을 강탈해 갔다. 농촌 재산 목록 1호인 소를 빼앗긴 사람도 있었고, 취사도구를 탈취당한 사람도 있었다. 한창교 집안은 어이없게도 부역 혐의죄로 밭을 팔아 벌금을 내야 했다.

형과 매형을 한국전쟁기에 잃은 한원석(1937년생, 충남 태안군 이원면 관리)은 맘껏 공부를 못 한 한이 있다. 할머니가 '똑똑하면 죽는다'며 교육을 시키지 않았기 때문이다. 한원석은 평생을 고향에서 밭과 씨름하며 팔십 평생을 살았다. 매년 6.25와 찬바람이 부는 12월 초가 되면 그의 눈에는 머리가 으깨어져 있던 형의 모습이 아른거린다. 할아버지와 할머니의 한숨과 탄식 소리도 들려온다. 똑똑해서 죽은 세상, 무식쟁이도 죽는 세상, 살아남은 자들은 71년이 지난 지금까지 가슴을 못 펴고 산다.

2021.07.31

지나가다 먹은 소고기 한 점, 그것 때문에 죽은 아버지

태안군 이북면 의용군 징집자 조재관·조용호 부자 이야기

"여기에 물 갖다 부어라."

"예, 아버지."

아버지 조백현이 대형 가마솥에 바닷물을 부으라고 하자 아들 조재관은 땀을 뻘뻘 흘리며 부지런히 움직였다.

조재관은 집안 머슴들과 함께 물지게에 물동이를 걸고 바닷물을 나르느라 땀범벅이었다. 가마솥에는 물이 한정 없이 들어갔다. 가마솥이 폭 4미터에 높이가 2미터나 돼 열 명 넘게 머슴이 동원됐지만 만만치 않게 시간이 걸렸다. 20대 중반의 조재관은 얼마 전 첫째아들 조용호가 태어난 터라 더 열심히 일했다.

가마솥에 바닷물을 가득 붓고는 준비한 장작에 불을 지폈다. 바닷물이 끓자 소금이 가마솥 바닥에 가라앉았다. 이렇게 해서 소금을 만드는 방식을 '자염(煮鹽)'이라 한다. 이 자염 방식은 1950년 충남 태안군 이북면(현 태안군 이원면) 사람들에게 낯설기만 했다. 당시에는 대부분 천일염 방식으로 소금을 만들었기 때문이다. 천일염은 일정한 공간에 바닷물을 가두어 놓고 햇볕과 바람으로 수분을 증발시켜 얻는 소금을 말한다.

태안군 이북면에서 자염을 처음 만들고 판매한 이가 바로 이북면 포지리의 조백현이었다. 당시에는 '조백현의 땅을 밟지 않고는 포지리를 지나갈 수 없다'는 말이 돌 정도였다. 하지만 그의 땅은 저수지 물을 끌어올 수 없는 천수답(天水畓)이어서 소출이 형편없었다. 그래서 조백현은 소금 생산에 열을 올렸다. 그렇게 집안 머슴들과 자염을 만들던 조재관이 어느 날 마을에서 보이지 않았다.

"조백현 영감 아들이 요 며칠 안 보여?"

"의용군에 나갔다던데……."

1950년 한국전쟁 발발 후 인민군은 기세좋게 내려왔지만 전선은 낙동강에서 고착화되었다. 그러자 인민군은 의용군 모집에 공을 들였다. 정규군만으로는 화력의 열세를 만회할 수 없었기 때문이다. 당시 인민군이 점령했던 태안군 이북면 포지리에 살던 조재관도 의용군으로 전선에 끌려갔다.

소고기 한 점 값이 사람 목숨?

그런데 얼마 후 의용군에 갔다던 조재관이 물지게를 지고 식전에 마을 어귀에 나타난 게 아닌가. 같은 마을 김진수(가명)의 입이 딱 벌어졌다.

"아니, 어떻게 된 겨? 자네 의용군에 끌려 갔다던디!"

"야. 가다가 도망 왔어유."

조재관은 미군 폭격에 무리가 우왕좌왕하는 틈에 대열에서 도망쳤고 무사히 마을에 돌아올 수 있었다. 탈출담을 들은 김진수는 고개를 끄덕이며 "그게, 그렇게 된 거구만" 하고 대꾸했다. 한국전쟁 초기에는 서울과 경기도에서 학생을 포함한 청년 일부가 의용군에 자원하기도 했다. 하지만 1950년 8월 말 전선이 고착화되자 의용군 모집은 쉽지 않았다. 결국 의용군 모집은 할당제 성격을 강하게 띠었고, 조재관도 의용군에 차출되었던 것이다. 자발성이 결여된 의용군에 사기란 있을 리 만무했다.

그런데 엉뚱한 곳에서 불똥이 튀었다. 대한민국 군경이 수복하기 며칠 전이었다. 마을 주민들이 소를 잡아먹고 있었는데 조재관이 그 옆을 지나가고 있었다. "이리 와서 고기 한 점 먹고 가게"라는 말에 그는 발걸음을 멈추었다. 그렇게 해서 지방 좌익들이 우익 인사의 소를 강취해 잡아먹던 자리에 조재관은 우연히 끼게 됐다. 고기 한 점의 대가로 목숨을 내놓아야 할 줄은 당시에는 상상도 하지 못했다.

며칠 후 군경은 수복했고 태안 지역 치안대가 조재관의 집에 들이닥쳤다. 그는 면소재지 양곡창고에 구금되었다가 1950년 10월 말에서 11월 초경 이북면 소재지 인근의 사천골에서 학살됐다. 당시 태어난 지 백일도 안 됐던 조용호는 그렇게 아버지를 잃었다. 조재관이 부역 혐의로 학살된 데에는 의용군 전력이 작용하지는 않았을 것이다. 직접적 요인은 마을 지방 좌익들이 소를 잡아먹는 자리에 동석한 때문으로 보인다.

반공포로도 감시 대상

조재관처럼 한국전쟁 때 의용군에 갔다가 탈출했거나 거제도 포로수용소에 수용되었다가 반공포로로 석방되거나, 북한을 신택한 이들은 이후 어떻게 되었을까?

우선 의용군에서 탈출하거나 반공포로로 석방된 이들은 1980년대까지 경찰의 감시대상이 되었다. 의용군 입대 후 월북한 이들의 가족들도 마찬가지였다.

> "본명에 대하여 망원(望遠) 및 직접, 간접으로 동향을 내사한 바 가족 및 재산이 증감된 사실(이) 없고 장기 출타 사실 없이 농사일을 거들 뿐이며, 본명의 자 김○○은 중장비(부로도자-불도저)를 구입하려 했으나 자금 문제로 구

1950년 대전 산내 골령골 민간인 학살 현장. 한국전쟁이 빌발하자 대한민국 정부는 북한군에 협조할 우려가 있다는 이유로 좌익 전향자 등을 집단 예비검속했다.(출처=NARA)

입을 포기하고 새마을 지도자로 일하고 있으나 소극적이며 외래자 접선 및 불온 서신 래왕 사실 없으며 야간 북괴방송 청취 사실 없이(하략)" - 1978년 3월 13일

충북 영동군 영동읍 산이리 김칠수(가명)는 의용군에 입대 후 월북했다. 이후 김칠수의 가족은 관찰대상이 되었다. 내무부 치안국의 지시로 영동 경찰서가 행한 일이었다.

김칠수의 아내와 자녀, 며느리도 모두 감시대상이었는데 한 달에 한 번꼴로 감시 일지가 작성됐으며, 가옥 평면도와 마을 약도도 그렸다. 만에 하나 상황에 대비해 도주로를 확보하기 위해 마을 약도까지 그렸는데 김칠수가 간첩으로 남파돼 가족을 접선할 수 있다는 이유에서였다.

반공포로 역시 감시의 대상이 되었다. 충북 영동군 매곡면 노천리 이충호(가명)가 그런 경우다. 이충호는 황해도 안악군 출신으로 해방 후 남하한

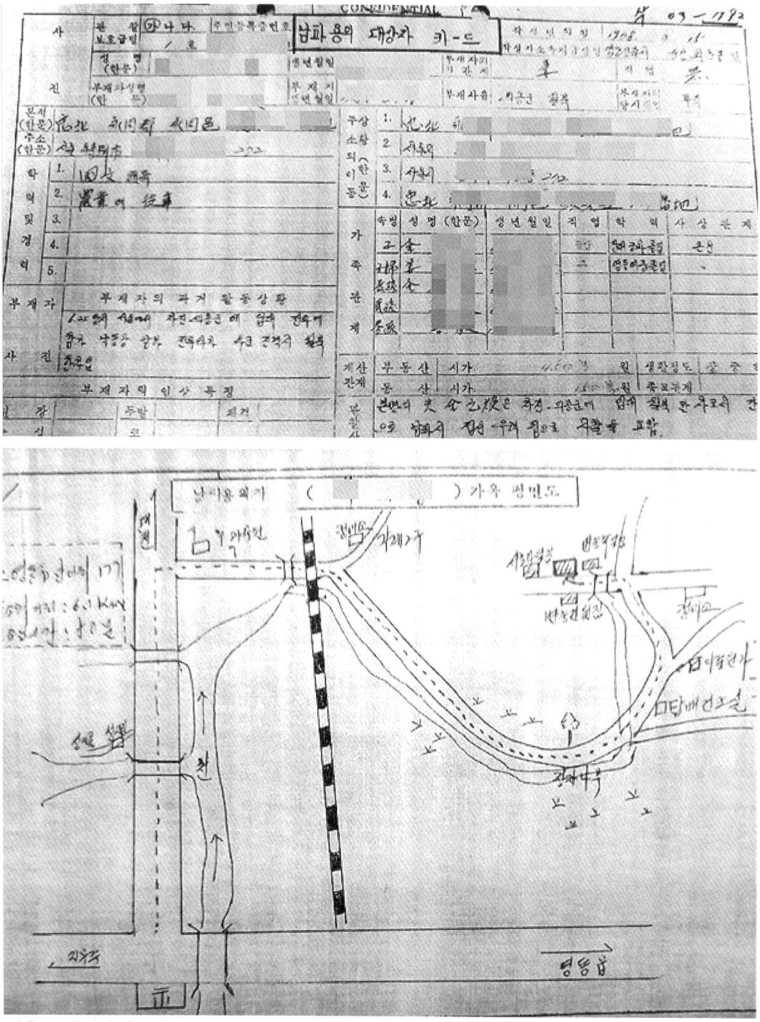

의용군 입대 후 월북한 자의 가족에 대한 관찰보호자카드(위)와 마을 약도.

목사였다. 이후 그는 의용군에 차출됐는데 교전 중 체포돼 거제도 포로수용소에 구금됐다. 1953년 6월 18일 반공(反共)포로 석방 때 그는 영동군 매곡면으로 돌아왔다. 그는 목사이면서 반공주의자였지만 의용군에 한 번

갔었다는 이유로 수십 년 간 경찰의 감시를 받아야 했다.

이같은 의용군 감시는 비단 충북 영동에서뿐만 아니라 전국에 걸쳐 일어났다. 의용군에 자원 입대를 했든 끌려갔든 그 동기와 과정은 고려되지 않았다. 반공포로도 마찬가지였다. 1980년대까지 대한민국 경찰의 눈에는 의용군에 한 번 갔던 이는 무조건 빨갱이였다.

백일도 안 돼 아버지 잃고

조용호가 태어난 지 백일도 안 돼 아버지 조재관은 사천골에서 학살됐다. 어머니는 용호가 일곱 살 되던 해에 개가했다. 천애고아가 된 그는 친척 집을 떠돌았다. 그는 초등학교 2학년 때 책 3장을 넘기고 공부를 작파했다. 얹혀 살던 작은아버지 집이 파산했기 때문이다.

소년 조용호는 어찌어찌 하다가 인천으로 올라갔고 친척 아저씨 집에서 살게 됐다.

"너 구구단 외냐?"

"못 해요."

순간 유리 재떨이가 조용호의 머리에 날아왔다. 이어 집안 아저씨의 손바닥이 그의 귀빰을 강타했다. 웅 하는 소리가 잠시 들리더니 아무 소리가 나지 않았다. 고막이 터진 것이다.

시간이 지나면서 귀는 자연 치유되었지만, 그의 삶은 펴지지 않았다. 꿀꿀이죽, 술지게미, 풀을 섞은 밀가루죽이 그의 주식이었다. 오죽 배가 고팠으면 '어떻게 하면 고아원에 들어갈 수 있을까'라는 생각까지 했다. 도시생활을 도저히 견딜 수 없었던 소년은 10살에 고향 태안으로 내려왔다. 11세 때부터 남의 집 머슴을 했는데 1년 새경(급여)이 쌀 5말, 보리 5말이었다.

그가 종일 일할 수 있었던 것은 술지게미 기운 덕이었다. 조용호가 어린 나이에 남의 집 머슴을 해서 모은 5년간의 새경을 날리고 말았다. 집안 아저씨가 집을 산다며 빌려 가놓고는 갚지를 않았다. 그는 홧김에 아저씨 집 헛간에 불을 질렀다. 그 길로 다시 인천행 버스를 탔다.

술집 '보이'부터 전기 기술자까지

인천에서 그는 '청양원'이라는 술집의 '보이'(술 심부름꾼)로 취직했다. 월급과 팁을 고스란히 한일은행에 저축했다. 그런데 이번에는 베트남전쟁에 갔다 온 또다른 집안 아저씨가 술집을 같이 차리자고 설득했다. 끈질긴 설득에 조용호는 3년 동안 모은 23만원을 전부 내놓았다. 하지만 시작한 지 3년 만인 1972년에 술집은 문을 닫았다. 아저씨는 야반도주했고, 조용호는 빈털터리가 되었다.

이후 조용호는 전기 기술을 익혀 미도파백화점 전기공으로 입사했다. 이후 대한전선과 신성공업에서 일했다. 1975년에 신성공업이 당인리~청와대간 승압공사를 하는데, 조용호가 신원조회에 걸렸다. 다행히도 중앙정보부 감찰부장으로 있던 집안 사람 연줄로 신원조회 문제를 해결했다. 1976년 사우디아라비아에 갈 때도 회사가 신원보증을 서서 신원조회 문제를 해결했다. 그렇게 해서 사우디아라비아, 필리핀, 예멘, 아프가니스탄에서 일했다.

조용호(1950년생, 경기도 광명시 광명동)는 그가 선택하지 않은 일로 인생을 좌우당하며 살았다. 세상에 나온 지 백일도 안 돼 아버지가 학살되고, 7세에 어머니가 개가했다. 고아처럼 밑바닥을 전전하던 그가 모은 돈도 친척들이 가져가 버렸다.

그는 1982년부터 2021년 현재까지 설비 일을 해오고 있다. 그는 손에서 일을 놓은 적이 한번도 없다. 그의 얼굴에는 칠십 평생의 고생이 묻어난다. 하루속히 국가가 그의 마음을 어루만져 주었으면 한다.

2021.08.07

4

몰살

죽은 사람 묻어줬다고 빨갱이로 몰려 죽다

충남 아산군 민간 우익단체의 민간인 학살

"누나!"

인천으로 시집간 누나 김갑례(1914년생)가 1949년 여름 오랜만에 친정에 오자 김동식(1941년생)은 무척이나 반가웠다. 누나이긴 하지만 거의 어머니뻘이라 결혼하기 전에는 누구보다 살가운 사이였다.

"그래. 동식이 잘 지냈냐?"

오랜만에 충남 아산군 인주면 해암리 나루게마을 김동식 집에는 웃음꽃이 피었다. 식구들의 이야기는 밤새는 줄 모르게 이어졌고, 소년 김동식은 새벽녘에서야 잠이 들었다. 다음 날 아침 마당이 소란스러웠다. 소년이 졸린 눈을 하고 신발을 꿰차니 아버지 김선억이 "동식아, 네가 이 양반들 좀 따라갔다 와라"라고 일렀다.

친인척이 와서 하룻밤을 자도 '신고'

소년이 간 곳은 마을 한가운데 있는 청년단 사무실이었다. 예전엔 마을 유지가 사랑채로 쓰던 곳이었다. 소년은 대뜸 욕부터 먹어야 했다.

"이놈의 새끼. 니 누나 언제 왔어!"

"어제 왔는디유?"

"그럼 유숙계(留宿屆)를 썼어야지. 이 자식아."

"그게 뭔디유?"

그렇게 되물은 소년은 꿀밤을 맞았다. 이어 사무실 책임자가 소년의 허벅지에 주판을 놓고 세게 밀었다. 맨살에 주판으로 긁히니 살이 씹혔다. 하지만 겁 먹은 소년은 비명도 지를 수 없었다.

"야, 이놈의 자식아. 아무리 가족이라도 외지 사람이 마을에 와서 하룻밤 자면 유숙계를 써야 한다는 걸 몰라!"

소년 김동식은 결혼한 누나가 집에 왔다고 신고해야 하는 것도 이해가 안 됐지만 결정적으로 유숙계가 뭔지를 몰랐다. 외지 사람이 타지에서 하룻밤 이상 머무르게 되면 인적사항과 그곳에 온 이유를 의무적으로 기록하게 한 것이 유숙계다.

유숙계는 이승만 정권 때인 1949년에 만들어졌다. 1948년 12월에 만들어진 국가보안법이 국민의 사상을 억압했다면, 유숙계는 국민의 일상적 삶을 옥죄었다.

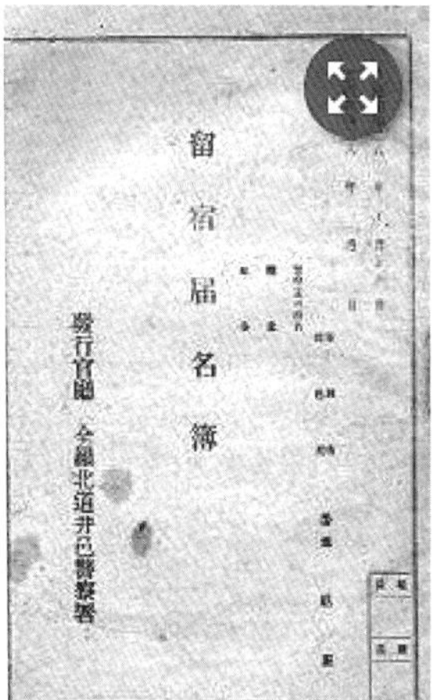
留宿屆名簿

發行官廳 全羅北道井邑警察署

전라북도 정읍경찰서가 발행한 유숙계.

> 一家(일기)□□은 물로 他人(타인)이 留宿(유숙)할때와 世帶人(세대인) 이 外泊(외박)할 境遇(경우)에는 世帶單位(세대단위)의 班長(반장)을 通(통)하여 그 □□를 申告(신고)하여야 된다
>
> —《부산일보》 1949년 5월 18일자

유숙계는 1949년 5월 대도시에 한해 실시되다가 이후 농촌 지역까지 확대됐다.

증언자 김동식.

이 제도는 한국전쟁 전 시골의 마을 단위까지 국민을 감시하고 통제하는 용도로 활용됐다. 외지인은 리·반장에게 즉시 보고됐고, 정보는 민보단(民保團)과 지서에도 공유되었다. 1950년대 들어 유숙계는 '설렁줄' 설치로 이어졌다. 설렁줄은 5호 1통을 단위로 하는 상호 감시 시스템이었다.

> "본도 경찰서에서는 빈발하는 강력범을 방지하며 또한 사건 발생을 속히 인근 주민들에게 알리게 하여 단시간 내에 범인을 체포하고자 하는 의도에서 방범 설렁줄 설치를 계획하여 일반도민에게 보급시키게 되었다는데 동 설렁줄은 5호 1통을 단위로 하여 새끼나 끄나풀을 이 집에서 저 집으로 연결시켜 놓고 유사시에는 이 설렁줄을 흔들어서 이웃집에서 연락을 하도록 ~"—《충북신보》 1954년10월 28일자

죽은 사람 묻어준 게 죄

1950년 10월의 어느날. 충남 아산군 인주면 해암리 한절골. 치안대는 마을 사람들에게 소집 명령을 내렸다. 홍오봉(당시 61세)도 마을 등구나무 아래로 갔다.

"이 나무에 목매달아 죽은 사람이 있다는데, 본 사람 있소?"

"제가 묻어주었습니다."

치안대원이 묻고 홍오봉이 답했다. 그러자 옆에 있던 여자가 "홍오봉이도 사람 죽였다!"라고 뜬금없는 말을 했다. 이후 홍오봉은 해암리 방앗간에 구금됐다. 홍오봉은 북한군 점령 시절 완장 찬 이가 대한민국 군경 수복 후 목숨을 끊자 그를 묻어주었다.

그날 오후에는 홍오봉의 아내 이순영과 아들 홍효선(1942년생)도 새끼줄에 묶여 방앗간으로 끌려왔다.

"저 꼬마는 왜 데리고 왔냐! 당장 풀어줘!"

여덟 살 홍효선을 보고는 책임자가 호통을 쳤다. 그날 저녁 그의 어머니도 석방됐다. 하지만 죽은 사람을 묻어준 것이 죄가 된 홍오봉은 인주지서 창고로 옮겨졌다. 창고에는 홍오봉이 살았던 아산군 인주면 해암리 한절골 사람들이 빼곡했다. 한절골은 남양 홍씨 집성촌으로 25가구의 작은 마을이었다. 이 마을에서만 홍사용, 홍영선, 홍규선을 포함 22명이 구금됐는데, 20대 이상 남성은 대부분 연행됐다.

그리고 홍오봉을 비롯한 이들은 며칠 후인 1950년 10월 13일 지서 뒷산 방공호에서 경찰과 우익 청년단체원들에 의해 학살됐다. 인주면에서 인민위원장을 했던 홍사철은 아들 셋과 함께 학살당했다.

홍오봉 집안의 비극은 계속됐다. 홍오봉의 아들 홍도선(당시 28세)은 인공 시절 의용군에 끌려갔지만 탈출해 집으로 향했다. 하지만 그는 신창면에서 우익단체원들에게 붙들려 저수지 근방에서 학살됐다. 의용군에서 탈출해 대한민국을 선택한 젊은이가 무참히 처형된 것이다. 그는 시신도 수습할 수 없었다.

시집간 누나가 친정에 왔는데, 유숙계를 작성하지 않아 고초를 겪은 소년 김동식의 집도 6.25 때 난리를 겪었다. 그의 형 김인제(1922년 생), 김창식(1930년 생)이 군경 수복 후 치안대에 끌려갔기 때문이다. 김인제·김창식은 인주면 도흥리 강춘식 씨 집에 구금됐다.

다음 날 김동식은 형님들이 먹을 밥을 들고 강춘식 집에 갔다. 집에 가니 외떨어진 창고에서 아이구 소리가 들려왔다. 김동식이 조심스레 보니 창고에서 웃통을 벗고 팬티만 입은 유철훈(가명)이 한절골 주민인 박창원의 아버지를 물고문하고 있는 게 아닌가. 창고 한쪽 옆에는 이미 고문을 당한 또 다른 사람이 '엎드려뻗쳐'를 하고 있었다.

며칠 후 소년의 형 김인제와 김창식을 포함한 마을 주민들은 지서 뒷산 교통호에서 학살당했다. 가족들은 다음 날에야 야음을 틈타 시신을 수습하고 인주면 냉정리 공동묘지에 매장할 수 있었다. 소위 '빨갱이'의 주검은 선산에 묻을 수도 없던 야만의 시대였다. 덧붙이자면 이후 김씨 형제가 묻힌 장소에 큰 묘지가 만들어지는 과정에서 묘지가 없어져 버리는 황당한 일이 일어나기도 했다.

아산군은 무법천지

한국전쟁 발발 후 인민군이 밀고 내려왔다가 국군에 밀려 물러난 후인 1950년 9월 26일. 천안과 경계에 있는 아산군 탕정면을 시작으로 우익 무장조직의 부역자 체포가 시작됐다. 9월 27일에는 서쪽 예산 방향 도고면에서도 시작됐으며 9월 29일 온양경찰이 복귀하면서 본격화됐다(진실화해위원회, 『2009년 상반기 조사보고서』). 아산의 부역 혐의자 체포와 처형은 1950년 9월 말부터 1951년 1월 초까지 진행돼 한국전쟁 전후 아산군 민간인 희생자는 2800명내지 3000명으로 추정된다.

특히 수복 직후 부역 혐의자 처형에는 경찰의 지휘명령 체계가 아닌, 당시 '치안대', '자치대'라는 이름을 내건 아산의 우익단체 5~6개가 개입됐다. 이 과정에서 마을 주민들간의 사적인 감정도 작용했다. 배방면에서는 청년방위대가, 선장면에서는 태극동맹이, 탕정면에서는 대한청년단이 주도했다. 그 중 염치면 대동리의 홍순탁(가명)은 카멜레온 같이 움직였다. 홍순탁은 한국전쟁 전 헌병으로 근무하다 탈영한 후 인민군 점령기에는 좌익 활동을 했다. 그러다가 수복 후에는 입장을 바꿔 부역 혐의자를 체포하고 다녔다.

한국전쟁 시기 민간인이 불법 학살된 아산시 설화산 유해 발굴 사진(2018년). 사진제공=심규상

1951년에도 아산군에서는 부역 혐의자 불법학살이 일어났다. 1.4 후퇴 시기 배방면과 신창면의 불법연행 및 학살로 관련자가 재판을 받았다.

금년 1월 초 중공군이 평양시에 진입태세를 취하자 아산군의 일부 적색불순분자들이 폭동을 야기시킬 기색이 농후함으로 배방지서 순경 한○○은 향토방위대장 한○○과 공모해 (1951년) 1월 6일 오후 8시 좌익분자 및 동가족 183명을 창고에 예비검속하여 두고 전원총살 후 부근 금광굴혈에 사체를 유기하였음.

증언자 홍효선.

신창지서주임 경사 유○○은 좌익분자 11명을 예비검속 중, 1월 9일 오후 4시 창고에서 총살 후 사체를 유기하였음

— 조진만 법무장관이 장면 국무총리에게 보고한 「좌익분자 및 동가족 살해사건 발생에 관한 건」

평생을 따라다닌 '신원조회'

아들 홍오봉과 손자 홍도선이 전쟁 통에 죽자 홍효선의 할머니 강태정은 화병에 걸려 수복 후 사망했다. 홍효선의 모친 이순영은 감을 팔아서 아들의 교육비를 댔고 다행히 홍효선은 1967년 한양공대를 나와 수산청에 입사했다. 수산청은 이후 해양수산부로 개편됐고, 그는 2003년에 퇴직했다.

그는 36년간 공직생활을 하면서도 마음을 졸여야 했다. 아버지와 형의 억울한 죽음이 드러나서 자기의 목줄을 위협할 수 있다는 우려 때문이었다. 연좌제와 신원조회는 민주화 된 이후에도 그에게서 떠나지 않았던 두려움이었다. 그러다 보니 직장 일에 신명을 바치는 것이 힘들었다. 팔십이 된 홍효선이 자기 삶에서 가장 안타깝게 생각하는 부분이다.

2021.10.30

일가족 열 명 몰살 후에 화병으로 죽은 아버지

충남 아산군 배방면 맹억호의 삶

1990년의 어느날. 맹억호(1949년생)는 우연히 사무실 책상 위 문서철을 보게 됐다. 〈인사기록카드〉. 생각 없이 한 장씩 넘기던 그의 눈이 휘둥그래졌다. 자기 이름이 적힌 카드가 나왔기 때문이다. 1974년 작성된 '신원조사 회보서'는 아산군수가 충청남도 경찰국에 신청한 '신원조사 요청에 대한 답변서'였다. 답변서를 읽는 맹억호의 얼굴은 붉으락푸르락했다. 그러다가 문서 하단에 쓰인 '기타' 란을 보고는 화가 치솟았다.

> 맹억호의 부 맹갑재는 리임위(마을 임시 인민위원회) 위원장으로 활약타(활약하다가) 9.28 수복 당시 처단된 자임.

아버지가 부역죄로 처단?

충청남도 경찰국은 맹억호의 아버지가 6.25 때 충남 아산군 배방면 휴대리 인민위원장을 했기에 수복 시에 군경에 의해 처단되었다고 기록했다. 사실 여부를 떠나 아버지의 과거 행위를 기록하고 자식을 감시하는 것은 엄연한 불법이다.

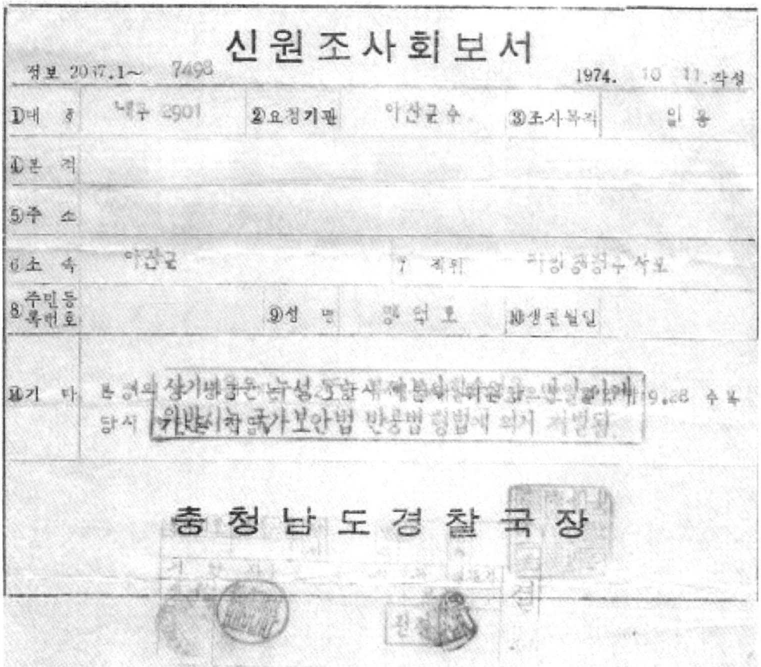

신원조사회보서

1974. 10 11. 작성

①대 호	2901	②요청기관	아산군수	③조사목적	임용
④본 적					
⑤주 소					
⑥소 속	아산군		⑦직위		
⑧주민등록번호		⑨성 명	맹억호	⑩생년월일	
⑪기 타					

충청남도경찰국장

충청남도경찰국의 요청에 따라 아산군수가 답신한 신원조사 회보서.(사진제공=맹억호)

하지만 6.25가 발발한 지 40년이 되었고, 연좌제가 공식 폐지된 것도 10년이 지났건만 경찰과 행정기관은 연좌제의 불법 기록을 여전히 보존하고 있었다. 답변서에는 충청남도 경찰국이 공무원 맹억호를 주시(감시)한 결과 사상적 측면에서 '용의점을 발견치 못함', 성질·소행은 '온순·단정'하다고 적었다. 맹억호는 자신이 '빨갱이 자식'으로 수십 년간 감시당했다고 생각하니, 대낮에 대로변에서 발가벗겨진 기분이 들었다.

그렇다면 백번 양보해서 맹억호의 아버지 맹갑재는 죽을 만큼 부역죄를 지었는가? 또 1950년 9, 10월경에 부역죄로 처형됐을까?

해방 후 천안제3초등학교(현 천안 남산초) 교사였던 맹갑재는 1950년 한국전쟁이 발발한 후에도 교사 일을 계속했다. 천안에 진주한 인민군은 교사들에게 「김일성 장군의 노래」를 가르치게 하고 인공기를 그리게 했다. 교사들에게 선택권은 없었다.

이후 국군이 수복하고 인민군이 물러가자 누군가가 맹갑재가 부역을 했다고 밀고했다. 맹씨는 김일성 우상화 교육에 앞장섰다는 혐의로 아산군 배방지서에 연행됐다. 인민군의 강요로 80일도 안 되는 기간에 인민학교(초등학교) 교사 일을 한 게 적을 이롭게 하는 행위가 됐다. 1950년 12월 말경 맹갑재는 배방지서 유치장에 2일간 구금되었다가 온양경찰서를 거쳐 대전형무소에 수감되었다. 한달 후 맹갑재는 무죄 석방됐다.

그런데 맹갑재가 집에 도착하니 기절초풍할 일이 벌어져 있었다. 가족의 몰살. 아버지, 어머니, 아내, 동생, 제수씨 등 10명이 이유도 모른 채 학살당했다. 죽은 아내는 만삭이었다. 맹갑재의 가족이라고는 동생 맹웅재(1939년생)와 아들 맹억호(1949년생)뿐이었다. 나머지 가족에게 대체 무슨 일이 있었던 걸까?

"나는 12살인데요"

"한 집안에서 열 살 아래 아이 한 명씩만 살려 주겠다."

캄캄한 창고 안에서 들려오는 말에 맹무섭(1904년생, 맹갑재의 부친) 귀가 번쩍 뜨였다. 자신과 같이 갇힌 아들 웅재는 살 수 있겠다는 생각이 들었다.

장남 맹갑재는 대전형무소로 끌려가 소식이 없고, 장손 억호는 연행되지 않았지만 앞으로 살아날 수 있을지 불투명했다. 어떻게 해서든 창고에 끌려온 아들을 살려야 했다.

"너 아홉 살이라고 해라."

"나는 열두 살인데요?"

"이 놈의 자식. 나가라면 나가지 웬 말이 많어."

맹무섭은 아들 맹웅재의 엉덩이를 발로 힘껏 찼다. 영문을 모르는 열두 살 웅재는 맞은 게 서러워 엉엉 울면서 곡물창고에서 나왔다. 그날 밤 곡물창고에 남아 있던 맹무섭 일가 10명은 성재산 방공호에서 모두 학살당했다. 맹씨 가족 외에도 300여 명의 사람이 세상을 하직했다. 1951년 1월 6일이었다.

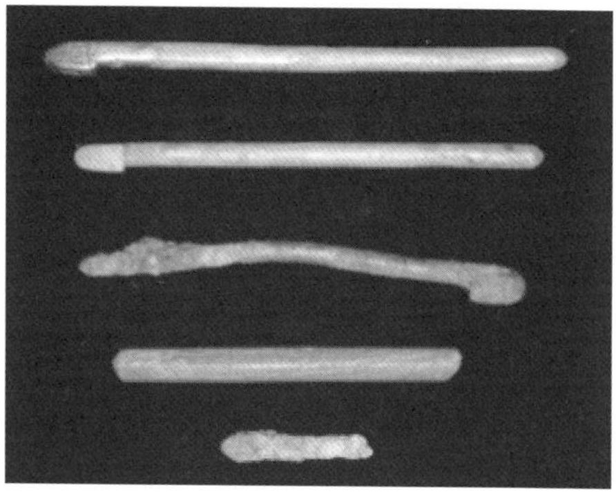

아산시 설화산 유해 발굴 현장에서 나온 비녀. 희생자가 여성임을 알 수 있다.(사진제공=심규상)

한국전쟁기 아산군에서는 '부역 혐의'로 민간인 800~2000여 명이 불법적인 죽임을 당했다. 노인, 여성을 포함해 아기까지 대살(代殺, 대신 죽임)이 횡행했다. 시신 대부분은 수습하지 못했다. 지난 2018년 아산시 설화산에서 208구의 유해가 발굴되었는데 80~90%가 여성으로 추정된다.

인민군이 물러가고 군경이 수복한 후 충남 아산군 배방면에는 피바람이 불었다. 경찰과 향토방위대원들은 눈에 불을 켜고 부역자를 잡아들였다. 휴대리 맹태섭과 맹경재도 배방면 향토방위대 부위원장 김민식(가명)에 의해 연행됐다. 각각 인공 때 휴대리 인민위원장을 지내고 배방면 인민위원회(면사무소)에 근무했다는 죄목이었다.

한 집안이었던 이들이 연행되자 맹무섭은 마을사람들에게 연판장을 돌려 아들의 무죄를 호소하는 진정서를 받았다. 그는 진정서를 배방면사무소와 아산경찰서에 보냈다. 하지만 맹무섭의 장남 갑재는 부역 혐의로 연행됐고 이어 맹무섭 일가 10명은 배방면사무소 곡물창고에 구금됐다.

그들은 맹억호의 할아버지 맹무섭, 할머니 조중희(1903년생), 임신 만삭의 어머니 이규옥(1923년생)과 숙부, 숙모, 고모 등과 삼촌 맹복재, 누나 맹만호(1946년생)였다. 할머니 등에 업혀 있던 삼촌 맹복재는 맹억호보다 4개월 늦은 1949년 6월생이었다. 다행히 막내 맹억호는 목숨을 건질 수 있었는데 이규옥이 어린 억호를 데려가지 않았기 때문이다.

"앙앙."

"아가. 울지 마라!"

엄마 이규옥은 안달이 났다. 만삭인 그녀는 경찰 소집에 길을 나서야 하는데 막내 억호가 밥투정에다 울어대 정신이 없었다. 포대기에 업은 억호가 계속 울어대자 이규옥은 작은어머니 댁에 아기를 맡겼다.

"작은어머니, 야 좀 부탁해유"

"알았다. 얼릉 가 봐라."

그렇게 간 이규옥은 시부모 등과 함께 죽음을 맞았다. 아기 맹억호는 밥투정 때문에 죽음의 구렁텅이에 끌려가지 않았다.

울화병으로 세상 등진 아버지

살아남은 맹갑재·맹억호 부자의 앞날은 험난했다.

맹갑재는 부역 혐의자 처벌을 피해 천안 광덕면, 풍세면 등으로 피신을 다녀야 했다. 그는 유난히 추웠던 1951년 1, 2월을 천안 태학산 아래 바위굴에서 죽지 못해 살았다. 세상이 잠잠해지자 하산을 한 맹갑재는 다행히 초등학교 교사로 복직할 수 있었다. 하지만 맹갑재가 정상적인 생활을 하기에는 가슴에 맺힌 한이 너무 컸다. 눈을 감아도 잠이 오지 않고, 먹을 것이 입속에 들어가지 않았다. 결국 그는 가슴의 한을 풀지 못하고, 울화병으로 1951년 7월 3일 세상을 하직했다.

아버지 맹갑재마저도 죽자 맹억호는 천애고아가 되었다. 그는 천안의 작은할아버지 집에 보내졌다. 천덕꾸러기가 된 억호는 작은할아버지를 따라 밭에 가면 방치되기 일쑤였다. 그는 고랑에서 뒹굴기도 하고, 흙을 한 주먹 먹기도 했다. 밭고랑에서 뒹굴어 흙범벅이 된 그를 사돈댁에 들렀던 외할아버지가 목격했다. 보다 못한 외할아버지는 억호를 데려왔다. 맹억호는 초등학교 입학 전까지 외가에서 살았다.

"너는 맹씨 씨니까 네 작은할아버지한테 가거라."

학교 입학을 앞두고 외할아버지가 하신 말씀에 따라 맹억호는 다시 작은할아버지 댁에 보내졌다. 하지만 작은할아버지는 아이를 상급학교에 보낼 생각이 없었다. 초등학교 신현익 교장이 집에 와 "아이를 상급학교에 보내주세요"라고 사정해 겨우 천안중학교에 입학할 수 있었다.

이후 맹억호는 천안중학교를 거쳐 천안농고에 다녔는데, 하루라도 맘 편히 책보를 싸는 날이 없었다. 농번기에는 지각하는 일이 잦았다. 작은할아버지는 한여름에는 새벽 4시에 억호를 깨웠다. 3~4시간 땀을 뻘뻘 흘리고 나서 학교에 가면 오전 내내 졸기 바빴다.

고려대학교 법학과 나와 평생을 사무장으로

우여곡절 끝에 천안농고를 졸업한 맹억호는 공무원 시험에 합격, 1969년 경기도 포천군 영북면사무소에서 일을 시작했다. 이후 아산군 배방면사무소, 온양읍사무소, 온양시를 거쳐 통합아산시에 근무했다. 그는 아산시의회 사무국장을 끝으로 2009년 공무원 생활을 마감했다. 공무원 생활을 하지 않았다면 신원조사 회보서를 볼 수도 없었을 것이다.

12살인데 9살로 나이를 속여 구사일생으로 살아난 맹웅재는 어떻게 되었을까? 그는 천안중, 천안농고 6년 동안 수석을 했고, 고려대 법학과에 입학했다. 하지만 연좌제에 걸려 ROTC(학군단)에서 퇴교 당했다. 결국 사법고시의 길을 포기하고 서울 덕수궁에 있는 사법서사 사무실에서 평생을 사

가족이 몰살된 성재산 입구에 선 맹억호.

무장으로 근무했다.

아산유족회 회장 맹억호(73세, 충남 아산시 용화동)는 "국가 차원의 철저한 진실규명을 통한 명예회복이 되어야 한다. 아산시에서 진행하다 중단된 유해 발굴도 제2기 진실화해위원회가 재개했으면 한다. 억울한 죽음도 죽음이지만, 부모형제의 시신을 못 찾은 가족들의 한은 너무나 크고 깊기 때문이다"라고 했다.

맹억호 회장은 또 "위령공원 조성을 통해 유족들의 눈물을 씻어주고, 시민들의 인권교육의 공간이 만들어지길 바란다"고 바람을 피력했다.

2021.11.06

지주 살려준 인민위원장…
목숨 구한 지주는 '빨갱이 사냥'

충남 아산군 영인면 신운리 하수홍의 사례

"위원장 동무! 협조할 것이 있습네다."

"무슨 일이오?"

"마을을 깨끗이 해주고 갈 테니 협조하시기 바랍네다."

인민군의 살기 어린 소리를 들은 하수홍(1902년생)은 식은 땀이 주르르 흘렀지만 겉으로는 태연한 척했다.

"글쎄, 나는 뭔 소린지 통 모르겠소."

"반동분자 하민홍(가명)이 있는 곳을 대란 말이오."

"사람 목숨을 함부로 해쳐서는 안 됩니다!"

"……."

충남 아산군 영인면 신운리 인민위원장 하수홍을 노려보는 인민군의 얼굴은 붉으락푸르락했다.

"내일 다시 올 테니 다시 생각해 보시오."

그 인민군은 마을에서 민청(민주청년연맹), 여맹(여성동맹) 간부들을 데리고 돌아갔다.

1950년 9월 아산에 주둔했던 인민군 부대는 북쪽으로 후퇴하기 바빴다.

마지막으로 영인면에 남아 있던 인민군 3명은 인민위원회(면사무소)에 있던 서류를 소각했다. 그리고는 신운리 인민위원장을 하던 하수홍 집을 찾았다. 그의 협조를 얻어 하민홍 형제들을 죽이기 위해서였다. 악질 지주를 처단하고 북행(北行)길에 오르자는 심산이었다.

지주를 살린 인민위원장

그런데 인민위원장 하수홍의 입장은 완강했다. 신운리 지주였던 하민홍은 평이 좋지 않았다. 인민군 입장에서는 그런 하민홍을 감싸고 도는 하수홍이 도무지 이해가 되지 않았다. 다음 날 총을 메고 나타난 인민군들은 살기가 등등했다. 하민홍 형제를 내놓지 않으면 하수홍이라도 죽이겠다는 기세였다.

"위원장 동무 생각해 보았소?"

"제 입장은 변한 것이 없습니다. 어떤 사람이라도 함부로 죽여서는 안 됩니다."

"그럼 당신이라도 가야겠소."

하수홍은 순순히 손을 내밀었다. 하수홍을 끌고간 인민군 행렬은 신운리 여우고개로 향했다. 하수홍 가족들이 곡을 하며 쫓아갔지만 고개 정상 아래에서 멈춰서야 했다. 여우고개 정상에서 인민군은 하수홍을 소나무에 묶었다.

"마지막으로 할 말이 있으면 하시오."

"인민들이 평화롭게 살 수 있는 세상이 왔으면 합니다."

"탕탕탕!"

하수홍의 목이 꺾였다. 그렇게 인민군이 떠나고 하수홍의 가족과 일가들이 헐레벌떡 뛰어왔다. 소나무 아래에서 사람들이 곡을 하는데, 꺾여졌던 하수홍의 목이 반듯이 되었다.

"앗!"

그렇다. 여우고개에서 인민군들은 하늘을 향해 총을 쏘았고 하수홍은 자신이 총 맞은 줄 알고 혼절했던 것이다. 1950년 9월 26일의 일이었다.

신운리에서만 27명 체포

얼마 후인 1950년 11월 초. 신운리 곳곳에 총소리가 울려퍼졌다. 산 아래 언덕배기에서 살던 하옥희(당시 11세, 하수홍의 딸)는 정신이 혼미했다. 경찰이 쏘아대는 총소리가 메아리쳐 되돌아와 귀가 왕왕 울렸기 때문이다.

저기 멀리 자신의 집으로 헐레벌떡 뛰어오는 이가 옥희의 눈에 보였다. 다름 아닌 우익청년단체인 대한청년단원으로 그의 손에는 몽둥이가 들려 있었다. 인민군 주둔 시기 부역자를 잡으러 다닌 것이다. 몽둥이를 보지 못한 하옥희의 어머니 김이예가 불청객을 반갑게 맞았다.

"하수홍이 어딨어?"

"집에 없는데요."

단원의 윽박에 자라목이 된 김이예는 기어들어 가는 소리를 했다. 그러자 그는 몽둥이로 김이예를 내리쳤다.

"살려주세요."

김이예는 무릎을 꿇고 빌었다. 하지만 몽둥이찜질은 멈추지 않았다.

대한청년단원이 다른 집으로 옮겨갔을 때 김이예는 시체나 다름없었다. 김이예의 몸은 멍이 들어 시퍼래졌고 옷은 피칠갑이 됐다. 왼손 뼈 전체가 으스러졌다. 어린 하옥희는 울음소리도 낼 수 없었다. 이날 신운리는 마을 전체가 초상집 같았다. 신운리에서만 부역 혐의로 24명이 영인지서에 연행되었다.

인민군이 물러가고 군경이 수복한 지 한 달이 지나자 마을에 공포가 찾아왔다. 영인지서 경찰들과 대한청년단이 부역자 체포에 나섰기 때문이다. 인공 시절 완장을 찼던 이들 대부분은 인민군 후퇴 시에 월북을 택했다. 하지만 신운리 인민위원장을 한 하수홍은 몸을 피하지 않았다. 하씨 종중에서 인민위원장을 맡아줄 것을 간곡히 요청해 감투를 썼고 인민군 주둔 시기 큰 죄를 지었다고 생각하지 않았기 때문이다. 신운리 농민위원장 김선득, 여맹위원장 조○○도 마찬가지였다.

아산시 설화산 발굴된 유해.(사진제공=오마이뉴스 심규상 기자)

결국 하수홍을 포함한 이들은 붙잡혀 온양경찰서 특경대에 의해 온양경찰서로 연행됐다. 그렇게 연행된 이는 27명으로 추정된다. 이들을 태운 트럭 운전자의 증언에 의하면 하수홍은 1950년 11월 5일 아산군 배방면에서 학살됐다고 한다.

살아난 지주는 '빨갱이 사냥'

"아버지 하수홍은 면사무소 일을 보셨고, 우리 남매 재워 놓고 사랑방에 가 글을 읽으셨다. (어머니가) 빨래를 하면 펌프물을 퍼주시고, 채소도 길러 주는 등 자상하신 분이었다."

3년여 전 작고한 하옥희(1940년생)의 생전에 아버지를 이렇게 회고했다.

가정에서의 하수홍의 모습은 차치하고라도, 인민군이 후퇴하던 상황에 하민홍 형제의 처형을 온몸으로 막아낸 것만으로도 그의 면모를 알 수 있다. 또 인공 시절 북한군과 지방좌익에 의한 우익 학살 사건이 신운리에서 전혀 없었던 점에서도 그의 성정을 알 수 있다.

군경 수복 후 마을 청·장년들이 목숨을 잃은 데는 신운리 지주 하민홍(가명)이 결정적 역할을 했다. 경찰과 대한청년단이 신운리 부역 혐의자를 체포할 때 하민홍에게 의견을 구했고, 그는 손가락 총질을 했다. 그의 손짓에 따라 죽고 살고가 결정된 것이다. 하수홍에 의해 자신을 포함한 형제들이 목숨을 부지했는데도 그는 부역 혐의자 처단에 가담했다.

하수홍과 함께 온양경찰서에 끌려간 이들은 어떻게 됐을까? 영인면 신운리 농민위원장 김선득과 여맹위원장 조○○은 연행된 지 한 달 만에 무죄로 석방됐다. 그런데 그들이 마을에 거의 도착했을 때, 마을 지주집 자제들은 지게작대기로 그들을 흠씬 두드려 팼다. 이후 그들은 지서로 넘겨졌고 영인면 아산리에 있던 영인경방단 사무실에 구금됐다가 1950년 12월 초 아산리 소재 아산교회 교통호에서 처형됐다. (아산시, 『아산 민간인학살 전수조사 보고서』) 온양경찰서에서 무죄로 판명나 석방된 이들이 우익청년단과 영인지서 경찰에 의해 죽임을 당한 것이다.

등 떠밀어 다리에서 떨어뜨려

빨갱이 사냥은 마을 청·장년이 타깃이었다. 부역 혐의자 체포에 인근 면의 학생언냉이나 청년회가 별동대 역할을 하기도 했다. 당시 아산군 인주면 모원리 사는 이근태가 부역 혐의로 인주지서에 연행됐다. 특별한 혐의가 없던 그는 며칠 후 풀려났다.

그가 집으로 가는 길에 영인면 청년들이 뒤를 따라왔다. 이근태가 뒤를 힐끗거리다가 미행하는 청년들을 발견하고 물었다.

"자네들 아까부터 왜 나를 따라오는가?"

"뭔 말이요. 형님. 얼릉 가던 길이나 가소."

빈정대는 청년들은 영인면 신운리 출신인 이근태의 눈에 익었다.

"형님, 잠깐 우리랑 갑시다."

청년들은 갑자기 완력으로 이근태를 영인면 방향으로 앞세웠다. 그들이 영인면 월선리 다리를 지날 때였다. 악 하는 비명과 함께 이근태가 월선리 다리에서 떨어졌다. 청년들이 이근태의 등을 밀어 다리에서 떨어트린 것이다. 이근태의 얼굴은 자갈에 부딪혀 피로 얼룩졌고, 다리가 삐었는지 몸도 움직일 수 없었다.

신음하는 이근태에게 그림자 여럿이 다가가 돌멩이로 내리쳤다. 이근태의 경우처럼 당시 아산군에서는 우익 청년단이 서로 지역(면)을 바꿔가면서 적법한 절차 없이 민간인을 학살하거나 부역 혐의자 집을 파괴했다.

모자가 끌려가 매타작

하수홍이 연행된 다음 날 그의 아내 김이예도 끌려갔다. 그녀는 죽지 않을 만큼 두드려 맞고 집에 돌아왔다. 다음은 아들 하상춘(1931년생) 차례였다.

김이예가 풀려난 지 일주일 후 아들 하상춘이 영인지서 옆 창고에 구금됐다. 그곳은 대한청년단 사무실이었다.

"너 어떤 짓 했어?"

"아무 일도 안 했습니다."

"엎드려 뻗쳐."

고문자의 목소리에서 살기가 느껴졌다.

"오십까지 쉬어. 네가 그때까지 버티면 여기서 나갈 수 있다."

그는 몽둥이를 내리쳤다.

"하나, 둘, 셋……."

하상춘은 어금니를 꽉 물었다. '무슨 일이 있어도 여기서 살아서 나가겠다'고 결심한 그는 정신줄을 놓지 않기 위해 안간힘을 썼다.

"마흔아홉, 쉰."

증언자 하상춘. 하수홍의 아들이다.

실상 맞은 이는 멀쩡한데, 때린 이가 녹초가 되었다. 꿋꿋이 50대를 맞기는 했지만 정작 집에 온 다음 하상춘은 기절하고 말았다.

"아이구야, 우리 장남 죽겠구나."

어머니 김이예는 안달이 나 아들을 살리려 백방으로 애썼다. 그렇게 죽다 살아난 하상춘은 이후에도 죽을 고비를 몇 번 넘겼다. 1950년 군경 수복 후 세 번이나 죽을 뻔한 그는 매번 오뚜기같이 살아났다.

2021.11.13

빨갱이로 몰려 죽은 아버지…
남겨진 가족은 뼈만 남았다

충남 아산군 민간인 학살 피해자 하상춘 가족이 살아온 이야기

하상춘·하옥희의 아버지 하수홍은 한국전쟁이 일어난 1950년 11월 5일경 부역 혐의로 경찰에 의해 불법 학살됐다. 하수홍은 인민군 점령기에 인민위원장을 맡긴 했지만 지주 학살을 막는 등 인심을 잃지 않았다. 하지만 수복된 대한민국 군경은 하수홍을 그대로 두지 않았고 끝내 목숨을 빼앗았다. 남은 하씨 가족의 삶은 그야말로 파란만장했다.

말똥을 사람이 먹었다

1950년 겨울, 중공군 참전으로 또다시 난리가 났다. 이른바 '겨울 난리'다. 지난여름 난리에 피난을 가지 않았다가 부역 혐의로 줄초상이 났던 충남 아산군 영인면 신운리 사람들은 모두 짐을 싸 피난길에 올랐다. 당시 초등학교 2학년으로 가족과 함께 피난길에 올랐던 하옥희(1940년생)의 회고담이다.

"짧은 해는 겨울을 재촉했고 눈도 많이 와 온 천지가 하얬다. 동네 앞 신작로에는 피난민들이 줄을 지어 가기 시작하더니 하루가 다르게 떼를 지어 내려왔다. 발 디딜 틈도 없을 정도로 초죽음이 되어 밀려왔고, 손과 손

에 끈을 메고 가는 사람, 짐 위에 아이를 올려놓고 가는 사람, 마차에 짐을 가득 싣고 가는 사람, 가지각색의 피난민들은 어두워지면 피난 간 빈집에 들러 자고 또 떠났다."(하옥희, 「무한한 인내심을 길러주신 엄마」)

하옥희는 피난짐을 싼 지 10일 만에 집으로 돌아왔다. 집안 이곳저곳에 하얀 솜뭉치가 보여 '이게 뭐지?' 하며 만져본 하옥희는 "앗, 더러워!" 하고 외치며 침을 퉤퉤 뱉었다. 다름 아닌 말똥이었기 때문이다. 하지만 먹을 것이 없어 며칠을 굶은 옥희는 말똥을 주워다 씻은 다음 절구에 빻았다. 말이 소화시키지 못한 곡물을 빻아 죽을 끓여 먹었다. 짐승이 배출한 것을 사람이 먹는 형국이었다.

창호지가 뜯겨져 나간 문틀을 한 집은 폐가나 다름 없었다. 지난가을 아버지 하수홍이 부역 혐의로 학살된 후 대한청년단원들은 이불 홑청이며 가재도구를 모두 가져갔다. 숟가락 하나조차 남지 않았다. 그해 겨울 솜이불 하나로 온 가족이 추위를 견뎌야 했다. 아침에 일어나면 발이 솜을 뚫고 나와 솜이불에 구멍이 숭숭 났다. 김이예는 막내(1948년생)를 딸 하상윤(당시 12세)에게 업혀 놓고, 장사 길에 나섰다. 밴댕이를 바닷가에서 받아다가 집집이 다니며 팔았다.

1950년 긴 겨울이 가고 1951년 봄이 왔다. 날씨는 따듯해졌지만 김이예 가족의 살림은 펴지지 않았다. 봄이 되면서 장남 하상춘은 공주농업중학교에 다니느라 집을 떠났고, 하상년(당시 15세)도 공주사범 병설중학교 2학년에 복학했다. 집에는 어린 딸 셋과 아들 하나만 남았다.

1951년 들어 두부 장사를 시작한 김이예는 매일 집을 비웠다. 남겨진 아이들은 매일 산으로 들로 나갔다. 밭뚝, 보리밭, 산자락으로 돌아다니며 먹을 수 있는 것은 모두 뜯었다. 그 중에서 광주리나물(광대나물), 국수나물을 제일 많이 뜯었다. 쑥은 싹이 파릇파릇 돋을 때는 뿌리까지 캐먹다가 조금 자라면 잎만 뜯어 쑥개떡을 해 먹었다.

김이예는 두부장사 외에도 자녀들이 캐 온 봄나물, 우렁이를 2km 떨어진 백석포 새벽시장에 내다 팔았다. 돈이 모이면 장남 하상춘에게 학비로 보냈다. 무슨 수를 써서라도 장남을 제대로 가르쳐 집안을 일으켜 세우겠다는 심산이었다.

뼈만 남았던 그해 여름

봄나물 캐기가 끝나면 본격적인 농사일이 시작됐다. 김이예와 어린 자녀들이 못자리 만들기에 도전했지만 처음 해보는 일이라 쉽지 않았다. 그래도 김이예는 한 푼이라도 아끼려고 일꾼을 사지 않고 가족의 힘만으로 못자리판을 만들었다.

당시 열두 살이었던 하옥희에게 가장 힘들었던 일은 보리 베기와 김매기였다. 보리를 베어 묶은 다음 하옥희는 보릿단을 이고, 동생 하상기(9세)가 지게로 날랐다. 하상기 키보다 지게가 더 커, 지게다리가 땅에 닿지 않도록 안간힘을 써야 했다. 특히 보리수염이 부서져 옷 속으로 떨어지면서 살 속으로 파고들어 껄끄럽고 생채기를 내기 일쑤였다. 땀으로 범벅된 몸에 부스러기가 들어가면 그것만큼 고통스러운 일도 없었다.

힘겨운 봄철 농사가 마무리될 즈음 하상윤과 하옥희가 장티프스에 걸렸다. 김이예의 두 딸은 윗방에 격리되어 고열과 싸웠다. 아이들이 아픈데도 김이예는 일손을 놓을 수가 없었다. 하루라도 일을 하지 않으면 가족이 굶어 죽을 판이었다. 김이예는 나무 주발에 꽁보리밥을 퍼서 고추장 종지 하나와 숟가락 두 개를 윗방에 디밀어 놓고는 일을 나갔다.

그렇게 며칠이 지나 딸들은 열이 내렸다. 쌀죽을 먹고 겨우 일어난 옥희는 머리카락이 모두 빠지고 눈은 화등잔만해졌다. 말 그대로 뼈만 남았다. 두 딸을 잃을까 애간장을 태운 김이예는 가슴을 쓸어내렸다. 자리를 털고 일어난 하상윤·옥희 자매는 다시 논으로 밭으로 나가 일을 거들었다.

1951년 가을 벼베기가 끝나자 김이예 가족은 방죽을 막아 물을 가두고 다음 해 농사를 준비했다. 그런데 그해 가을 장맛비가 쏟아져 논에 세워둔 볏단이 목만 남았다. 갑자기 찾아온 동장군으로 인해 논에는 살얼음이 얼었다.

김이예는 작대기로 얼음을 깨며 논두렁으로 볏단을 나르고, 어린 자녀들은 뚝위에서 이를 받아 산모퉁이에 나란히 세웠다. 이 와중에 막내(딸)가 감기로 시름시름 앓더니 세상을 떴다. 그렇게 가장 하수홍을 잃은 김이예 가족은 생존한다는 것이 하나의 전쟁을 치르는 것이나 마찬가지였다.

산꼭대기에 판잣집으로 지은 전시戰時 대학

우여곡절 끝에 공주농업중학교를 졸업한 하상춘에게 대학교 진학은 언감생심이었다. 그런데 어머니가 하상춘에게 쌀 4가마를 주며 말했다.

역도 선수 시절의 하상춘.

"이걸로 대학을 가거라."

하상춘은 신흥대(경희대학교의 전신)를 가기로 결심하고 충북 청주에서 시험을 치렀다. 전쟁 중이어서 대학은 부산에 있었고, 시험은 청주에서 봤다. 우여곡절 끝에 신흥대 합격증을 받아든 하상춘은 기차를 타고 부산으로 향했다. 부산역에 내리니 산 정상까지 집이 들어선 모습이 마치 계단식 논에 벼가 가득 찬 모습이었다. 골목길을 한참 지나니 거의 산 정상에 판잣집이 있었다.

그 초라한 건물에 '신흥대학교'라는 간판이 걸려 있었다. 쌀을 팔아 등록금을 낸 그의 주머니에는 돈 한 푼 남아 있지 않았다. 하숙집은 고사하고 자취방을 구할 돈도 없었다. 한숨만 내쉬며 판잣집 앞에 서 있는데, 누군가 "누구시오?"라고 물었다. 김병복 체육과 교수였다. 사정을 얘기하니, 김병복 교수가 조영식 교무처장 집에 거처를 마련해주었다. 6개월 후 부산의 전시 대학 시절을 마무리하고 서울 이문동 시대가 시작됐다.

세계에 이름 떨친 제자들

어느날 신흥대학에 재학 중이던 하상춘에게 손님이 찾아왔다.

"학교가 망하게 생겼네."

충남 아산군 영인중학교 교장이 하상춘에게 자신의 학교에 교사로 올 것을 부탁하기 위해 온 것이다. 시골학교이다 보니 교사도 부임을 꺼리고, 부잣집 자제들이 입학을 하지 않았던 것이다.

당시는 대학교에 적을 두고도 교사를 할 수 있었던 시대였다. 월급 3천원을 받기로 하고 영인중학교 교사 생활을 시작했다. 학교에 부임해서 제일 먼저 한 것은 콘크리트로 역도를 만든 것이다. 자신이 공주농업중학교 시절 역도선수를 했기 때문이다. 6.25가 나던 1950년, 공주농업중학교 체육선생이 역도를 사 왔는데, 60kg을 자유자재로 들어 올리니 단번에 역도

증언자 하상춘.

선수로 스카웃되었던 것이다.

그런 경험을 기반으로 영인중학교에서 역도부를 창설했다. 그가 영인중학교에 33년간 근무하면서 배출한 역도와 체육선수는 무척이나 많다. 전 한국체대 교수였던 안종철은 하상춘의 제자로, 아시안게임에서 은메달을 획득한 바 있나. 하상춘은 제자들이 국제대회에서 이룬 쾌거를 잊을 수 없다.

"헝가리에서 열린 국제여자역도대회에서 최명숙이 은메달, 이미애가 동메달을 땄습니다. 당시 올림픽 역도대회에 한국 여자 선수 5명이 출전했는데, 그중 2명이 우리 영인중학교 출신이었어요. 최명숙과 이미애가 모두 메달을 따, 그때의 기쁨은 30여 년이 지난 지금도 잊을 수가 없어요."

하상춘은 영인중학교에서 역도만을 가르친 것이 아니다. 100m 달리기, 투포환을 포함한 육상뿐만 아니라 10종 경기도 가르쳤다. 그의 제자 중에 소년체전·전국체전 금메달리스트는 셀 수 없이 많다. 충남의 체육지도자도 그렇다.

그런 활동의 결과로 그는 1987년 대통령 표창장을 받았다. 그의 집안 역시 체육인 가정이다. 전쟁의 아픔을 스포츠로 극복한 하상춘은 세상의 역경을 번쩍 들어 올린 진정한 금메달리스트다.

2021.11.20

"인민군에 부역" 허위 밀고에 독립운동가 집안 풍비박산

충남 아산군 탕정면 김주원 집안이 겪은 민간인 학살

기세 좋게 내려온 인민군이 짧은 인공(인민공화국) 시절을 뒤로 하고 물러나간 1950년 10월 초 충남 아산군 탕정면. 이곳의 한 초등학교 여교사 2명은 부역 혐의로 양곡창고에 갇힌 뒤 성폭행을 당하고 학살됐다. 그들은 탕정면 용두리 뒷산 방공호에서 죽임을 당했다. 왜 여교사들에게 그런 비극이 닥쳤을까?

6.25 전부터 교편을 잡은 두 여교사는 인민군 점령 시절 인민학교(북한군 점령시의 초등학교)에서도 교사를 지냈다. 인민학교에서는 6.25 전에 가르치던 내용 외에 '북한 정권 찬양'이라는 과제가 추가되었다. 그들은 인공기(조선민주주의인민공화국 국기) 그리는 방법을 학생들에게 가르쳐야 했다.

상단과 하단에는 청색 줄을 긋고, 가운데에는 붉은 책을 칠했다. 그런 후에 좌측의 가운데에 흰색의 원을 그리고, 그 안에 붉은 별을 그렸다. 아이들에게는 쉽지 않은 일이었지만 선생이 종이에 크레용으로 먼저 그린 후 학생들에게도 똑같이 시켰다.

장백산 줄기줄기 피어린 자욱

압록강 굽이굽이 피어린 자욱
오늘도 자유조선 꽃다발우에
력력히 비쳐 주는 거룩한 자욱
(중략) 아 - 그 이름도 빛나는 김일성 장군~

북한군이 점령했던 3개월 동안 대한민국 곳곳에서 불린 이 노래는 「김일성장군의 노래」다. 특히 초등학생은 의무적으로 배웠으며, 시골의 여성들도 저녁마다 여성동맹 간부들에게 배웠다. 한글은 쓸 줄 몰라도 이 노래는 알았다. 그런데 이 노래는 단순한 노래가 아니라 '빨갱이 활동의 증거'로 작용했다. 이 노래를 초등학생들에게 가르친 선생이야 말할 것도 없지 않은가.

사실 두 명의 여교사가 학살된 이유는 겨우 이런 것에 불과했다. 그들이 양곡창고에 구금되어 인권유린을 당하던 그때, 아산군 탕정면에서는 대대적인 '부역 혐의자 검거선풍'이 불었다.

부역 혐의자 검거 바람

"내일 면사무소에서 마을 유지회를 개최한답니다. 꼭 오시랍니다."

말을 남긴 탕정면사무소 소사는 부리나케 발걸음을 돌렸다. 김기성(1913년생)은 피난 갔다 온 지 3일밖에 안 됐지만 관공서의 명령을 거부할 수는 없었다. 그는 삐죽삐죽 자란 머리카락을 전지가위로 대충 자르고 다음 날 면사무소로 향했다. 그렇게 같이 마을에서 나갔던 이들은 저녁에 돌아왔는데, 김기성만 감감무소식이었다.

김장호(1941년생)는 아버지와 함께 면사무소에 갔던 채두병 씨 집으로 갔다.

"우리 아버지는 왜 안 오세요?"

“지서에 갔다.”

면사무소에서 마을 유지회를 끝내고 돌아오는 길에 누군가 자전거를 타고 와 ‘김기성씨, 잠시 지서로 갑시다’라며 데려 갔다는 것이다.

다음 날 김기성의 동생 김기홍(1934년생)은 지서로 갔다. 형을 면회한 기홍은 기겁했다. 유치장에서 엉금엉금 기어나온 김기성은 한쪽 눈이 빠져 있었다.

“형님 이게 어쩐 일이에요?”

기성의 손을 잡았는데, 손이 불덩이였다. 놀란 기홍이 눈물 반 콧물 반 하고 있는데 한 경찰이 나타났다.

“어느 놈이 면회시켜 줬어!”

그러더니 다짜고짜 김기홍의 빰을 때렸다. 평소 김기성과 안면이 있던 청년방위대원이 몰래 면회를 시켜 줬는데, 사달이 난 것이다.

다음 날 김기성의 어머니 이혜정(1893년생)이 기홍에게 “형 내복 갖다 줘라”라고 시켰다. 하지만 동생은 형을 만날 수 없었다. 전날 밤인 1950년 10

아산시 설화산 유해 발굴 현장에서 나온 청동구슬. 나이 어린 아이도 희생됐다.(사진제공=심규상).

월 10일 자정에 뒷산 방공호에서 죽임을 당했기 때문이다.

이 와중에 경찰과 우익청년단원들은 유족을 농락했다. 그들은 가족이 어디서 죽었는지 몰라 애타는 유족에게 '쌀 한 가마 가져오면 어디서 죽었는지 알려 주겠다'고 했다. 유족들은 친인척과 이웃집에 쌀을 빌리러 다니기 바빴다. 김기성 집안은 쌀을 융통할 형편이 되지 않았고 결국 그의 시신은 수습할 수 없었다. 이렇게 김기성은 인민군 주둔 시절 천안으로 피난을 갔다가 온 지 3일 만에 부역 혐의로 연행돼 학살당했다.

독립운동가의 손자도 부역 혐의?

김기성은 구한말 청빈정객(淸貧政客)의 후손이다. 김기성의 할아버지 김주원(1872년생)은 구한말 단천 군수, 옥과 군수를 지내고 승정원에서 일했다. 일제에 의해 조선이 강제합병되자 독립운동을 위해 경성(서울) 정동에 있던 가산을 정리해 중국으로 향했다.

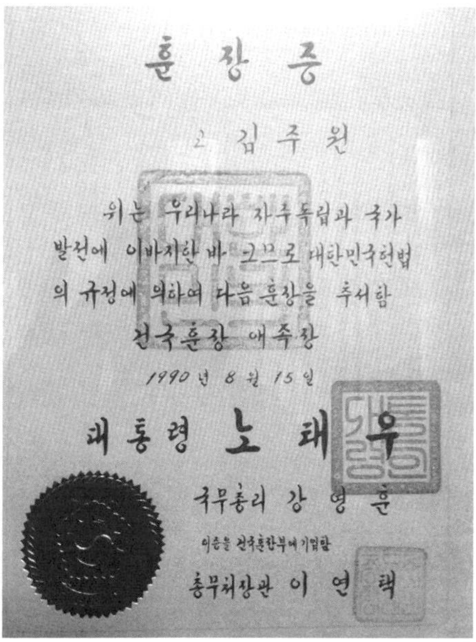
훈 장 증

고 김 주 원

위는 우리나라 자주독립과 국가 발전에 이바지한 바 크므로 대한민국헌법의 규정에 의하여 다음 훈장을 추서함

건국훈장 애족장

1990년 8월 15일

대통령 노 태 우

국무총리 강 영 훈

이 훈을 건국훈장부에 기입함

총무처장관 이 연 택

김주원의 훈장증.

독립군자금을 모으기 위해 잠시 귀국했던 그는 일제경찰에 붙잡혀 1년 6개월의 옥고를 치렀다. 이런 연유로 김기성 집안은 아산군 탕정면에서 사대부 집안이자 독립운동가의 집안으로 유명했다.

김주원의 손자 김기성은 1943년에 일본군 군속으로 갔다가 해방 직전 소련군에게 붙잡혀 포로가 되었다. 그는 1947년에야 귀국할 수 있었다. 귀국 후 그는 아산군 탕정면 동산리 덕지마을에서 야학을 운영했다. 글을 모르는 이들에게 무료로 한글을 가르쳤다. 그는 아이들이 초등학교에 입학할 때 명찰을 써주기도 했다. 김기성의 아버지 김재환(1892년생)도 이름을 날린 한학자였다. 김주원은 독립운동가로, 그의 자식과 손주인 김재환과 김기성은 지역의 존경받는 지식인이었다.

이런 집안의 김기성이 왜 '부역 혐의'로 죽임을 당했을까? 앞에서도 밝혔지만 그는 인민군이 주둔했던 시절 마을에 있지도 않았다. 처가인 천안으로 피난을 갔다. 김씨 집안을 시샘하던 같은 마을 사람이 부역 혐의로 밀고한 것이다. 그는 평소 '사대부 집안'인 김씨 집안을 경원시했고, 사사건건 갈등을 일으켰다.

독립운동가 아내의 선택

김주원의 아내이자 김기성의 할머니인 이영숙(1874년생)은 자긍심으로 한평생을 살아왔다. 남편이 집을 팔고 중국으로 독립운동을 하러 가자 남편에 대한 존경심은 더욱 커졌다. 해방 후 자식과 손주가 지역에서 존중받는 인물이 되자 그녀의 자부심은 충만했다.

그런데 한국전쟁이 일어나면서 모든 것이 파탄났다. 인민군은 그의 집안이 사대부집안이라며 추방명령을 내렸고 김기성은 처가로 몸을 피했다. 군경이 수복한 후에도 비극은 끝나지 않았다. 마을 사람의 고자질로 김기성이 학살되고, 형을 면회 갔던 김기홍도 몰매를 맞았다. 집안에 쌀이 없어 손주의 시신도 수습할 수 없었다. 김기성을 밀고한 마을 사람은 이후에도 김씨 집안을 괴롭혔다. 그런 연유로 그들은 옆 마을로 이사를 해야 했다.

이런 상황을 견딜 수 없었던 이영숙은 '가출'이라는 극약처방을 택했다. 당시 이영숙은 집나이 77세의 상노인이었는데 그런 그가 가출했다는 것은 극단적인 선택을 했다는 의미다. 그때가 1950년 10월 22일로 손주 김기성이 죽은 지 12일 만이었다. 또 이틀 후인 1950년 10월 24일에는 김장호의 작은어머니가 사망했다. 집안에 비극이 이어졌다.

증언자 김장호.

1950년 4월에 어머니를 여읜 김장호는 졸지에 천애고아가 되었다. 이후 군에 입대한 그는 신원조회에서 비밀인가 취급이 안 나 마음고생을 하기도 했다. 1968년 일양약품 입사 후에도 연좌제는 그의 삶을 옥죄었다. 1980년대 초 일본에 가는데도 신원조회가 문제가 되었다. 결국 정보기관에 가서 서약서와 반공교육을 받고서야 여권을 받을 수 있었다.

2021.11.27

‘청백리’ 아버지 뜻 이어 140억 장학재단 세운 아들

충남 아산군 탕정면 이한영과 아들 이상설의 한국전쟁

“상설아, 얼릉 일어나! 아부지한테 가자. 여기 있다가는 모두 절단나겠다.”

이른 아침에 눈을 비비는 상설(1937년 생)이에게 어머니 이화순(1915년생)이 말했다. 이화순이 새벽부터 서두른 것은 치안대의 움직임이 심상치 않았기 때문이다. 남편 이한영(1916년 생)은 전날에 이미 몸을 피한 터였다.

이화순은 젖먹이 상숙(1949년 생)이만 둘러업고 고무신을 꿰찼다. 상설도 엄마를 따라 대문을 나섰나. 모사는 이한영이 피신한 충남 아산군(현 아산시) 음봉면 의식리로 발걸음을 옮겼다. 이화순을 만나 마을 분위기를 전해들은 이한영은 한참 만에 결심한 듯 다문 입을 열었다.

“나는 돌아가야겠소.”

“안 돼요!”

“잘못한 게 없으니 뭔 일이야 있겠소?”

“무슨 일이 있더라도 공부를 해라”

남편의 고지식함에 아내는 속이 탔다. 그래도 이한영은 막무가내였다. 죽을 죄를 지은 것도 아닌데 마냥 도망다닐 수 없다는 생각이었다. 한참 옥신각신한 부부는 우선 이화순과 상설이 먼저 마을로 돌아가 정황을 살핀 후 이한영에게 기별하기로 했다. 그런데 사달이 나고야 말았다. 이한영이 그새를 못 참고 자전거를 타고 마을로 들어온 것이다.

결국 마을 사람 출입을 살피던 이의 밀고로 이한영은 붙잡혔고 탕정면사무소 창고에 구금됐다. 그곳에 밥을 가져온 아들 상설에게 이한영은 "너는 무슨 일이 있더라도 공부를 해야 한다"라고 당부했다.

이한영의 그 말이 유언이 될 줄은 아무도 몰랐다. 그는 구금된 지 며칠 후인 1950년 10월 15일 탕정면사무소 뒷산 비누고개에서 학살됐다. 이한영을 포함한 탕정면 주민 98명이 북한군 부역 혐의로 경찰과 치안대원 들의 총탄 세례를 받았다.

탕정리의 청백리, 나의 아버지 이한영

미군정청으로부터 온 포장 박스를 뜯은 탕정초등학교 교사들의 입에서는 휘파람 소리가 났다. 박스에는 씨레이션(미군 전투식량)이 가득했다. 깡통에는 껌, 과자, 베이컨 등이 담겨 있었다. 1947년 당시 조선인들은 생전 구경 한 번 못 해본 것들이다.

선생들의 손이 재빠르게 움직였다. 어떤 사람은 캔을 두 개 챙겼다. 그런데 누군가의 호통 소리가 났다.

"그렇게들 다 갖고 가면 다른 사람은 무얼 갖소!"

매사에 깐깐하기로 소문난 이한영 교사였다.

"선생님도 하나 챙기면 돼죠. 또 누가 있다고 그래요?"

누군가 대꾸했다.

"소사는 안 줘요?"

"소사요?"

교사들은 벌린 입을 다물지 못했다. 소사는 학교에서 잔심부름을 하는

탕정초등학교 졸업식. 둘째 줄 왼쪽에서 두 번째가 교사 이한영.

사람이었다. 선생들은 '소사는 직원도 아닌데'라고 생각하는 게 틀림없었다.

"소사도 엄연히 우리 학교의 일꾼이오. 그 양반이 얼마나 힘들게 사는지 모두 알잖소. 그러니 당연히 그에게도 씨레이션을 줘야지요."

그 어떤 교사도 이한영의 말을 반박할 수 없었다. 그렇게 해서 탕정초등학교 소사도 씨레이션 한 박스를 받게 됐다. 이 이야기를 들은 주민들은 "역시 이한영"이라며 칭찬했다. 이미 이한영은 탕정면의 청백리로 소문난 인물이었다.

일제강점기에 이한영은 탕정면사무소에 근무했다. 그런데 공금 횡령 사건이 일어났다. 횡령자들은 공범을 만들기 위해 그 돈을 다른 직원들에게도 나눠줬다. 그때 문제의 돈을 받지 않은 이가 딱 두 명이었는데 그 중 하나가 이한영이었다. 결국 횡령 사건은 들통이 났고 직원 대다수가 파면됐지만 이한영은 무사했다.

청렴함으로 이한영은 면민 대다수에게 칭송을 받았지만 그를 질시한 이들도 있었다. 그중 누군가가 군경 수복 시에 이한영을 부역 혐의로 죽이는 데 앞장섰다. 이한영은 인민군 주둔시기 인민학교 교장을 했는데, 그게 좋은 구실이 됐다.

이한영이 인민공화국 시절 탕정인민학교(현재 탕정초등학교) 교장을 맡은 데에는 그럴 만한 사정이 있었다. 이한영은 1947년경 주변의 권유로 남로당(남조선노동당)에 가입했다. 하지만 탕정초등학교 내 남로당 조직이 얼마 후 발각됐고 이한영은 학교 책임자로 구속됐다. 면민들의 구명운동 덕에 석방되기는 했지만 이한영은 파면을 면할 수 없었다. 그 일로 2년간 일을 쉰 이한영은 6.25 직전에서야 탕정초등학교 신리분교 교사로 복직됐다. 때문에 북한군 입장에서 이한영은 전향한 국민보도연맹원과는 달리, 신념을 지킨 사람이었다.

이한영이 죽은 후 얼마 후 아내 이화순도 연행됐다. 그녀는 젖먹이를 업은 채로 10월 31일 면소재지 뒷산 방공호에서 다시는 돌아오지 못할 세상으로 갔다. 이한영 집안의 비극은 계속됐다. 1950년 11월 1일 치안대가 탕정면 갈산리에 들이닥쳤고 이한영의 부친 이경호(1894년생)가 연행됐다. 이경호 역시 죽음을 면하지 못했다.

이한영의 가족 사진. 뒷쭐 왼쪽부터 시계방향으로 이한영의 아내 이화순, 이한영, 이한영의 모 이성녀, 이한영의 아들 이상설.

당시 14살이던 이상설은 간신히 검거를 피할 수 있

었다. 빨리 몸을 피하라는 할아버지의 말에 장롱 뒤에 숨었던 것이다. 하지만 얼마 안 돼 마을 사람의 밀고로 이상설도 연행되었다. 가족이 몰살한 데 이어 장손 상설까지 연행되자, 할머니 이성녀는 발등에 불이 떨어졌다. 이성녀는 탕정면 명암리에 살던 집안 손자 뻘인 이영배를 찾아갔다. 이영배는 전쟁 전에 온양군에서 지서장을 지냈고 여전히 경찰 신분이었다.

"우리 손주 좀 살려주게."

읍소하는 이성녀에게 이영배는 "걱정하지 마세요"라고 했다.

이상설이 잡혀있던 탕정지서를 찾아간 이영배는 지서장에게 고함을 쳤다.

"당신도 자식이 있잖소. 14세 애를 죽여서 뭐할라고? 당신이 애를 죽이면 내가 가만이 안 있을 껴!"

효과가 있었던 것일까? 소년 상설은 탕정면사무소 창고에서 걸어나올 수 있었다.

지서장은 그에게 "앞으로 애국하며 살아"라고 훈계했다. 사실 상설은 창고에서 나오면서 '오늘 저 세상으로 가는가 보다'라는 생각에 발걸음이 무거웠다고 한다. 1950년 11월 8일경의 일이었다.

장학재단 설립하고 140억 출연

부모를 잃은 상설은 할머니 이성녀와 함께 살았다. 상설은 아버지의 유언처럼 무슨 일이 있더라도 공부를 하기 위해서 안간힘을 썼다. 하지만 힘쓸 어른이 없어 머슴을 써서 농사를 지으니 집안 재산이 야금야금 사라졌다. 상설에게 새 학용품은 언감생심이었다. 백로지를 사서 비닐 포대로 표지를 대고 노트를 만들었다. 교과서는 영어, 수학, 과학책만 사고 나머지는 친구에게 빌렸다.

집에서 12km 떨어진 온양중학교를 다니느라 학교에 가면 파김치가 돼 공부를 제대로 할 수 없었다. 상설의 천안공업학교 성적은 우수했고 그는 1956년 한양공대에 합격했다. 그는 대학 생활 내내 입주가정교사 생활을 하며 어렵게 공부해야 했다. 힘든 여건에서 공부하느라 몸은 빼빼 마르고 폐렴이 발병했다.

그렇게 해서 이상설은 1960년에 당당히 남선전기(한국전력의 전신)에 입사하게 된다. 여기에는 사연이 있다. 상설이 남선전기에 1차 합격하자 고향인 충남 아산군 탕정지서에 그에 대한 신원조회 요청이 왔다. 면사무소에 일하던 유한영이 이 사실을 알게 됐고 지서 순경에게 손을 썼다.

"상설이 아버지는 우리 면의 청백리였어. 상설이는 순전히 자력으로 공부해 서울의 대학까지 간 거여. 그 사람 앞길 막으면 당신 벌 받어!"

순경에게 막걸리를 사주며 신원조회 무사통과를 부탁한 것이다. 다행히 순경은 신원조회 회신란에 '상설의 부는 남로당원으로 6.25때 처형되었으나, 그의 자는 근면성실하고 애국심이 투철하며, 사상이 양호함'이라고 기록했다. 결국 이상설은 남선전기에 무사히 입사했다.

그는 직장 생활을 하면서도 학업을 이어나갔다. 상설은 변전소에서 근무하며 1965년부터 3년간 석사과정을 밟았고 1974년에는 연세대에서 공학박사학위를 취득했다. 박사가 되기 1년 전에 회사를 그만둔 그는 광운공대 교수가 되었다. 1975년에는 모교인 한양공대의 교수가 되었다. 그런데 그는 한양공대 교수가 된 지 한 달 만에 프랑스로 유학을 갔다. 파격적인 행보였다. 1977년에 프랑스에서 또다시 박사학위를 따고 한양공대로 돌아와 학생을 가르쳤다. 그는 한양공대 학장(1995~1996년)을 거쳐 2002년도에 정년퇴직했다.

그렇게 이상설은 아버지의 유언을 실천했다. 그는 젊은 시절을 학문 탐구에 바쳤고 85세인 지금은 장학사업에 전 재산을 바치고 있다. 할아버지와 아버지, 자신의 이름 한 자씩을 딴 '호한상 장학재단'을 설립했다. 2021

년 현재 호한상 장학재단은 가정 형편이 어려운 아산시 출신 고등학생과 대학생 5명을 선발해 등록금과 생활비를 지원하고 있다. 고등학생은 매월 30만 원, 대학생은 매월 80만 원을 지급한다. 학생들이 돈 걱정하지 않고 공부할 수 있게끔 하는 것이다.

이상설은 장학재단에 두 차례에 걸쳐 140억 원을 출연했다. 독실한 크리스천인 그는 '네 이웃을 네 몸과 같이 사랑하라'는 예수의 말씀을 몸으로 실천하고 있다. 한국전쟁의 아픔을 학문 탐구로 극복하고, 장학사업으로 여생을 보내는 이상설 같은 이가 있어 우리 사회는 살 만하다.

2021.12.04

도망간 남편 대신 부인과 다섯 살 아이를 죽였다

충남 아산군 탕정면에서 벌어진 '대살'

논산역 플랫폼에 찬바람이 휘돌자 승객들은 외투를 여미었다. 2월 찬공기에 모두 발을 동동거리며 기차를 기다리는데 한 청년이 군복만 입고 무표정한 얼굴로 서있었다. 잠시 후 기차가 도착하자 승객들은 승차를 시작했고 청년은 맨 마지막에 올라탔다. 객차에 좌석이 많았지만 청년은 통로에 쪼그려 앉았다. 기차표가 없었기 때문이다.

잠시 후 차장이 표 검사를 시작하자 청년 류재광(집나이 21세)은 옆 객차로 옮겨갔다. 그렇게 객차 옮기기를 반복하다 제일 끝 객차 앞에서 멈췄다. 그는 객차로 들어가지 않고 화장실로 들어갔다. 이를 알아챈 차장이 화장실 문을 계속 두드렸지만 류재광은 꿈쩍도 하지 않았다.

그렇게 해서 4시간 만에 부산역에 도착했다. 류재광은 흐리멍텅한 눈으로 부산역 주변을 배회했다. 주머니에는 땡전 한 푼 없었다. 식당 앞에 말없이 수십 분을 서있으면 마음씨 좋은 아주머니가 돼지국밥을 줬다. 부산에서 떠돌던 그는 어느덧 통영까지 흘러갔다.

"잠시 검문이 있겠습니다."

류재광을 불러 세운 이는 헌병이었다. 논산훈련소에서 무단 탈영한 지

증언자 류재광.

20일 만의 일이었다.

하지만 그는 자기 이름조차 알지 못했다. 정신질환이었다. 류재광은 부산에 있는 군병원으로 이송됐다. 군병원에 있던 7개월 동안 그는 진료보다 폭언과 구타를 당하는 일이 더 많았다. 정신질환에 차도가 없자 류재광은 의가사제대를 했다. 한국전쟁이 끝난 지 3년째 되는 1956년의 일이었다. 청년 류재광에게 무슨 일이 있었던 걸까.

다섯살 아들까지… 온 가족이 몰살당해

1950년 10월경 충남 아산군 탕정면 매곡리 인민위원장이었던 류승열(류재광의 부친)은 잠적했다. 물러갔던 군경이 되돌아온다는 소문 때문이었다. 그러자 탕정지서와 치안대는 류승열 대신 부인 최규옥(1914년생)과 아들 류재선(1934년생), 류재용(1946년생)을 연행했다. 류재용은 나이 다섯 살에 불과했다.

최규옥 모자를 포함한 탕정면 매곡리 주민 27명은 탕정지서와 면사무소 창고에 구금되었다. 그리고 그들은 10월 24일 탕정면 용두리 비누고개에서 경찰과 치안대원 들에게 학살됐다.

소위 '대살(代殺, 대신 죽임)'이라고 불린 반인권적 전쟁범죄다. 부역자를 처형한다면서 당사자는 없고 남아 있는 가족을 대신 죽인 경우였다. 졸지에 고아가 된 열다섯 살 류재광은 외할머니의 손에 이끌려 천안군(현재 천안시) 풍세면 미죽리로 피난을 갔다. 외할머니가 "재광아, 잘못하면 너도 죽겠다"며 그를 데려가기로 했다.

류재광은 1956년에 21살의 나이로 입대했다. 논산훈련소 훈련병 시절 숙모가 면회를 왔다.

"재광아. 잘 지냈냐?"

"……."

류재광이 작은어머니를 보는 순간 6년 전의 상처가 덧났다. 어머니와 형, 동생의 죽음이 떠올랐다. 다음 날부터 정신이상 증세가 왔다. 무단으로 훈련소를 탈영한 류재광은 부산과 통영을 떠돌다가 헌병에게 붙잡혔다. 가족이 몰살당한 전쟁의 상처가 트라우마로 이어진 것이다.

향나무 앞에서 죽어간 사람들

아산군(현 아산시) 염치면 강청리 주재돈(가명)의 마당에는 매년 가을이면 타작이 벌어졌다. 그 타작은 곡식 타작이 아니라 매타작이었다. 춘궁기에 곡식을 빌려 갔다가 갚지 못한 소작인들이 가을이면 마당 한가운데 향나무에 묶여 매타작을 당했다.

매를 맞은 사람들은 대나무살로 만든 돗자리(대자리)에 맨몸으로 굴러야 했다. 가다듬지 않은 대나무살은 소작인들의 온몸을 피투성이로 만들었다. 강청리 소작인, 머슴, 행랑채 사람들의 비명은 곡식이 익어가는 가을 내내 이어졌다. 매를 든 이들은 주로 전주 이씨였다.

전쟁이 발발하고 북한군이 마을을 점령하자 상황은 역전됐다. 전쟁 전 지주로부터 핍박 받은 소작인, 머슴, 행랑채 사람들은 궐기대회(인민재판의 일종)를 열어 지주들을 폭행했다. 이날 일로 죽은 사람은 없었지만 소작인에 대한 지주의 악감정이 만들어졌다.

악감정은 쫓겨갔던 군경이 되돌아온 후 폭발했다. 전주 이씨 청년들 대부분이 치안대에 가입했고 치안대는 부역혐의자들을 붙잡아 들였다. 주재돈의 마당에 끌려온 주민 30명이 매를 맞아 죽었다. 강청리 서기장이었던 김해식(60대)은 향나무 앞에서 타살됐고, 그의 막냇동생 김동철도 인공 시절 염치면 치안대장이었다는 이유로 죽임을 당했다.(아산시, 『아산 민간인학살 전수조사 보고서』, 2020)

향나무 앞에서 죽임을 당한 이 중에는 김해식의 처와 어머니, 그리고 15세, 12세 된 어린 아들도 포함되어 있었다. 마당의 향나무는 마을 주민들이

한국전쟁기 학살당한 민간인 매장지에서 나온 구슬. 당시 어린아이들이 갖고 놀던 장난감이었다.(사진제공=심규상)

재판도 없이 매질로 무참히 죽어가는 모습을 지켜보았다.

이 외에도 50명의 강청리 주민들이 면소재지 뒷산 방공호에서 죽임을 당했고, 10명의 주민들이 면사무소로 이송되어 처형되었다. 김인환과 70대의 조부, 김인환의 아버지와 어머니, 4, 5살 된 김인환의 아들, 김인환의 동생 3명이 처형됐다. 김인환 일가가 몰살된 것이다.

강청리 학살에서 두드러진 현상은 '어린이 학살'이다. 엄마의 등에 업혀가는 아기부터 10대 어린이까지 남자는 싹쓸이를 당했다. 이것은 부역 혐의자의 가족을 대신 죽인 '대살'일까? 아산군 피해자 실태조사를 벌인 최태육 한반도 통일역사문화연구소 소장은 "염치면 강청리 학살은 대살이 아니라 '표적 학살'입니다. 주민들에게 공포심을 심어주려고 의도적으로 조직적인 학살을 벌인 거죠."라고 말한다.

경찰과 치안대가 부역 혐의자 가족의 씨를 말린 것은 공포감을 조성해 삶의 의지를 꺾어버리기 위해서가 아니었을까.

시신 수습해준 머슴에게 땅을

"민수(가명)야. 내 자식이랑 손주 시신 수습 좀 해다오. 수습만 되면 논 열 닷 마지기(3천 평)를 주마."

하중현은 집안 머슴 신민수에게 사정을 했다. 가족이 몰살당해 시신을 수습할 사람도 없었기 때문이다.

아산군 영인면 신운리 하순창(다른 이름 하관홍, 1896년생)은 인공 시절 영인면 인민위원장을 맡았다가 온양경찰서에 끌려가 죽임을 당했다. 하순창의 아들 하상린은 군경 수복 후에 부역자 가족이이라는 이유로 영인지서에 연행됐다. 사고로 다리를 다친 하상린이 걱정이 된 부인 김정순이 그를 부축했다. 김정순의 등에는 젖먹이 하경용(1949년생)이 업혀 있었다. 그렇게 하순창 가족 4명은 배방면 공수리에서 학살당했다.

증언자 하정용.

하순창의 아버지 하중현은 해방과 전쟁을 거치면서 모든 것을 잃었다. 원래 하중현 집안은 영인면과 아산군에서 알아주는 천석지기 갑부였다. 또 자식과 손주인 하순창과 하상린이 서울에서 한약방을 열어 남부러울 게 없었다. 해방 후 하순창과 하상린은 고향으로 내려왔다.

하상린의 차남 하정용(1946년생) 증언에 의하면, 해방 후 하순창은 아산군청에서, 하상린은 영인면사무소에 근무했다. 6.25 전쟁이 터지자 하순창 부자는 부역 혐의자로 분류돼 죽임을 당했다.

하상린·김정순 부부와 하경용의 시신을 수습한 머슴 신민수에게는 약속대로 논 15마지기가 지급됐다. 하지만 살아남은 하준용(1937년생)·하정용 형제는 평생 고통의 세월을 보냈다. 하정용은 "학교 다닐 때 친구들이 '빨갱이 자식'이라며 따돌릴 때가 가장 힘들었다"라고 회고했다.

2021.12.11

5

해골광산

“군인들 눈이 빨개 흉측했다” 1800명 죽어나간 ‘해골광산’

기자 강창덕과 최승호의 경산 코발트광산 진실규명 투쟁기

2007년 7월 8일. 날씨는 화창했다. 굴 앞에 마련된 제사상에는 갖은 음식이 놓였고, 주변에는 여러 기관에서 보낸 조화가 줄지어 있었다.

이태준 경산 코발트광산 민간인 희생자 유족회장의 초헌과 송기인 진실화해위원회 위원장의 추모사로 이어진 ‘제8회 한국전쟁 전후 경산 지역 민간인 피학살자 합동위령제’는 엄숙함 그 자체였다. 비좁은 굴 입구에 세워진 천막은 햇빛으로부터 참석자들의 얼굴을 겨우 가렸지만, 그들의 타오르는 가슴을 식힐 수는 없었다.

위령제는 개토제(開土祭)를 겸해서 열린 행사였기에 약식으로 끝났다. 드디어 한국전쟁 때 국가폭력에 의해 학살된 이들의 유해를 국가가 57년 만에 처음으로 발굴하는 날이 온 것이다.

검은 양복을 입은 내빈들과 소복을 입은 이태준 회장이 삽을 뜨자 개토제 분위기는 더욱 달아올랐다.

“지금부터 굴 안에 들어갈 것입니다. 굴 안에는 물이 흘러 발이 진흙에 빠질 수 있으니 장화로 갈아 신으세요.”

이상길 경남대 교수의 당부에 일행들은 무릎까지 오는 노랑색 장화로 갈

아 신었다. 이상길 교수는 진실화해위원회의 경북 경산 코발트광산 민간인 학살 피해자 유해 발굴 책임자였다.

"천장이 낮아 위험합니다. 모두 헬멧을 쓰세요."

이 교수의 말과 함께 일행 선두가 굴 안쪽으로 발걸음을 옮겼다. 선두에는 이상길 교수와 송기인 위원장, 노용석 진실화해위원회 유해발굴 담당자, 최승호 경산신문사 사장이 섰고 뒤를 이어 각 지역에서 온 사람들이 따랐다. 굴 안으로 50m쯤 들어갔을 때였다.

"헉."

주위가 캄캄해 서로 얼굴도 보이지 않을 정도였는데, 한숨과 비통의 소리가 한꺼번에 터져 나왔다. 굴 양쪽 흐르는 물 위에 시커먼 물체가 빼곡하게 보였는데, 그것은 다름 아닌 유해였다.

살은 썩은 지 반세기가 넘었지만, 두 눈과 코, 치아의 위치가 선명한 두개골이었다. 마치 원혼이 '왜 이제야 찾아왔느냐'고 항의하는 듯했다. 두개골은 한두 개가 아니었다. 발걸음을 옮길 때마다 양쪽 가에는 두개골이 나뒹굴었으며 팔, 다리뼈와 가슴뼈들이 널려 있었다. 비전문가가 육안으로 보기에도 백여 구의 유해가 굴 안에 즐비하게 널려 있었다.

경산 코발트광산의 학살지 무덤을 발굴했을 때 나온 유골의 모습.(사진제공=경남대박물관)

굴 안 양쪽 가에는 작은 도랑물이 흘렀다. 굴 깊숙이에서 흘러나오는 지하수와 실내외 기온 차이로 인해 돌에서 흐르는 석간수가 합쳐졌다.

"저 위에 보이는 곳이 수직굴 입구입니다. 수직굴 입구에서 총살해 밑으로 던져 버리면 여기 주변에 떨어집니다. 그렇게 수천 구의 시신이 떨어져 수평굴로 떠밀리게 된 것입니다."

산 위에서 본 경산 코발트광산의 수직갱도 입구.(사진 제공=오마이뉴스)

'전설의 고향'에나 나올 법한 이야기다. 아니 어떤 공포영화나 소설에도 나오지 않았던 일이 1950년 7월 경북 경산시 평산동에 위치한 코발트광산에 펼쳐졌다. 코발트광산에서 나온 수백 구 유해는 대체 누구인가? 1950년 7, 8월에 경북 경산·청도·대구·충북 영동군의 보도연맹원들과 대구형무소 재소자 일부가 이곳에서 대한민국 군경에 의해 학살됐다.

57년 동안 햇볕을 쬐지 못한 유해가 세상에 드러나면서 말로만 전해지던 '코발트광산 민간인 학살 사건'이 국가에 의해 공론화되기 시작했다. 진실화해위원회는 2007년부터 2009년까지 3년 연속으로 이 지역에서 유해 발굴을 실시, 총 363구의 유해를 수습했다.

강창덕 기자의 취재수첩

1960년 5월 21일. 아침 일찍 집을 나온 강창덕 대구매일신문 기자는 싱숭생숭했다. 그는 경북 경산시 코발트광산에서 10년 전에 수많은 민간인들이 학살되었고, 그 유해가 광산 주변에 널려 있다는 제보를 받고 취재에 나서는 길이었다.

> 대구서 경산을 지나 자인방면으로 가는 국도에서 우측으로 향하여 약 3킬로 들어가면 일제강점기에 '돈방석'이라고 알려졌던 코발트 광산 터가 있다. 이곳에는 6.25사변 당시 그해(1950년) 여름 8월경 현재 정체가 밝혀지지 않은 총 가진 사람들에게 총살되어, 그 시체가 광산 곳곳에 널려 있는데, 1,500구에 달하고 있어 '해골광산'이라는 별명이 붙었다.
>
> (《대구매일신문》 1960년 5월 22일자 기사. 원문을 필자가 현대적 표기법에 맞게 일부 고쳤음)

이날 경산 코발트광산을 찾은 강창덕 기자는 인근 주민들에게 인터뷰를 시도했다. 하지만 주민들은 외지인의 눈을 피하며 묵묵부답이었다. '광산을 안내해 달라'는 요청에도 손가락으로 방향만 가르치고는 '혼자 가라'는 말만 되풀이했다. 들에서 뛰놀던 아이들만이 뒤좇아 왔다. 강 기자는 혼자서 굴 주변을 둘러보다가 우연찮게 마을 청년을 만났다. 그 청년은 자신이 목격한 사실을 이야기했다.

> "갑자기 평산 1, 2구 주민들을 몰아내고, 포장을 친 트럭이 하루 5대씩 6일에 걸쳐 왔습니다. 매일 총소리가 들렸고, 총을 쏜 군인들의 눈이 빨개, 흉측했습니다."(경산신문사, 『경산코발트광산의 진실』, 2008)

강창덕 전《대구매일신문》기자(94세).

아직도 첩첩이 쌓인 白骨

▲ 60년 5월 22일자 2면 매일신문.

【다음은 당시 기사 전문】

아직도 첩첩이 쌓인 백골

학살은 대구근교에서도…총소리 매일 산골 울려

압량코발트 폐갱 속에 추산 1000여 해골

(경산서 강창덕 특파원 발)

대구서 경산을 지나 자인방면으로 가는 국도에서 우측으로 향하여 약 3키로 들어가면 일정 때 '돈방석'이라고 알려졌던 압량 코발트광산의 터가

■하루 다섯 추럭씩 … 6일간 싣고 와서 사살

◇그후 매" "소리(매일 총소리)가 산골을 울렸고 군복을 입은 수많은 군인들이 골짝에서 내려와 그들이 합숙한 평산1구 어느 주막집에서 '이들을 총 쏘고 나니 눈이 빨개졌다' 하고 '어떤 처녀는 죽는 것은 좋은데 시집도 한번 못가 본 것이 한이 된다' 하기도 하며 '끝까지 반항하더라' 는 말을 서로 주고 받는 것을 마을사람들이 엿들을 수 있었다고 추억을 더듬는 듯이 어느 젊은 부락민들은 당시 이야기를 들은 대로 말하였다.

◇그리고 그 당시 하양 부근에 산다는 '어떤 아주머니가 몰죽음이 있은 후 마을에서 촛불과 성냥을 구해서 굴에 들은 남편 시체를 찾아갔다' 느니 '어떤 2명의 남자는 간신히 몸을 빠져나와 산으로 피하다가 다시 붙잡혀 죽었다' 느니 '비가 오거나 안개가 끼면 인(燐)이 푸른 불빛이 되어 골짝을 날아다닌다' 느니 또는 '밤중에 온갖 말소리가 마을까지 들여(들려) 오기도 한다' 하며 또 '우리 마을에 한씨는 백골 두골에서 금니와 은니 여덟 개 한 돈쭝을 뺐다' 그리고 '군인들이 나중에는 몸서리가 나서 총을 쏘지 않고 2명씩 묶어 굴에 집어넣었다'. '죽인 후 부근에 가보니

《대구매일신문》기자로 근무하던 강창덕(사진 위) 옹은 1960년 5월 22일 전국 최초로 경산 코발트폐광 민간인 대량 학살 사건을 취재해 보도했다.

이렇게 《대구매일신문》에 강창덕 기자의 특종기사가 나가면서 코발트광산 주민들만 알고 있던 역사의 진실이 급속히 전파되었다. 강창덕 기자는 자신이 취재한 역사적 진실을 어떻게 규명할지를 놓고 고심했다.

그러던 끝에 그는 뜻 맞는 이들과 함께 실태조사반을 꾸렸다. 이른바 '경산군하 피학살자 실태조사회'가 그것이다. 《대구매일신문》에 코발트광산 기사가 보도된 지 10일 만인 1960년 6월 1일의 일이었다.

강창덕은 1읍 10면에 접수창구를 개설했다. 《대구매일신문》 1960년 6월 1일자에 피해신고를 받는다는 광고를 대문짝만 하게 내보냈고, 전단 1만장을 제작해 마을마다 배포했다. 또 지프차에 확성기를 달아 '가족 중에 6.25 때 억울하게 돌아가신 분은 없습니까? 피해자의 신청을 받습니다'라는 방송을 목이 쉬도록 했다.

이렇게 해서 접수된 피해자가 354명이었고, 이 신청서는 제4대국회 '양민학살사건진상조사특별위원회' 경북반에 제출되었다. 피해 접수 활동의 공은 유족들에게 넘겨졌다. 강창덕은 유족이 아니었기 때문이다.

그해 1960년 6월에 '경산유족회'(회장 김종석)가 결성됐고 8월 7일에는 경산중앙국민학교에서 합동위령제도 치렀다. 위령제에는 경북유족회 이원식을 포함한 입원들이 대거 참여했다. 또 8월 13일에는 코발트 현장을 찾아 유해를 수습했다.(물론 2000년도 이후의 유해 발굴과는 달리 이때는 현장을 확인하고 수습하는 정도였다.)

유족들의 진실규명 운동이 순탄하게만 진행된 것은 아니다. 8월 7일 경산중앙국민학교에서 열린 위령제에는 경산경찰서 1개 소대의 경찰들이 동원되었다. 경비를 선다는 명분이었지만 주최 측 항의를 받은 경찰들은 학교 뒤편으로 물러갔다. 행사가 끝난 후에는 흥분한 남천면 유족들이 경산경찰서에서 투석전을 벌이기도 했다.(진실화해위원회, 『2007년 유해발굴보고서 3권』, 2008)

또 위령제가 열리기 두 달 전인 1960년 6월 6일 저녁에는 당시 경산군 안심면 유족 30여 명이 전쟁 기간에 불법 학살을 저지른 전 민보단 부단장 김만석의 집을 습격해 가재도구 20여 만환 어치를 파괴하는 일도 일어났다. 이 사건으로 유족 5명이 재물손괴죄로 구속되었다.(《대구매일신문》 1960년 6월 8일자. 노용석, 『국가폭력과 유해발굴의 사회사』(2018 산지니)에서 재인용)

이제는 말할 수 있다

"쿵, 쿵, 쿵."

굴삭기 기사는 경산 코발트광산 수평굴 입구 콘크리트 벽을 뚫기 위해 초봄의 날씨에도 비지땀을 흘렸다. 그리고 갱도 입구를 막고 있는 흙더미를 걷어내는 데는 불과 한 시간도 걸리지 않았다.

문제는 그 후부터였다. 굴삭기를 포함한 중장비를 총동원했지만 단단한 콘크리트 벽은 철옹성이었다. 그런데 마침 지나가는 주민이 귀띔을 해주었다. "그 콘크리트 벽은 벼농사를 짓기 위해 주민들이 1m 이상 막아 놓았기 때문에 중장비로는 안 될 것"이라는 말이었다.

MBC 「이제는 말할 수 있다」 제작팀은 급하게 화약 전문가를 수소문해, 다이너마이트를 설치해 벽을 폭파시켰다. 반세기 만에 금단의 땅에 첫발을 내디딘 것이다. 1960년 경산 코발트광산 민간인 학살이 세상에 알려진 지 40년도 더 지난 2001년 3월 9일의 일이었다.

수평 갱도를 따라 30여 미터를 가자 유골이 발견되기 시작했다. 3일간 작업해 유해 40구를 수습할 수 있었고, 이는 MBC에 의해 전국으로 전파를 탔다. MBC 다큐멘터리 「이제는 말할 수 있다」 제작팀이 경산유족회와 시민단체에 보도연맹 학살사건의 진실을 규명하는 차원에서 유족들이 제기하는 3500구의 유골이 과연 존재하는지 발굴을 해보자는 제안이 성과를 이룬 것이다.

이 보도로 경산 코발트광산 사건은 전국 언론과 시민사회로부터 조명을 받았다. 이렇게 되기까지는 경산지역 시민단체의 오랜 노력이 있었다. 특히 《경산신문》 최승호 기자의 노력이 컸다.

최승호 기자는 1960년 4.19 혁명 직후 활동한 《대구매일신문》 강창덕 기자의 바통을 이어받았다. 강창덕 기자가 최초로 경산 코발트광산 문제를 공론화했지만, 1년 후 발발한 5.16 쿠데타로 코발트광산 사건은 오랫동안 수면 아래로 가라앉았다.

그러다가 1993년 코발트광산 사건을 접한 최승호 기자가 그해 8월에 《경산신문》의 전신인 《경산향토신문》에 학살의 진실을 알렸다. 그 후로 경산지역사연구회가 만들어졌고, 1995년 4월 2일에는 코발트광산 앞에서 최초의 진혼제가 열렸다. '경산시민모임'은 전국의 유족회·시민단체와 함께 '통합특별법' 제정 운동을 벌였고, 그 결과 2005년 5월 30일 국회에서 '과거사법'이 통과되었다.

2020년 현재에도 《경산신문》 사장을 맡고 있는 최승호 기자는 처음 코발트광산 사건을 접한 때로부터 만 27년째 이 사건에 매달리고 있다. 전국에서 찾아오는 탐방객들을 안내하고, 코발트광산 사건을 사회적 이슈로 공론화해 '역사의 기억화' 작업에 심혈을 기울이고 있다.

유족회는 전 이태준·박의원 회장과 현 나정태 회장이 지역의 시민사회단체와 연대해 진실규명과 기억화 사업에 주력해 왔다. 이런 노력의 결과로 정부는 2009년 '경산 코발트광산 등지에서 발생한 민간인 희생 사건'을 진실규명 했고, 사건 현장에는 자그마한 위령공간이 경상북도와 경산시의 지원으로 만들어졌다.

그렇다면 이곳 코발트광산에서 죽은 이는 누구이고, 어떻게 죽었는가?

‘고바루도’ 광산에서 학살되었소

‘동생 윤목의(1925년생. 경산군 고산면(현 대구광역시 수성구 고산3동) 신매리)가 1950년(이하 불명) 경산경찰서에 연행 후 불명되었사오나 그 후 소식에 고바루도 광산에서 피살된 줄 알았음’

1960년 6월 4일 윤목의 형 윤현우가 제4대국회 양민학살특위 경북반에 제출한 ‘피해자 신고서’다. 여기서 말하는 고바루도 광산은 코발트 광산을 말한다.

윤목의를 포함한 경산군(현재의 경산시) 보도연맹원들은 경산경찰서를 거쳐 경산수리조합 창고에 구금되었다. 그리고 즉석에서 살생부(殺生簿)가 작성되었다. 경산경찰서 사찰과와 CIC 경산파견대는 구금된 보도연맹원들을 갑·을·병 등급으로 분류해, 병은 석방하고, 갑·을 등급은 코발트 광산으로 이송해 학살했다.

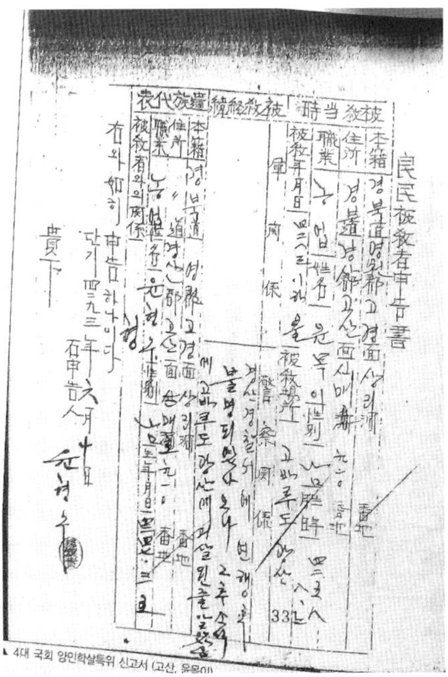
民被殺者申告書

4대 국회 양민학살특위 신고서 (고산, 윤목의)

제4대 국회에 제출된 윤목의 피해 신고서.

당시 예비검속 된 후 병 등급을 받아 풀려난 김○○의 증언이다.

“1950년 모내기가 끝나갈 무렵 경산경찰서 유치장에 구금되어 사찰계 형사와 육군 중위로부터 봉화불을 놓는 데 동원된 사실이 있는지 조사를 받았습니다. 이후 갑과 을로 분류된 사람은 경산코발트 광산에서 처형되었다는 이야기를 들었습니

경산 코발트광산의 수평갱도 입구.(사진제공=오마이뉴스)

다."(진실화해위원회, 『2009년 하반기 조사보고서』)

학살 정황은 당시 코발트광산 인근 마을인 압량면 갑제동에 살았던 무○○이 증언했다.

"전쟁이 나고 7월 20일이 지났을 무렵 (트럭) 덮개를 씌우고 군인들이 올라탄 트럭들이 경산코발트광산 방향으로 올라가는 것을 보았습니다. 광산으로 올라간 차들은 수직 굴 밑에 삼베 및 모시옷 등을 입고 실려 온 사람들을 하차시켰으며 약 10명씩을 수직굴로 데려가 총살을 시켰습니다."(진실화해위원회, 『2009년 하반기 조사보고서』)

경북 청도와 대구지역 보도연맹원들도 마찬가지다. 진실화해위원회는 대구형무소 재소자 약 800명과 경북 경산·청도·대구·충북 영동군 보도연맹원 약 1000명, 총 1800명이 학살되었을 것으로 추정했다. 하지만 경산 유족회와 경산지역 시민사회단체는 인근지역 주민들과 생존자의 증언을 종합해 3500명의 민간인이 학살되었다고 추정한다.

최소 1800명에서 최대 3500명이 학살된 코발트광산 사건은 아직도 해결해야 할 과제가 산적해 있다. 정확한 피해자의 신원을 밝히는 것과 더불어 아직도 차가운 광산 안에 묻혀 있는 유해들을 지상으로 끌어올리는 일이다. 음습한 굴 안에 갇혀 있는 원혼들이 "유골이 아닌 진실을 발굴해 주이소"라고 외치는 것 같다.

2020.9.12

* 코발트광산 사건을 최초로 취재해 알리고 평생을 민주화 운동과 통일 운동에 몸 바친 강창덕 선생은 2021년 9월 3일 95세를 일기로 타계했습니다. 고인의 명복을 빕니다.

“3대 독자 남편이 총 맞아 죽었을 때가 내 나이 스물둘”

경산 코발트광산 민간인 학살 희생자 유족 이금순의 이야기

“계란 사이소. 싱싱한 계란이 있어예.”

1982년 대구. 이금순은 새벽부터 리어카에 계란을 잔뜩 실어 대구 시내 주택가 골목을 이 잡듯이 다니며 목청을 높였다.

새벽 5시 집에서 나와 범어동에 있는 몇몇 양계장에서 계란 100판을 받아 와 대구 시내 골목을 다니며 일일이 팔러 다니는 것이다. 오전 11시면 70판이 팔리고, 나머지는 오후 4시부터 두 시간 동안에 팔면 된다. 리어카가 없을 때에는 큰 디라이(대야의 속이)에 계란 10판을 담아 머리에 이고 팔러 다녔다. 그나마 리어카를 장만해 일이 훨씬 수월해졌다.

한여름에 계란 팔기는 무척이나 힘들었다. 혼자서 리어카를 끌고 골목길을 두 시간만 다니다 보면 흘린 땀으로 겉옷은 물론 속옷까지 다 젖었다. 그렇다고 중간에 옷을 갈아 입을 수도 없어, 수건을 갖고 다니며 땀을 닦기에 바빴다. 오후가 되면 수건에서도 옥수수 쉰내가 나기 일쑤였다.

이금순이 이렇게 땀을 흘릴 수밖에 없었던 이유는 리어카 앞쪽에 손자가 앉아 있었기 때문이다. 리어카 앞 그물망에 손자 박정길(당시 3세)이 하루종일 있었는데, 정길의 아빠와 엄마는 서울에서 같이 장사를 했다. 애기를 봐

줄 사람이 없어 대구에 사는 할머니 이금순에게 맡겼다. 이금순도 집에서 손주만 보고 있을 수는 없었다. 몸을 부지런히 움직여야 겨우 먹고살 수 있었다.

"정길아, 거서 뛰면 안 돼야."

할머니의 걱정은 아랑곳하지 않고, 세 살배기 정길이는 리어카 그물에서 뛰기 시작했다.

"이놈아, 그러다 떨어져 다쳐."

할머니의 고함에 정길이가 조용히 있는 것도 잠시였다. 리어커 앞 그물은 정길이의 작은 놀이터였다.

"아이고, 정길이구나!"

"꼬맹이가 잘도 노네."

계란을 사러 온 동네 아줌마들은 정길이의 볼을 만지고 뽀뽀를 해댔다.

"할무이, 제가 정길이 보고 있을 테니까, 계란 팔고 천천히 오이소."

매일 보는 젊은 새댁이 손주를 봐준다는 소리에 이금순은 옆 동네로 가서 계란을 팔고 왔다. 그런데 돌아와보니 리어커 주변에는 아무도 없었다. 금순이 '야가 새댁 집에 가 있나'라고 생각해 발걸음을 옮겼지만 그 집에도 없었다.

"다른 아줌마가 아를 보겠다고 해서 저는 그냥 왔는디라."

새댁이 무안해하며 하는 말에 이금순은 혹여나 귀한 손자를 잃어버리지는 않을까 애가 닳기 시작했다. 금순은 새댁과 함께 이 집 저 집을 30분 넘게 뛰어다녔다. 그렇게 허둥지둥 돌아다니는데 "할무이!" 하며 정길이가 하드(손잡이용 막대를 끼워서 얼린 얼음과자)를 입에 물고 뛰어오는 게 아닌가.

"야가 울지도 않고 잘 노네요."

정길이에게 하드를 사준 아줌마가 뒤따라 왔다. 이금순은 정길이랑 놀아준 아줌마에게 화를 낼 수도 없고, 그렇다고 정길이를 혼내킬 수도 없었다. 1982년 당시 세 살이었던 정길이를 리어카에서 키운 이금순 이야기다.

3살 아기 엉덩이가 늘 퍼랬던 이유

"으앙."

엉덩이를 꼬집힌 태화가 울음을 터뜨렸다.

"아이고, 이 가시나가 어디가 아픈가. 와 우노?"

싸리나무로 엮어 만든 삽짝을 발로 차고 들어온 이들은 금천지서 경찰들이었다.

"박희도 어디 갔노?"

딸을 안고 마당의 평상에 앉아 있던 이금순은 남편을 찾는 경찰에게 짐짓 모른 척했다.

이금순은 경찰이 집으로 오는 소리를 미리 듣고 4살짜리 딸 태화의 엉덩이를 꼬집었다. 그러면 영문을 모르는 어린 딸이 울었고, 이를 신호로 남편 박희도는 뒷문으로 달아났다. 이미 십수 번 겪은 일이라 이제는 이력이 났다.

박희도·이금순 부부가 살았던 경상북도 청도군 금천면 김전리는 산사람(빨치산)들이 밤마다 출몰하는 지역이었다. 운문산 자락에 있는 이 마을 앞산에서 산사람들이 수시로 활동하면서 밤에 '보급투쟁'을 벌이기도 했다. 밤에는 산사람들이 마을에 와 '밥 해달라'고 하고, 낮에는 경찰들이 와 '빨갱이'에게 협조한 사람들을 색출하려 주민들을 닦달했다. 이른바 '낮에는 대한민국, 밤에는 인민공화국' 세상이었다.

위안부(일본군 성노예)로 끌려가지 않기 위해 16살에 결혼한 이금순은 4세 연상 남편이 잘못될까 좌불안석이었다. 남편 박희도는 3대 독자였는데, 박희도같은 젊은 남성은 경찰의 희생양이 되기 십상이었다.

경찰이 빨갱이에게 협조한 사람을 잡아들인다며 수시로 마을에 들이닥

산사람들이 활동했던 운문산 자락의 김전리 앞산.

쳤고, 그 탓에 박희도의 딸 태화의 엉덩이는 늘 시퍼랬다. 대한민국 정부 수립 직전부터 운문산과 그 자락에서 산사람들은 봉화 시위 등을 벌이기도 했다. 그러다 보니 경찰 입장에서는 청도군 금천면 김전리가 '요주의' 마을이었다.

코발트광산에서 학살된 3대 독자

1950년 봄 경산군(현재의 경북 경산시) 압량면에 살고 있는 이○○(이금순의 사촌언니)의 집으로 이금순의 시아버지 박남수가 찾아갔다. 박희도는 여기 사과밭에 피신해 있었다. 그 무렵 금천지서에서 날마다 사람이 와 박남수에게 "아들이 어디 있노?"라며 채근했다. 경찰에게 시달리는 거야 참을 수 있었지만, 경찰이 내미는 당근에 박남수의 마음은 흔들렸다.

"보이소. 댁의 아들래미가 국민보도연맹에 가입하면 괜찮다 아인교."

"그기 뭐요?"

"전향하면 보호해 주는 거지. 대통령이 책임지고 보호해 준다는 기요."

국민보도연맹에 가입하면 과거 전력을 묻지 않고 대한민국 국민으로 떳떳하게 살 수 있다는 데야 마음이 동하지 않을 수 없었다.

"야야, 지서 순사(순경)랑 구장(이장)이 와가 보도연맹에 가입하면 도망 안 다녀도 된다 카더라."

아버지의 설득에 박희도는 3개월 사과밭 농막생활을 청산하고 집으로 돌아왔다. 국민보도연맹 가입서에 도장을 찍었음은 물론이다. 6.25 일어나기 바로 직전이었다. 비슷한 이유로 같은 마을의 윤덕출도 도장을 찍었다.

모내기로 정신 없던 1950년 7월 11일. 아침 일찍 금천지서 경찰들과 이웃마을 최해준이 박희도를 잡으러 왔다. 국민보도연맹원 예비검속이 시작된 것이다.

"박희도 어디 있노?"

"와요?"

"경찰서에 잠시 갈 있어 그러지."

"내는 모릅니더."

코발트광산에서 학살된 박희도.

이금순이 잡아뗐지만 잠시 후 박희도가 경찰들에게 끌려왔다. 이후 청도경찰서로 연행된 박희도는 다른 보도연맹원들과 함께 '국민회당'에 구금되었다. 국민회당은 1950년 당시 청도경찰서 우측 50m 지점에 위치한 김명옥의 집이었다.(진실화해위원회, 『2009년 하반기 조사보고서』)

'일주일만 훈련 받고 집으로 돌려보낸다'던 애초의 약속은 휴지조각이 되었다. 몸이

이금순이 6.25 당시 살았던 집터. 옆에 선 이는 같은 마을에서 살다 이금순의 남편 박희도와 함께 학살된 윤덕출의 아들 윤용웅.

달은 아버지 박남수는 박희도 면회를 갔다. 하지만 면회는 창문을 통해 이야기하는 게 고작이었다.

"내 논을 팔아서라도 니를 빼낼 끼구만."

"아부지요. 그럴 필요 없습니데이. 내캉 아무 죄 없습니다. 일주일만 더 있으면 나갈 수 있다 안 합니꺼."

하지만 상황은 급박하게 돌아갔다. 박남수가 면회하고 이틀 후 옆 마을 이광기 어머니가 국민회당으로 면회를 갔을 때다. 박희도는 이광기의 모친에게 부탁했다.

"아줌마요. 우리 집에 가거들랑 어무이한테 옷하고 담배랑 보내주라 카이소."

이광기 모친 말을 전해 들은 이금순이 시어머니에게 이야기 했지만 시어머니는 "내는 몬 간다"라는 말만 했다. 국민회당 까지는 무려 40~50리

(16km~20km) 거리였기 때문이다. 몸이 단 것은 아내 이금순이었다. 밤새 한잠도 못 잔 그녀는 식전에 시아버지에게 상황을 이야기했다.

"와. 이제사 이야기하노!"

역정을 낸 박남수는 부지런히 청도 읍내로 갔다. 그러나 박남수는 한 발짝 늦었다.

"아침에 새끼줄 매서 알로(아래로) 갔심더."

아래로 갔다는 것은 대구경찰서로 갔다는 이야기이다. 이후 청도에서 북쪽 방향으로 간 이들은 곰티재에서 학살되었고 남쪽으로 간 이들은 대구형무소를 경유해 경산 코발트광산에서 학살되었다. 3대 독자 박희도는 이렇게 허망하게 26세의 나이에 코발트광산에서 생을 마감했다. 이때가 1950년 7월로, 이금순 나이 22세였다.

진실화해위원회에 따르면 1950년 7, 8월에 경북 경산·청도·대구·충북 영동군의 보도연맹원들과 대구형무소 재소자 일부 등, 최소 1800명에서 최대 3500명이 경산 코발트광산에서 대한민국 군경에 의해 학살됐다.

깡패들에게 끌려간 4대 독자

하지만 박희도의 시신을 보지 못한 아버지 박남수는 아들이 아직 살아있으며 꼭 살려야 한다는 생각에 논을 팔아 이리저리 쫓아다녔다. 그렇게 동분서주하던 박남수는 술독에 빠졌다. 매일 면소재지 술집에서 술타령을 했고, 고주망태가 된 시아버지를 밤늦게 부축하는 게 며느리 이금순의 일과가 되었다. 하지만 그는 끝내 아들을 찾지 못했고, 화병으로 9년간을 누워 지냈다. 그러다 건강을 회복했지만 자리에서 일어난 지 3년 만에 이승을 하직했다. 1962년도의 일이다.

박희도가 세상을 떠난 후 이금순은 둘째를 낳았다. 손이 귀한 집안에서 낳은 둘째는 아들이었다. 4대 독자 박철규는 아버지 얼굴도 보지 못한 유복자였다. 박철규는 열다섯살이 되자 시골에서 살려고 하지 않았다. '애비 없는 자식'이라는 소리가 지겨웠기 때문이다.

이금순은 아들을 데리고 친구가 사는 대구 범어동으로 가 방을 얻었다. 아들 박철규는 바늘공장에 입사했지만 때려치우고 우유보급소를 차렸다. 하지만 그 일도 만만치 않았다. 당시에 우유보급소 일은 영업구역이 있어 매달 깡패들에게 돈을 바쳐야 했다. 그런데 박철규는 그런 상황도 몰랐고, 바칠 돈도 없었다.

"아이고, 철규 엄마. 철규가 깡패들에게 잽혀 갔구만이라."

식당 아줌마가 이금순에게 숨이 넘어가는 소리로 말했다. 이금순은 아들이 잡혀간 곳을 물어 찾아갔다. 깡패 10여 명이 아들을 둘러싸고 있었는데, 4대 독자 박철규는 코피가 터지고 눈이 퉁퉁 부어 있었다.

그녀는 깡패들에게 자신이 살아온 이야기를 했다. 위안부로 끌려가지 않기 위해 16세에 결혼한 이야기, 남편이 6.25 때 학살된 이야기 등을 하며, 아들을 살려 달라고 사정했다. 그렇게 해서 아들은 풀려났지만 우유보급소를 계속할 수는 없었다.

증언자 이금순.

그 다음에는 장녀 태화가 서울에 있는 삼성물산에 자리를 알아봐줬다. 하지만 가방끈이 짧은 박철규는 회사에서 승진이 되지 않자, 퇴사하고 서울역 앞에서 슈

퍼를 했다. 슈퍼가 잘 되자 이번에는 건물 주인이 쫓아냈다. 그래서 사무용품을 판매하는 가게를 차렸는데 다행히 자리를 잡을 수 있었다. 이후에는 금순에게 맡겼던 아들 정길이를 서울로 데리고 올라왔다. 이금순은 칠순이 넘어서까지 대구남부시장에서 장사를 하며 생계를 꾸렸다.

시장바닥 인터뷰에 주변은 눈물바다

"남편을 도망가게 하려고 딸래미 엉덩이를 꼬집었어예. 딸래미 엉덩이가 1년 동안 성한 날이 없었는데, 결국 남편은 코발트 광산에서 죽었지라."

이금순의 증언을 들은 시장 상인과 시민들은 눈물 콧물을 찍어내느라 바빴다. 2003년 대구남부시장에서 지역 방송사들이 경산코발트광산의 피해자 가족을 찾아 인터뷰했다. 이 인터뷰를 계기로 이금순은 시장 내에서 유명인사(?)가 되었다.

이제는 92세가 된 그녀는 여러 곳이 아파 집에서 꼼짝 못 하는 신세가 되었다. 6개월 전에 한 허리 수술이 문제가 되어 외출을 못하고 있다. 코발트광산에서 학살된 남편이 학살된 지 70년이 지났다. 자식들을 키우기 위해 평생을 힘들게 살아왔고, 구십이 넘어 병마가 찾아와 거동도 자유스럽게 못하는 신세가 되었다. 그녀에게 국가는 무엇인가.

2020.09.18

"우리는 이승만 정부가 만든 이산가족"

경산 코발트광산 학살 피해자 나윤상의 자녀 나정태·나점순의 상봉기

"절대 집에 가지 마세요!"

화장실에 가려던 나정태의 뒤통수에 날아온 말이다. KBS 대구방송국 관계자한테 수십 번 들은 소리다. 언제 가족과 연락이 될지 모르니 잠시라도 자리를 뜨지 말라는 것이다.

그도 그럴 것이 1983년 '이산가족 찾기 특별생방송'은 스치듯 지나가는 방송에 수천만 명의 시청자가 목을 빼고 있어, 찾던 사람이 나오면 즉시 방송국에 연결해야 했다. 그렇지 않으면 다른 사람을 찾는 전화가 빗발쳐 연결 자체가 어려웠다.

이산가족 찾기 특별 생방송에 나가다

화장실에 다녀온 나정태가 자리에 앉아 푯말을 들자마자 "다음은 대구방송 나와주세요"라는 KBS 이지연 아나운서의 목소리가 들렸다. "자, 자리에서 일어나주세요"라는 대구방송 PD의 다급한 목소리가 들렸다. 약 200명의 참가자들이 부리나케 일어났다. 한 사람당 15초, 나정태의 순서는 11번째였다.

"1567번 김귀분. 본적은 함경남도 북청입니다. 1.4 후퇴 때 서울에서 헤어졌습니다. 찾는 이는 엄마 한소녀입니다."

다음 사람 순서가 이어졌다.

"1568번 정진호. 본적은 강원도 홍천입니다. 6.25때 부산에서 헤어졌습니다. 당시 자갈치시장에서 헤어졌습니다. 찾는 이는 형 정찬호입니다."

다음이 나정태 순서였다. 심호흡을 하는데 방송국 카메라가 그를 비췄다.

"1569번 나점순(가명). 1952년 전쟁의 와중에 헤어졌습니다. 허벅지에 화상을 입은 자국이 있습니다. 찾는 이는 오빠 나정태입니다."

간신히 방송 전파를 타고 나니 나정태는 허탈해졌다.

'15초 방송에 나오려고 열흘을 방송국에서 비상대기했나.'

겨우 20명의 사연이 소개되고 방송 화면은 대전방송국으로 바뀌었다. 1983년 9월 30일 새벽 여섯 시의 일이었다.

네 시간 전인 새벽 두시, 나정태는 천당과 지옥을 오갔다. 푯말을 들고 있는 나정태의 모습을 카메라가 잠깐 비춘 것을 보고, 오빠인 것 같다며 알아본 이가 나온 것이다. 하지만 그녀는 그가 찾던 여동생이 아니었다.

긴장된 순간이 지나고 나정태는 잠시 담배를 피우러 방송국 청사를 나왔다. 비가 억수같이 내리고 있었다. 담배가 반쯤 타내려가고 있을 무렵, 택시에서 손님이 내렸다. 만사가 피곤해진 그는 택시를 향해 뛰었고, 그렇게 집으로 돌아왔다.

집에 도착해 세수하고 한숨 자려는데 따르릉 소리가 귀를 찢었다.

"여보세요?"

"왜 집에 갔습니까?"

방송국 관계자의 화난 목소리였다. 수십 번이나 '자리를 뜨지 말라'고 신신당부했던 이였다. 그는 나정태에게 그토록 찾던 여동생이 나타났다고 했다. 나정태는 곧바로 수원방송과 연결될 수 있었다.

"지가 네 살 때 대구에서 남의 집으로 갔습니데이."

"허벅지에 덴 자국이 아직도 있습니꺼?"

"오빠!"

하는 소리와 동시에 울음이 터졌다. 30년간 한시도 잊어 본 적 없는 오빠와 여동생이었다.

일주일 전 전화를 놓지 않았다면…

이 애타는 만남도 하마터면 불가능할 뻔했다. 나정태 집에 전화가 설치된 것이 불과 일주일 전이기 때문이다. 1983년 당시만 해도 전화가 무척 귀했다. 시골에서는 마을 당 전화가 한 대밖에 없을 정도였다. 전화는 대부

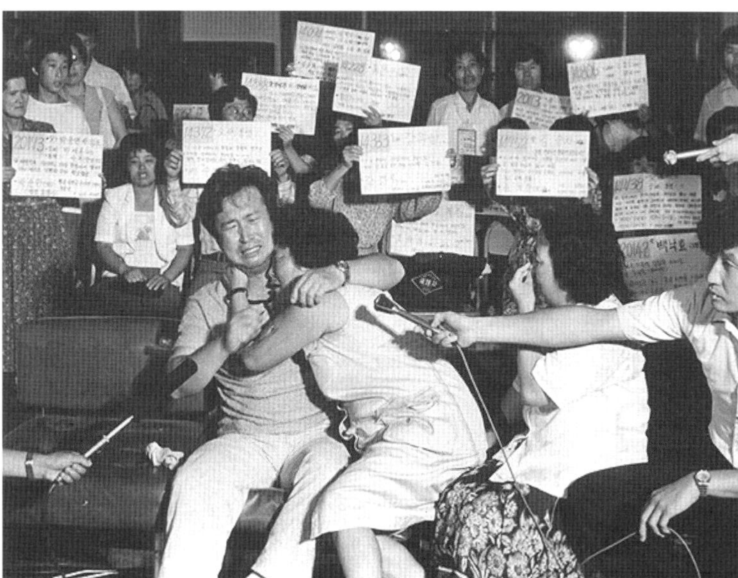

특별생방송 '이산가족을 찾습니다'의 한 장면.(출처=KBS)

분 이장 집에 있었는데, '명자 아버지, 전화왔어예'라고 마을방송을 하면 이장 집으로 부리나케 달려가곤 했다.

나정태도 전화를 신청한 지 1년 만에 임시전화를 개설할 수 있었다. 그리고 일주일 만에 수원에 사는 여동생 나점순과 통화가 되었다. 만일 집에 전화가 없었다면, 나정태는 여동생을 만날 수 없었을 것이다.

해가 뜬 그날 오후 나점순은 고속버스를 타고 대전을 경유해 대구로 왔다. 북부터미널 앞 뉴욕제과가 약속 장소였다. 문을 밀며 들어오는 여성이 자신의 동생 나점순임을 한눈에 알아본 나정태는 통곡을 했다.

"점순아!"

10분 동안 그는 말을 잇지 못했다.

이렇게 나정태와 나점순 남매가 상봉할 수 있었던 것은 KBS '이산가족찾기 특별생방송' 덕이 컸다. KBS(한국방송공사)가 1983년 6월 30일부터 11월 14일까지 무려 138일에 걸쳐 453시간 45분 동안 생방송으로 진행한 이산가족찾기 특별생방송은 세계 방송 역사상 최장 생방송 프로그램으로 공인되었고 78%라는 경이적인 시청률을 남겼다.

흔히들 6.25 이산가족이라고 하면 전쟁통에 피난하면서 헤어진 가족을 떠올린다. 하지만 이는 절반의 진실이다. 이승만 정부의 국가폭력에 의해 가족 구성원이 학살되고, 가족공동체가 붕괴되어 헤어진 경우도 적지 않았다. 나정태·나점순 남매가 그런 경우다. 이들 남매에게 무슨 일이 있었던 걸까.

아버지의 죽음 이후 뿔뿔이 흩어진 가족

"매형, 오늘 오후에 동생 분이 트럭에 실려 경산으로 갔습니데이."

대구형무소 간수로 있던 처남이 나차상에게 자그마한 목소리로 말했다. 이 말을 들은 나차상은 동생 나윤상이 경산에서 학살될 것임을 직감했다.

미군정 당국의 양곡수집정책, 경찰의 부패, 미군정에 대한 반감, 한국인 군정관리의 무능함, 실업문제 등으로 1946년 대구에서 발생한 '10월항쟁'은 전국으로 들불처럼 번졌다. 당시 대구역에 근무하던 나윤상도 이에 연류돼 몇 개월간 구속됐다. 하지만 출소 후 그는 직장에 복귀했고, 1949년에는 이승만 정부에 의해 만들어진 국민보도연맹에도 가입했다. 국민보도연맹은 좌익 전향자들을 계몽하고 관리하기 위해 만들어졌다.

정부는 보도연맹에 가입하면 생명을 보호해 주겠다고 했지만 그건 헛된 약속이었다. 반대로 보도연맹 명부는 살생부(殺生簿)가 되었다. 1950년 6.25가 발발하자 나윤상은 다른 이들과 함께 대구형무소에 구금되었고 이후 8월 경북 경산군(현재의 경산시) 코발트광산에서 대한민국 군경에 의해 학살되었다. 희생자들은 나윤상 같은 대구형무소 재소자와 경북 경산·청도·대구·충북 영동군의 보도연맹원들로 그 수가 최소 1800명에서 최대 3500명

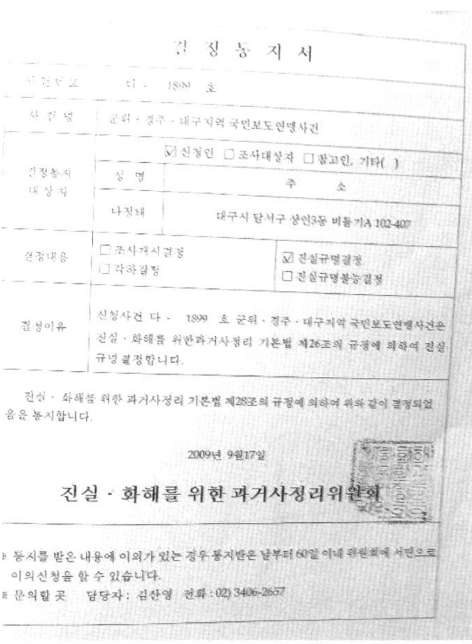

결정통지서

사건번호	다-1899호	
사건명	군위·경주·대구지역 국민보도연맹사건	
결정통지 대상자	☑신청인 ☐조사대상자 ☐참고인, 기타( )	
	성명	주소
	나정태	대구시 달서구 상인3동 비둘기A 102-407
결정내용	☐조사개시결정 ☐각하결정	☑진실규명결정 ☐진실규명불능결정
결정이유	신청사건 다-1899호 군위·경주·대구지역 국민보도연맹사건은 진실·화해를 위한과거사정리 기본법 제26조의 규정에 의하여 진실규명결정합니다.	

진실·화해를 위한 과거사정리 기본법 제28조의 규정에 의하여 위와 같이 결정되었음을 통지합니다.

2009년 9월17일

진실·화해를 위한 과거사정리위원회

※ 통지를 받은 내용에 이의가 있는 경우 통지받은 날부터 60일 이내 위원회에 서면으로 이의신청을 할 수 있습니다.
※ 문의할 곳 담당자: 김산영 전화: 02) 3406-2657

나윤상의 진실규명 결정문.

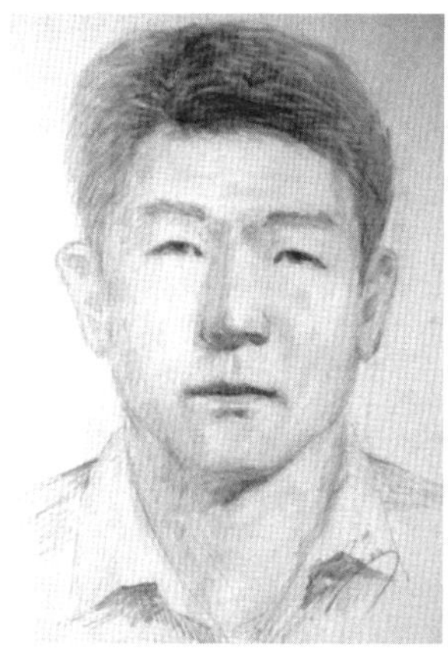

나윤상의 초상화.

증언자 나정태.

에 이른다.

이후 나윤상 가족의 삶은 말 그대로 풍비박산 났다. 전쟁 전 나윤상 가족은 대구역 관사에 살고 원래 집은 임대를 해주어 여유롭게 살았다. 하지만 아버지 나윤상이 코발트광산에서 학살된 지 2년 만에 온 가족은 뿔뿔이 헤어졌다.

1952년 나윤상의 아내는 개가했고, 당시 4살이던 나점순은 양녀가 아닌 식모로 남의 집으로 갔다. 그때는 나이가 어려 일을 할 수는 없었고 나점순은 열살 전후로 해서 집안일을 하게 되었다.

당시 여섯살이던 나정태는 큰아버지 나차상의 집으로 갔다. 큰집이라고는 하지만 나정태는 '애비 없는 자식'의 삶을 살았다. 배고파 살 수가 없었던 소년은 열한살 나이에 섬유공장에 취직했다. 그때부터 그는 주야 맞교대(2교대)를 하며 소년 노동자로 일했다.

그가 일한 태평직물은 노동자가 100여 명이었고 기숙사도 있어 나정태는 기숙사에서 숙식을 해결했다. 처음에는 월급을 받을 수 없었던 나정태는 심부름, 청소를 하며 눈치로 기술을 익혀야 했다. 그렇게 일해 열심히 돈을 모은 덕택에 나정태는 자취방을 얻을 수 있었다. 자취방 첫날 나정태는 밥을 한솥 가득해서 배가 터지게 먹었다. 아버지가 죽고 항상 배고프게 살았던 그는 배터지게 쌀밥을 먹어보는 게 소원이었다.

나정태가 큰아버지 집에서 배를 곯은 기억만 있다면, 큰아버지인 나차상 가족에게는 또 다른 기억이 있다. 동생 나윤상이 죽고 난 후 형 나차상은 1960년 국회에 만들어진 '양민학살특위'에 동생의 죽음을 신고했다.

그런데 1년 후에 5.16 쿠데타가 일어났다. '반공을 제1의 국시'로 삼은 박정희 군사정권은 '피학살자유족회'를 탄압했다. 나차상의 집에는 군인들이 수시로 들이닥쳤다. 군인들은 군홧발을 신은 채로 안방에 들어와 구석구석을 뒤졌다. 나올 게 있어서 뒤진 게 아니라 피학살자 가족들을 공포에 떨게 하려 한 것이다. 그렇게 큰집 식구들은 그들대로 고초를 겪어 몸고생, 마음고생을 했음을 나정태는 2000년대 들어서야 알았다.

민주노동당은 내 전화를 받아주었다

"여보세요."

"예, 한나라당 대구시당입니다."

2004년 3월. 나정태는 '민간인학살 통합특별법 제정'의 필요성을 말하기 위해 한나라당에 전화했다. 하지만 상대방은 "그건 제가 잘 몰라서요"라며 일방적으로 끊었다. 화가 난 나정태가 다시 전화를 걸었지만 이번에는 아예 전화를 받지 않았다.

이전에는 노근리특별법, 거창특별법처럼 한국전쟁 민간인학살사건에 대해 개별법을 만들어 진상규명과 명예회복을 했다. 하지만 당시에는 한국전쟁 전후 모든 민간인 학살 사건을 다루는 통합법을 특별법으로 제정해야 한다는 목소리가 커졌다.

몇 차례 시도 끝에 포기한 그는 '민주노동당'이라는 곳에 전화를 했다. 국회의원 한 석 없는 정당이었다. 그런데 전화를 받은 민주노동당 당직자는 "예. 그러셨군요"하며 친절하게 반응했다.

그렇게 연결된 김에 나정태는 자신의 속 깊은 얘기를 모두 토해냈다. 그렇게 30분을 통화하는데도 상대방은 싫은 내색 한번 하지 않았다. 단번에 나정태는 민주노동당에 호감이 생겼다. 그리고 나정태가 통화하고 한 달 후에 치러진 제17대 국회의원 선거(2004년 4월 15일)에서 그 정당은 10석을 얻었다.

그렇게 전화로 민주노동당과 연을 맺게 된 나정태는 이후에 '민주노동당 노인위원회 대구·경북위원장'을 맡았다. 2011년에는 경선으로 치러진 통합진보당 대구달서구 지역위원장 선거에서 85%의 득표율을 얻어 당선됐다.

아버지 나윤상의 죽음에 대한 진상규명 운동이 '민간인 학살 통합특별법 제정운동'으로 발전되었고, 이내 진보정당 운동을 포함한 대구지역 시민사회 운동과 깊은 연을 맺게 되었다.

4년 전부터 나정태는 지역 시민사회 운동 일선에 나서지는 않지만, 현재도 교류는 이어나가고 있다. 진보정당과 시민사회 운동이 아버지 사건에 대한 진상규명에 앞장섰고 역사의 수레바퀴를 앞으로 굴리고 있다고 생각하기 때문이다.

2020.09.19

공개 총살 당한 남자의 허위진술에 학살 당한 아버지

경산 코발트광산 학살 피해자 손세종의 아들 손계홍의 파란만장 인생

1950년 7월 어느날, 경북 경산읍 남천면. 이곳 산전동 마을에 난리가 났다. 경찰과 이장(당시 구장)이 마을을 뛰어다니며 소리를 질러 댔다.

“집에 있는 이들은 공회당 앞 들판으로 모두 나오시오. 한 명이라도 안 나오는 집은 알아서 하시오!”

누구 엄명이라고 안 나가겠는가. 손계홍(당시 4세)도 엄마의 등에 업힌 채 할머니와 함께 들판에 나갔다. 아이부터 노인에 이르기까지 100여 명의 주민들이 공회당 앞 들판에 빠짐없이 나왔다.

그곳 들판에는 나무기둥이 세워져 있었고 거기에는 정지우(가명)가 뒷결박을 당한 채 포승줄에 묶여 있었다. 눈은 검은 천으로 가려져 있는데, 파르르 떨리는 입술이 마을 사람들 눈에도 보였다. 군인 10여 명이 ‘앉아 쏴’ 자세를 하고 그를 향해 총구를 겨누고 있었고, 남천지서 경찰들이 군인들 뒤에 정렬해 있었다. 이윽고 군 장교가 소리쳤다.

“자, 지금부터 묻는 말에 순순히 대답하면 목숨만은 살려 주겠다. 너, 누구네 집에서 빨치산(산사람)과 연통했어?”

군인은 정지우에게, 어느 집을 연고지로 해서 산사람들과 연락을 주고

받았는지, 쌀과 음식물을 산으로 날랐는지를 이실직고하라고 했다. 벌벌 떠는 정지우 입에서 모기소리만한 말이 흘러나왔다.

"안 들려. 이 자식아. 더 크게 얘기해!"

군 장교는 고함치는 소리에 정지우의 몸이 움찔했다. 덩달아 모여 있던 주민들도 오금을 저렸다.

눈 앞에서 본 총살, 그리고 아버지의 죽음

"손 서기 집입니다."

정지우의 이 말에 사람들 사이에서 "아!" 하는 탄성이 흘러나왔다. 손 서기는 남천면사무소에서 서기로 일하던 손세종을 말하는데, 다름아닌 손계홍의 아버지였다.

그 자리에 나와 있던 손세종의 처 조기야와 어머니 박씨는 화들짝 놀랐다. 박씨는 '야, 이놈아! 니가 언제 우리 집에 왔어야. 이런 죽일 놈을 봤나'

1950년 대전 산내 골령골 민간인 학살 기록사진.(출처=미국국립문서보관소)

라는 소리가 목구멍까지 올라왔지만, 차마 내뱉을 수는 없었다. 누구 앞이라고 그런 소리를 하겠는가. 생각대로 말을 했다가는 자신은 물론 며느리에 귀한 손주까지 죽을 판이었기 때문이다.

그제서야 장교가 부하에게 말했다.

"야! 담배하고 물 좀 줘라."

방금 전까지도 벌벌 떨던 정지우는 순간 입매가 올라갔다. '이제는 살았구나' 하는 심정이었을 것이다. 정지우가 물 한 모금을 마시고, 타들어가던 담배가 반쯤 남았을 때, 장교가 손을 위에서 아래로 내렸다. 그 신호에 맞춰 군인들의 총구에서 불이 뿜어져 나왔다. 그리고 정지우는 입매가 올라간 채 목이 꺾였다.

'손 서기'라 불린 손세종이 살던 경북 경산군 남천면 산전동 뒤편에는 청도로 넘어가는 생기산이 있다. 당시 생기산에는 빨치산 아지트가 있어서 군경 토벌작전이 빈번했다. 그러다 보니 '밤에는 인공(인민공화국) 세상, 낮에는 대한민국 세상'으로 불리며 주민들은 양쪽의 요구와 협박에 시달릴 수밖에 없었다.

이 날 총살당한 정지우도 빨치산에 협조해 정보와 음식, 물자를 제공하다 걸려 말뚝에 묶이게 되었다. 사건은 그가 군장교의 취조에 '혹시나 살아날 수

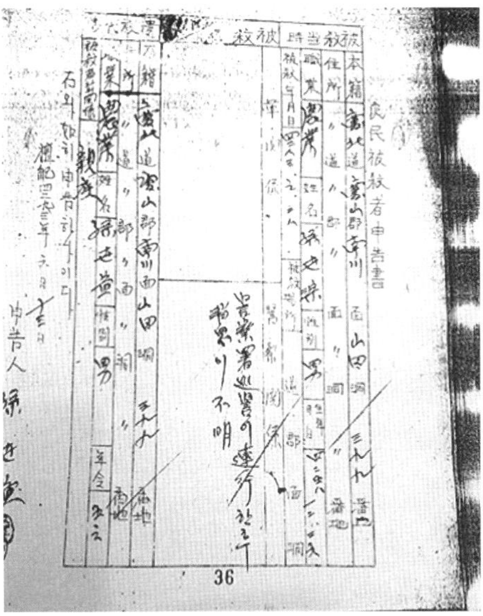
良民被殺者申告書
36

1960년 6월 손계홍이 국회 양민특위에 제출한 손세종 신고서.

있을까'하는 심정으로 연락 거점을 손서기 집이라고 허위진술하면서 시작됐다.

정지우의 허위 진술이 낳은 결과는 실로 엄청났다. 이후 손세종은 경찰들에게 연행되었고 며칠 후 그의 어머니 박씨가 구장(이장)에게 찾아가 물었다.

"우예 되었노?"

"아재(손세종)는 3일 동안 지서 옆 창고에 갇혔다가 어제 쓰리쿼터에 실려 코발트광산으로 갔다카데예."

집안 조카뻘 되는 이장이 박씨에게 해줄 수 있는 말은 이것뿐이었다.

그렇게 해서 남천면사무소에 성실하게 근무하던 손세종을 비롯해 마을 사람 25명이 경산 코발트광산으로 끌려가 학살되고 말았다. 물론 코발트광산에서 학살된 산전동 사람들이 모두 정지우의 허위 증언 때문은 아니었지만, 허위 증언이 일정 영향을 끼친 것 또한 사실이다.

진실화해위원회에 따르면 1950년 7, 8월 경북 경산·청도·대구·충북 영동군의 보도연맹원들과 대구형무소 재소자 일부 등 최소 1800명에서 최대 3500명이 경산 코발트광산에서 군경에 의해 학살됐다.

아버지의 죽음 이후

그로부터 4년 후. 가마솥에서 기차 소리가 났다. 칙칙 하는 김빠지는 소리다. 손계홍은 솥뚜껑 손잡이를 옆으로 젖히고 찬물을 부었다. 다시 한 차례 찬물을 붓고는 국자를 떠 간을 보았다. 국수에 흰 색깔이 없어진 걸 보니 면이 적당하게 익은 것 같아 면을 건져 냄비에 담았다. 국물은 다른 냄비에 담았다.

끙 하고 머리에 냄비를 이고 손에는 또 다른 냄비를 들었다. 등에는 동생을 업은 손계홍이 논에서 일하는 부모에게 새참을 준비해가는 길이었다.

손계홍의 나이 여덟 살 때 일이다.

"참 갖고 왔심더."

계홍의 말에 엄마가 "고생했데이"라고 대꾸했고, 아버지는 종아리에 붙은 거머리만 떼어내고 젓가락질 하기 바빴다.

"계홍아, 내일은 수제비 좀 준비하거래이."

"예."

부리나케 국수를 먹은 엄마는 동생에게 젖을 물렸다. 잠시 후 엄마로부터 동생을 건네받은 손계홍은 그릇과 냄비를 챙겨 되돌아왔다.

남편 손세종이 죽은 지 3년이 지나고 손계홍 나이 7세 때 어머니 조기야는 재혼을 했다. 결혼 후 그녀는 경북 칠곡에서 살게 되었는데 일년 후에는 아기도 태어났다. 문제는 새로 결혼한 남편이 생활 무능력자라는 점이었다.

그러다 보니 농사는 엄마 몫이 되었고 의붓아버지는 모심기나 벼베기 할 때 손을 얹는 정도였다. 집안 살림과 나중에 태어난 동생들 돌보기는 첫째인 손계홍의 일이었다. 손계홍이 농번기에 학교를 한두 달 결석하는 건 일도 아니었다. 결국 그는 경북 칠곡군 동명면 동부국민학교(초등학교)를 끝으로 배움을 작파해야 했다.

계홍은 초등학교 때부터 지게질을 했는데 나무 스무 단을 지고 20리(8km)를 걸어 장에 내다 팔았다. 한겨울에도 구멍난 양말에 파랑 고무신을 신고 장에 갔는데 어른들보다 시간이 두 배가 걸렸다. 엄마 조기야는 나무를 지고 가는 아들 계홍에게 당부했다.

"올 때 성냥 사온나. 글구 쌀이랑 누룩, 주모(酒母)도 사 온나."

주모는 효모를 집중 배양한 초기의 술을 말한다. 아직 나무를 팔지도 않았는데, 엄마의 주문사항은 한둘이 아니었다.

월급 가로채기 바빴던 의붓아버지

돈을 벌어야 했던 손계홍은 1960년대 초반 칠곡군 동명면에 있는 중국집 '죽림반점'에 취직을 했다. 그런데 처음에는 월급이 아예 없었는데 숙식 제공에 기술을 가르쳐 준다는 명분 때문이었다. 몇 개월 후부터는 그나마 알량한 월급이 있었는데, 그것을 손에 한번 쥐어보지 못했다. 월말이면 귀신같이 의붓아버지가 찾아와 계홍의 월급을 채갔다. 어린 소년은 사장이나 의붓아버지에게 항의 한번 하지 못했다.

중국 음식점을 3년 만에 그만둔 손계홍은 집으로 들어갔다. 그를 기다리고 있는 것은 살림살이와 어린 동생들의 돌봄이었다. 17세에 그는 집안 살림을 도맡았고 농번기에는 어머니를 도와 농사일도 했다. 하지만 의붓아버지는 술집에서 살며 술내기 윷놀이와 화투로 시간을 보냈다. 그러다가 하루는 술내기 윷놀이를 하던 이와 싸움이 붙어 칼부림까지 가 재판까지 받아야 했다.

의붓아버지가 일을 하지 않자 집안 형편은 급속히 악화됐다. 쌀이 없어 배곯기를 밥 먹듯이 했다. 그는 지옥 같은 집안에서 탈출하고 싶었다. 그래서 대구에 있는 자전거 재생공장에 취직했지만 마찬가지로 월급은 받을 수 없었고 배 곯기는 변하지 않았다. 하루는 점포 안에 걸어 놓은 메주덩어리를 훔쳐서 먹는데, 목이 메어 다 먹지 못했다.

일을 해도 배가 고팠던 손계홍은 결국 서울행 기차에 몸을 실었다. 집안 친척이 하는 자동차 부속 가게로 갔다. 한겨울에 휘발유로 중고자동차 부속을 씻다보면 손이 터 피가 줄줄 났다. 장갑도 없었고, 일을 안 할 수도 없는 형편이었다. 손의 쓰라림에 손계홍은 눈물이 절로 났다.

일한 지 몇 개월 만에 시골에 사는 의붓아버지가 서울로 올라왔다. 손계홍의 월급 3000원을 가져가기 위해서였다. 의붓아버지와 공장을 운영하는 친척아저씨는 결탁해, 계홍에게 월급을 적게 주는 대신 그 돈을 의붓아버지에게 직접 주었다. 누이 좋고 매부 좋은 식이었다.

이번에는 평화시장으로 직장을 옮겼다. 원단을 구매하고, 완성품을 전국의 소매상에게 화물로 보내는 관리직이었다. 하지만 평화시장에서 7년을 일하는 동안에도 월급을 한 번도 손에 쥐어보지 못했다. 그 이유는 앞서의 중국집과 자동차부속가게와 마찬가지로 의붓아버지가 가로챘기 때문이다.

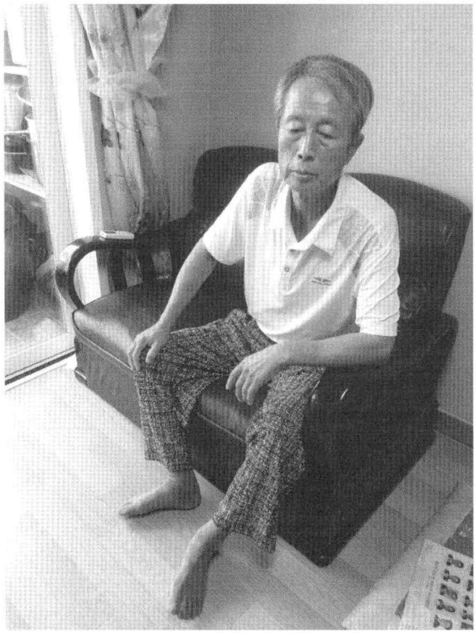

증언자 손계홍.

평화시장에서 일하던 그는 결국 시골로 내려와 여러 일을 전전했다. 농사일부터 석공, 법인택시 운전기사 등의 일을 했다. 지금은 아내와 함께 과수원과 논농사를 짓고 있다. 지난 1기 진실화해위원회에서 아버지 손세종의 진실규명 결정을 받은 그는 매년 추석이 다가오면 경산 코발트광산 근처 벌초를 한다. 벌초를 할 때마다 '아버지가 여기서 학살될 때 심정이 어땠을까?' 하고 생각한다.

손계홍은 아무쪼록 아버지와 같은 시기에 학살된 수천 영령들이 해원 안식하기를 기도한다. 평생 힘들게 살아온 손계홍의 삶이 코발트광산에서 아직도 해원되지 못한 영령들의 또 다른 모습은 아닌가 한다.

2020.09.25

죽음의 광산, 그곳에서 살아 나온 사람들

경산 코발트광산에서 희생된 충북 영동군 보도연맹원들

마을에서 어르신을 만나면 먼저 인사부터 꾸벅 했다.

"할아버지, 전쟁 때 여기에서 보도연맹원으로 죽은 사람이 있나요?"

"그건 왜 물어?"

"예, 보도연맹 사건으로 돌아가신 분들 명예회복 시켜 드리려구요."

"그때 하도대리에서 많이 죽었지. 그 상황을 잘 알려면 남우현이를 찾아가 봐."

그렇게 해서 지난 2008년 충북 영동군 상촌면 하도대리에 사는 남우헌(1926년생) 어르신의 집을 찾았다. 한여름에도 물이 차갑다는 물한리계곡을 좌측으로 끼고 돌면 하도대리 본동 마을이 나왔다. 이 마을에서 쭈욱 살았다는 남우현 옹을 만나는 일은 순탄치 않았다.

처음 찾아간 날은 그가 들에 나가 만나지 못했다. 이틀 후 다시 찾아가니, 이번엔 황간향교에 갔단다.

"아이구, 뵙기 힘드네요."

"보리똥하고 앵두 좀 따먹고 가."

할머니 말씀에 '에이, 보리똥으로 배나 채우자'라는 생각으로 천천히 따먹고 있는데 남우현 옹이 왔다.

"어쩐 일이래요?"

"예. 6.25 때 마을역사를 알려구요."

남 옹은 전쟁 나기 전 '청년방위대'에 근무했던 일부터 얘기를 시작했다.

"상촌국민학교에서 약 40~50명이 한 달간 훈련을 받았는데, 하루는 영동읍에 신무기 교육을 받으러 간다고 20명을 차출하더라구."

그런데 놀라운 이야기가 흘러나왔다. 그는 그렇게 영동읍으로 간 20명 청년방위대원 중 하도대리 청년 9명이 경산 코발트광산에서 처형되었다고 했다. 기존에는 충북 영동군 보도연맹원 약 300명이 1950년 7월 20일 영동읍 어서실과 석쟁이재, 그리고 상촌면 고자리에서 학살된 것으로 알려졌다. 그런데 그 중 일부가 영동역에서 100km나 떨어진 코발트광산에 끌려가 죽었다니, 남우현옹의 말이 이해가 되지 않았다.

진실화해위원회에 따르면 1950년 7, 8월 경북 경산·청도·대구·충북 영동군의 보도연맹원들과 대구형무소 재소자 일부 등 최소 1800명에서 최대 3500명이 경산 코발트광산에서 군경에 의해 학살됐다.

6.25가 일어나자 영동군 상촌면 청년방위대원이었던 남우현은 피난길에 나섰다가 코발트광산 학살 사건을 목격하게 됐다. 아래는 남우현 옹의 말이다.

"1950년 7월 20일 대전이 함락되고, 영동에는 다음날인 7월 21일 소개령이 내려졌어. 아내와 노부모를 남겨놓은 채 마을 청년 11명이 피난증을 가지고 피난을 갔어. (영동군) 매곡 가서 하룻밤을 자고, 다음에는 경북 김천 가서 잤지.

그러다가 경북 경산을 가게 됐는데, 아는 사람 연고로 코발트광산의 여관에 묵게 됐어. 하루는 식당에서 점심을 먹는데, 지에무씨(GMC)에 사람을 가득 싣고 어디론가 달려 가더라고. 트럭 네 귀퉁이에는 한 사람씩 앉아 있고 말여. 식당에 한 시간을 앉아 있는 동안 여러 대가 지나가더라고. 그런데 이게 하루 이틀도 아니고 며칠간이나 그러는 겨. 나중에는 노인도 실려 있더라고. 근데 그때는 트럭에 실린 사람이 누구고 어디로 가는지 몰랐지."

피학살자가 국가유공자로 둔갑

남우현은 자기가 본 사람들이 보도연맹원들이고, 자신의 고향인 영동군 청년방위대에 있는 보도연맹원들도 끼어 있었다는 걸 아는 데는 오래 걸리지 않았다.

"그런데 경산국민학교에 영동군 청년방위대원들이 있다는 겨. 그래서 마을 친구들도 볼 겸 갔지. 마침 정문 초소에 친구가 있더라고. 그런데 경산국민학교에는 이미 아무도 없었어."

이후에 남우현은 청년방위대 장교 박홍기를 만났다. 박홍기는 자신이 직접 목격한 것을 이렇게 전했다.

"경산초등학교 운동장에 청년방위대원들을 모두 모아놓고 장부책을 놓고 하는 말이 '보도연맹원들은 집으로 돌려보내 줄 테니 눈감고 손들어' 하대. 사람들이 하나 둘 일어나서 나가니까 교실로 데리고 갔어. 그리고 나서는 모두 코발트광산으로 끌고 가 처형했지. 내가 내막을 알았더라면 동네 사람들을 살릴 수 있었을 텐데……."

그렇게 해서 영동군 상촌면 하도대리에서만 꽃다운 청년 9명이 경산 코발트광산에서 영문도 모른 채 학살되었다. 그들의 이름은 남승길(본동), 남

영동군 상촌면 하도대리에 세워진 마을자랑비에는 보도연맹 사건으로 불법 학살된 사람들의 이름이 국가유공자로 들어가 있다.

칠현(본동), 남호현(본동), 이병덕(본동), 남응현(본동), 송정호(신기), 남승만(신기), 김창은(신기), 남종(소계)이다.

그런데 후에 웃지 못할 일이 벌어졌다. 경산 코발트광산에서 학살된 보도연맹원 청년 9명 전부 국가유공자로 둔갑한 것이다. 상촌면 하도대리에 세워진 '마을자랑비'에는 그들이 국가유공자로 기록돼있다. 경산 코발트광산에서 불법적으로 학살되었다면 진실규명과 명예회복을 통해 국가로부터 정당한 배·보상을 받아야 하는데도 그들은 국가유공자로 잘못 알려졌다.

한국전쟁 초기 국군은 많은 장비와 무기를 한강 이북지역에 남겨 놓은 채 무질서한 철수작전을 펼쳤다. 전쟁 이전 시기 국군의 총병력은 9만 8000명이었으나 7월 1일 육군본부가 수원에 위치했을 때 전사·포로·행방불명 또는 낙오로 인해 지휘가 가능한 군인은 약 4만 4000여 명에 불과했다.(육군본부, 『한국전쟁 시 학도의용군』)

이렇게 병력 손실이 컸던 것은 무질서한 퇴각으로 많은 군인들이 행방불명되었기 때문이었다. 그래서 이승만 정부는 수시로 이루어진 가두 모집, 현지 부대장에 의한 지역별 모집, 그리고 청년방위대원이나 학도병 모집 등을 통해 병력을 보충했다.

이렇게 해서 한국전쟁 초기인 1950년 7월 중순 전국의 청년방위대원들이 전선의 총알받이로 소집되었다. 대원들에게 솔직히 이 사실을 알릴 수 없었던 청년방위대 장교들은 "1주일간 군사교육을 받고 지역으로 돌아가면 기간병이나 조교를 시켜준다"고 현혹했다.

100km 떨어진 코발트광산으로

6.25가 일어나고 얼마 후 충북 영동군 용화면에는 65명의 청년방위대원이 소집되었다. 그들은 영동에서 약 1주일간 훈련을 받고 남쪽으로 이동을 준비했다. 이동책임자는 당시 미혼이었던 강태석(1926년생) 소대장(용화면 조동리·안정리)이었다.

영동역에서 기차를 타고 경북 경산을 향해 출발한 때가 1950년 7월 20일 밤 10시경이었다. 날이 샐 무렵 대구를 지났고 후에 경산중앙국민학교에 도착했다. 청년방위대원들은 낮에는 군사훈련을 받았다. 그런데 2~3일 후에는 보도연맹에 가입한 사람들을 전부 빼내, 6중대를 새롭게 만들고는 강당에 모두 집어넣었다. 사람들 머리는 죄다 빡빡 깎인 채였다. 강당에는 한 100여 명이 있었는데 용화면 사람은 22명이었다.

경산중앙국민학교에서 6중대를 따로 뺄 때 강태석 소대장은 불길한 마음이 들었다. 그가 청방교육대 정보과로 가 "왜 따로 놓느냐"고 물으니 육군중령은 "걱정 말라"고 했다. 그런데 그날로 구금되었던 이들은 트럭에 실려 어딘가로 갔다. 얼마 후 방위장교한테 물으니 "헌병들이 와서 보도연맹원들을 엮어 코발트광산으로 갔다"고 했다.

2008년 8월 5일. 충북 영동군청 소회의실에는 팽팽한 긴장감이 감돌았다. 진실화해위원회가 마련한 '한국전쟁기 영동군 피해실태조사 지역설명회'가 열린 자리였다. 영동군 부군수와 11개 읍·면 관계자, 영동경찰서 정보보안과장과 향토사학자, 그리고 유가족 60명이 모였다.

영동군 용화면 청년방위대원들을 인솔했던 강태석.

이날 설명회 맨 마지막에 강태석이 소개되었고 충북 청주에서 온 노구의 강태석이 입을 열었다.

"58년 전 제가 인솔한 용화면 청년방위대원 중 22명의 보도연맹원들이 경산 코발트광산에서 죽은 것에 할 말이 없습니다."

눈시울을 적신 그는 22명이 죽은 것이 마치 자신의 책임인 양 죄스러워했다.

필자도 2008년 당시 '영동군 피해실태조사반' 현지 책임자가 되어, 영동군내 401개 자연마을을 다니며 실태조사를 벌였다. 그 결과 영동군 청년방위대원 중 국민보도연맹원 88명이 경산 코발트광산에서 학살되었음을 확인했다.

죽음의 광산에서 살아난 이규성과 정관택

경산 코발트광산 수직굴에서 경찰과 군인들이 총을 쏴, 굴 아래로 떨어진 사람 중에는 기적적으로 살아난 사람들이 있었다. 충북 영동군 양강면 가동리 정관택(1931년생)과 학산면 서산리 이규성(1926년생, 학산면 서산리)이 그 주인공이다. 정관택은 약 30여 년 전에 사망했고, 이규성은 2019년에 사망했다.

이규성 증언에 의하면, 6.25 발발 후 영동읍에서 훈련을 받던 청년방위대원들은 고역을 치러야 했다. 1주일 훈련을 받는 동안 밤이 되면 보도연맹원들을 분류해 집단매질을 가한 것이다. 현재 영동농협 맞은편 자리인 5신병 교육연대 사무실에서 구타와 고문을 당했다. 이규성도 이때 심한 매질을 당했다고 한다.

영동군에서 훈련을 받다가 경북 경산으로 와 코발트광산에 끌려온 이규성은 양손이 묶였다. 이윽고 군인들이 보도연맹원들을 일렬로 세워놓고 "발사"라는 소리에 따라 일제히 사격을 가했다. 다행히 이규성은 총에 맞지 않았고 굴을 빠져나올 수 있었다. 이규성의 옷은 피칠갑이 되었고 개울 흙탕물에서 옷을 빨았지만, 핏물이 완전히 빠지지 않았다.

정관택 역시 비슷한 경험을 했다. 그는 영동군 양강면 청년방위대원으로 6.25 직후에 영동읍에 가서 군사훈련을 받았다. 이후 영동역에서 기차를 타고 경산중앙국민학교에 도착했다. 다음은 정관택의 처 최동순(1934년생)의 증언이다.

"어디 국민학교로 붙들어 가더라는 겨. 글로 가 가지고 막 차에다 싣더니, 어느 굴 있는데 가더니, 막 고랑에 팍 들어가면 쏴서 죽이고 쏴서 죽이고. 우리 집 양반이 제일 마지막에 섰었데. 마지막이라서 끈이 없더라고. 그래 손을 붙들으라고 해 가지고. 쏘는데 그냥 구덩이 푹 꺼진데 쑤셔 박힌 겨. 한참 있으니까 굴로다가 따발총을 막 갈겨 대더래. 그래서 거기서 둘이 살아서 나온 겨."

위령비에는 영동군사람 6명만이 기록

6.25 직후 충북 영동군 청년방위대원 중 국민보도연맹원 88명이 경산 코발트광산에서 학살되었다. 물론 88명이라는 숫자가 100% 정확하지는 않다. 강태석은 2009년 진실화해위원회의 조사에서 약 100명이 죽었을 것이라고 증언한 바 있다.

어쨌든 2008년 진실화해위원회 용역사업으로 실시한 영동군 내 401개 자연마을 조사에서 88명의 피해자가 나왔다. 하지만 이 숫자는 진실화해위원회의 '진실규명 결정문'에 반영되지 않았다.

결국 2016년 코발트광산 앞에 세워진 위령비에는 영동군 보도연맹원 6

경산 코발트광산 앞에 세워진 위령비에는 영동군 학살 피해자 6명의 이름이 새겨져 있다.

명의 이름만 새겨져 있다. '강원형, 박규분, 이갑문, 이금용, 이재춘, 정유섭'이 그들이다. 제1기 진실화해위원회에 유가족들이 신청한 피해자들만 진실규명 결정되었다. 약 80여 명이 누락된 것이다.(진실화해위원회, 『2009년 하반기 조사보고서』)

70년 전 대한민국 정부는 영동군 청년방위대원 중 국민보도연맹원들을 100km 떨어진 경북 경산 코발트광산에서 학살했다. 그런 치밀함으로 잠재적 위험분자(?)라고 인식한 보도연맹원들을 부산이나 거제도로 피난시키거나 격리·수용했더라면 억울한 죽음은 없지 않았을까 생각해 보기도 한다.

또 국가는 한 사람의 억울한 피해자라도 파헤치는 것이 자신의 의무가 아닐까. 그런데 제1기 진실화해위원회는 위 사실을 인지하고도 불법 학살된 80여명의 원혼을 진실규명하지 않았다. 금년 12월에 출범할 '제2기 진실화해위원회'에 미완의 과제를 기대해본다.

2020.09.26

6

유골가루

약재로 팔린 유골가루, 알고 보니 민간인 학살 피해자

민간인 희생자 진주 유족 이야기 1

1951년 여름. 산골짝의 해거름은 일찍 찾아왔다. 경남 진양군(현 진주시) 명석면 용산리에 사는 허진원(가명)은 산에서 내려오는 물체를 유심히 쳐다보았다. 어두컴컴한 상태에서 움직이는 물체가 사람임을 알아채는 데는 시간이 걸렸다. 허진원이 큼큼 인기척을 하자 내려오던 사람들도 화들짝 놀랐다. 놀라기는 허진원도 마찬가지였다. 작년 여름에 이곳에서 사람 수백 명이 학살됐는데 낯선 사람들이 나타났으니 놀랄 수밖에 없었다.

"누구시오?"

허진원이 낯선 이들에게 물었지만 그들은 대꾸도 하지 않았다. 그들은 지게를 지고 있었는데 무언가 담은 듯한 볼록한 마대자루가 실려 있었다. 지게를 진 두 사람은 황급히 큰길로 향했고 마치 쫓기는 사람처럼 가끔 뒤를 쳐다보았다. 허진원은 '뭐하는 사람들이지' 하고 고개를 갸우뚱했다.

유골을 훔친 도둑

도둑 고양이같았던 그들은 정말로 도둑이었다. 그런데 그들이 훔친 것은 금괴나 현금이 아니라 사람의 뼈였다. 도둑들은 마대자루에 담아간 유해 십여 구를 어디에다 썼을까? 도둑들은 유골을 집으로 가져가 절구에 빻았다.

"그기 뭔교?"

절구질하던 노민석(가명)은 아내의 물음에 엉덩방아를 찧었다.

"이 양반이 뭘 훔쳐 먹었는교? 왜 이리 놀라노!"

"시끄럽다 마. 싸게 들어가소."

다음 날 아침 노민석은 곱게 빻은 유골가루를 들고 진주 시내 서부시장 한약방 거리로 갔다. ××약방이라 쓰인 곳으로 첩보작전 하듯이 들어간 노민석은 약방 주인에게 유골가루를 담은 자루를 슬쩍 건넸다.

"고생했네."

한약방 주인은 현금 봉투를 내주었다.

1950년대 당시 민간에서는 간질, 한센병(문둥병), 폐결핵 환자에게 사람 뼈가 좋다는 소문이 나돌았다. 그런 연유로 한약방에서는 한국전쟁 이후

진주 보도연맹원들과 진주형무소 재소자들이 학살된 용산고개에 선 정연조 회장.

민간인 집단 학살지에서 유해를 몰래 수거해 만든 유골가루를 사들였다.

1950년 7월 말 진주시 보도연맹원들과 진주형무소 재소자들이 명석면 용산리와 관지리, 문산읍 상문리, 마산 진전면 여양리에서 대한민국 군경에게 학살되었다. 1년이 지난 1951년 여름, 용산리 용산고개에서 산사태가 일어나 학살자들의 유해가 드러났다. 두개골이 나뒹굴고 있다는 말을 들은 한약방 주인들이 사람을 시켜 사들인 것이다. '전설의 고향'에나 나올 법한 이 이야기는 사실이다. 당시 전국 각지에서 이같은 일이 벌어졌다.

충북 영동군에서도 비슷한 일이 있었다. 영동군 보도연맹원들이 1차로 학살된 상촌면 상도대리에서는 아침마다 손절구와 막걸리를 들고 숯가마로 올라간 이가 있었다.

> "상촌면 상도대리 양○범은 40대 중반으로 한국전쟁 전에 타지에서 이사를 온 사람여. 대장간 일을 했던 사람인데, 학살 사건 이후 매일 아침 손절구를 들고 산으로 올라갔어. 그는 숯가마와 학살 현장에서 큰 뼈들을 모아 손절구로 빻아 한약재상에게 팔아 넘겼지." (정병재. 1922년생. 충북 영동군 상촌면 상도대리)

"너거 오빠는 관지미에서 죽었을 끼다"

1950년 6월 25일 한국전쟁이 일어난 후 한달이 안 된 1950년 7월 16일. 경남 진주시 대평면 대평리에서도 보도연맹원 예비검속이 시작되었다. 정종화, 노명수, 정우영 등 18명이 대평지서로 갔다. 정종화(당시 28세)는 동아일보 진주지국에서 일하다가 고향으로 와 농사를 지었다.

이날 대평지서에 소집된 보도연맹원들은 진주형무소로 이송되었다. 그곳에서도 돈을 쓴 이들은 풀려났다. 대평리 정우영과 노명수, 면소재지에 살았던 하인근과 윤수복이 그랬다. 하지만 그렇지 못했던 정종화는 트럭에 실려 관지리로 갔다. 그 트럭이 출발하는 모습을 윤수복이 숨죽이며 목격했다.

진주형무소와 진주경찰서에 구금되었던 진주지역 보도연맹원들과 형무소 재소자들은 7월 중·하순에 걸쳐 명석면 관지리, 용산리, 우수리, 문산읍 상문리, 마산 진전면 여양리에서 후퇴하는 대한민국 군경에게 학살되었다. 보도연맹 피해자는 400명 이상으로 추산된다.(진실화해위원회, 『2009년 하반기 조사보고서』) 대평면 피학살자만 약 40명인데, 그 중에서도 대평리는 16~17명이 학살되었다.

군경은 피학살자 가족에게도 처형 장소를 알려주지 않았고 정종화가 죽은 곳을 알 리 없는 가족들은 명석면 용산리로 갔다. 정종화의 아내 이춘영과 동생 정기화가 용산고개에 갔을 때는 이미 시신은 부패한 상태였다. 엎어져 있는 시신을 바로 눕히려고 팔을 잡아 당기면 팔이 쑥 빠지는 형국이었다. 시신에서 흘러내린 피는 잔디를 홍건히 적셨다.

"헉!"

이춘영이 엉덩방아를 찧었다. 시신 썩는 냄새 때문에 쑥을 비벼 코를 막았지만 머리는 깨질 듯이 아팠고, 코피가 주르륵 흘렀다.

"형수요, 죽은 사람은 죽은 사람이고 산 사람은 삽시다."

정기화가 잡아끌었다. 결국 그들은 시신도 수습하지 못하고 집으로 돌아왔다.

그로부터 시간이 흐른 후 정종화의 여동생 정금화에게 사람이 찾아왔다. 정종화와 함께 진주형무소로 끌려갔던 진양군 대평면 윤수복이었다.

"너거(너희) 오빠는 관지미(관지리)에서 죽었을 끼다."

"아재는 그걸 어째 아요?"

"내도 형무소로 끌려갔다 아이가. 근데 아무도 안 지키길래 도망쳐 나왔대이. 나오기 직전에 느그 오빠가 탄 트럭이 간지미로 갔다 아이가."

하지만 그때는 정종화의 시신을 수습하기에 너무 늦어버린 후였다.

노가다 일당 40일 치 주고 사우디에 가다

정종화가 죽임을 당했을 때 아내 이춘영의 뱃속에는 5개월 된 태아가 있었다. 그렇게 해서 정연조는 아버지의 얼굴도 못 본 유복자로 태어났다. 정연조가 3세 때 어머니 이춘영은 친정으로 갔고 그때부터 그는 할머니 밑에서 형과 함께 자랐다. 한평초등학교를 나와 한평고등공민학교를 다닌 것이 전부인 그는 살아오면서 신원조회를 세 차례나 당했다.

정연조가 1972년 군에 입대해 강원도 양구에 자대 배치를 받았을 때의 일이다. 사단사령부 행정병이 될 뻔했던 그는 신원조회에 걸려 2사단 32연대 5중대 화기소대로 보내졌다. 보안대에서 찾아오긴 했지만 만 3년 군복무 동안 별 탈은 없었다.

군 제대 후 결혼했는데 집안 재산이라고는 논 700평, 밭 500평이 전부였다. 농사를 지어 처자식을 먹여 살릴 수는 없었던 정연조는 1978년 5월 치러진 공무원시험에 응시했다. 경남 진양군에서 하천감시청원경찰을 공개 모집했다. 5명 모집하는 데 25명이 응시했지만 정연조는 3등의 성적으로 1차 시험에 합격했다.

정연조는 진양군 산림조합장을 하던 당숙(5촌 아저씨)을 찾아갔다.

"당숙, 제가 청원경찰 시험쳤는데요."

"내도 안다."

"근데 신원조회 때문에 걱정됩니더."

"경상남도 치수과장에게 말할께로."

하지만 며칠 후 술에 취한 당숙이 한 말은 청천벽력이었다.

"연조야. 미안테이. 니는 절대로 공무원이 될 수 없데이. 내 농사(논과 밭)

다 줄 테이 농사나 짓고로."

연좌제(신원조회) 때문에 정연조는 공무원도 될 수 없었다.

이후 중동 바람이 불자 정연조는 사우디아라비아행을 결심한다. 1979년에 현대건설에 입사했지만 사우디에 가기 직전 또 신원조회에 걸렸다. 그는 진주경찰서 구내 이발소를 하던 유청길을 찾아가 방법을 상의했다.

"니 내일까지 10만 원 갖고 온나."

건축노동자 일당이 2500원이었던 시절이었으니 10만원은 무려 40일 치 일당에 해당하는 큰 돈이었다. 어렵사리 장만해 간 돈의 위력(?)으로 그는 무사히 사우디아라비아에 갈 수 있었다.

사우디아라비아와 아랍에미레이트에서 벌어온 돈으로 1983년에 그는 경운기와 논, 과수원을 샀다. 1994년 남강댐 건설로 과수원은 수몰됐지만 2021년 현재에도 딸기하우스를 운영하고 있다.

낡은 컨테이너 박스에 안치된 유해들

"유세차 신축년 5월 7일 진주지역 민간인희생자 유족들은 엎드려 비옵니다.……."

축문으로 시작된 개토제(開土際)의 축문은 진주시 명석면 관지리에서 학살된 이들의 운명을 보고했다.

정연조(1950년생. 진주시 대평면 대평리) 진주유족회 회장의 사회로 시작된 이날 개토제는 진주유족회원들과 발굴단, 진주시청 관계자들이 참석한 가운데 열렸다. 발굴은 진주시와 경상남도의 지원으로 5월 6일부터 12일까지 이루어졌다. 칼빈 탄피와 탄두가 나왔고 유해 25구와 버클, 단추 등의 유품이 나왔다.

발굴단 책임연구원 노용석 박사(부경대 글로벌지역학연구소 교수)는 "발굴 결과 가해자는 대한민국 경찰이고 피해자는 민간인임을 알 수 있다"고 밝혔다.

진주 명석면 관지리에서 벌어진 개토제(2021. 5. 7). 맨 오른쪽이 정연조 회장.(사진제공=구자환 영화감독)

진주 명석면 용산고개 컨테이너 박스에 안치된 유해를 살피는 정연조 회장.

노용석 박사는 '두개골이 나왔냐'는 기자의 질문에 "두개골은 나오지 않았다. 학살 후에 누군가 훼손했을 것으로 보인다"고 말했다. 단, 관지리 피학살자들의 두개골이 한국전쟁 직후에 한약재상들에 의해 훼손되었는지는 불분명하다.

진전면 여양리와 명석면 용산리에서 나온 유해는 현재 용산고개 컨테이너 박스에 안치되어 있다. 이번에 관지리에서 발굴된 유해도 그곳에 안치될 예정이다. 71년 전 국가폭력에 의해 학살된 이들의 유해가 낡고 초라한 컨테이너 박스에 안치되어 있다는 사실은 안타깝기 그지없다.

물론 2021년 현재 민간인 학살 유해 안치 지원을 하는 곳도 진주시가 전국에서 유일하다. 보다 쾌적한 공간에 유해를 안치한다면 우리의 역사의식을 바로잡을 수 있을 것이다. 그나마 다행은 진주시가 2021년 가을에 '한국전쟁 민간인 희생자 추모탑'을 건립할 예정이라는 점이다.

그간 진주유족회는 지역구 국회의원과 지자체에 유해 안치시설과 추모공간을 줄곧 요구해 왔다. 하지만 국회의원은 예산부족을 탓하고, 지자체는 묵묵부답으로 일관했다. 그러던 차에 조규일 진주시장의 추모탑 건립 약속은 큰 의미가 있다. 역사의 상처를 기억하고 인권과 평화의 소중함을 공유하는 것은 비단 유족들만의 몫이 아닌 지자체와 시민들의 공동 과제다.

2021.05.17

태풍 지나가자 드러난 유해들, 참혹하게 뒤엉킨 죽음

민간인 희생자 진주 유족 이야기 2

"계십니까?"

"누구십니꺼?"

"서에서 나왔습니다."

진주경찰서에서 나온 경찰들은 집주인의 대답도 듣지 않고 안방 문을 거칠게 열었다. 정대용·강정이 부부는 영문도 모른 채 방 한켠에서 벌벌 떨었다. 경찰들은 장롱과 반닫이, 다락 등을 샅샅이 뒤졌다. 누군한테 무슨 말을 들었는지는 모르겠지만 경찰들은 뭔가 중요한 물건을 찾는 듯했다.

"왜 이러십니꺼?"

"……."

경찰들은 묵묵부답이었다. 그들은 사랑방을 뒤졌다.

"찾았다!"

경찰들이 환호성을 지르며 들고나온 물건은 다름아닌 바리깡(바리캉의 비표준어, 이발하는 도구)이었다.

"연행해."

간부인 듯한 이의 지시가 떨어지자 정대용의 손목에 수갑이 채워졌다.

"아이고."

정대용의 아내 강정이가 울음을 터뜨리며 경찰에게 매달렸지만 역부족이었다.

집에 바리깡 있다고 경찰서에 끌려가

경남 진양군 이반성면 발산리에 사는 정대용은 바리깡 때문에 진주경찰서에 연행됐다.

"당신, 바리깡으로 뭐 했어?"

"예?"

"뭐 했냐구?"

"가족들 머리 깎았죠."

"이 새끼가 죽으려고 환장했구만."

경찰들의 몽둥이찜질이 시작됐다. 경찰들은 원하는 답이 나오지 않자 정답(?)을 제시했다.

"너, 빨치산들 머리 깎아줬지!"

"예?"

기가 막힌 정대용은 '말 한마디 잘못하면 큰일 나겠구나'라고 생각했다. 그때부터 묵비권을 행사했다. 경찰의 매가 이어졌지만 정대용의 입에서는 어떤 말도 나오지 않았다. 결국 진주경찰서는 '증거불충분'으로 정대용을 석방시켰다.

진주경찰서가 '빨치산 머리를 깎아줬다'고 뒤집어 씌우려던 증거물인 바리깡은 어떻게 정대용의 집에 있었을까? 일제강점기에 생계를 위해 일본으로 이주했던 정대용의 형 정대근은 해방 후 잠시 고향에 들렀다. 그는 고향에 오면서 선물로 바리깡을 사갖고 왔다. 당시만 해도 바리깡은 귀한 물건으로 가족과 이웃의 머리를 깎는 유용한 도구였다.

그런 바리깡이 '빨갱이 활동의 증거물'로 둔갑할 뻔한 데는 누군가의 밀고가 있었기 때문이었다. 또 정대용이 살던 진양군 이반성면의 만수산 맞은편 골짜기에 빨치산이 은거하고 있었기에 그런 밀고도 가능했다.

형평운동·소작쟁의 운동의 본거지, 진주

다행히 정대용은 석방되었지만 그게 끝은 아니었다. 이 웃지 못할 일로 정대용은 1950년 초 국민보도연맹에 가입해야 했다. 진주는 1862년 임술농민항쟁이 일어난 곳으로 일제강점기인 1920년대에는 백정해방운동인 '형평운동'의 메카였다. 해방 후에는 10월 항쟁의 여파가 진주에도 강하게 불었다. 1949년 10월 말에는 빨치산이 진주형무소, 진주시청, 진양군청을 습격했고 해병대 및 경찰과 교전을 벌이기도 했다.

빨치산 근거지였던 지리산 인근에 위치했기에 진주에서의 좌·우익 간 충돌은 격렬했다. 이러한 가운데 국민보도연맹 진주연맹의 결성선포대회가 1949년 12월 8일 진주극장에서 열렸다.(진실화해위원회, 『2009년 하반기 조사보고서』) 보도연맹 진주연맹은 진주시와 진양군의 각 읍·면에 하부조직을 결성했다. 1949년 11월 검찰과 경찰이 설정한 자수기간에 자수를 하고 전향서를 제출한 이들이 1차 가입대상이었다. 벽보를 붙였다는 이유로 보도연맹에 가입된 김진기(1916년생, 진양군 진성면 상촌리)도 그랬다.

보도연맹원 중에는 특별한 활동을 하지 않은 이들도 상당수였다. 그렇지만 '아무것도 모르는 무식쟁이'들만은 또 아니었다. 마을에서 똑똑하고 '입바른 소리' 잘하던 사람들이 주로 보도연맹에 가입했다. 진양군 지수면 청담리의 이을석(1926년생)이 그런 경우다. 그래서 당시 시골 노인들은 소위 '쭉정이만 살아남고 알맹이는 다 죽었다'라고 자조적으로 말하기도 했다.

진주 보도연맹원들이 학살된 용산고개에 선 유족 김현국.

달구지 끌고 오던 이가 목격한 것은?

"연조야, 여 앉아 보거래이."

"와 그러십니꺼?"

정연조(1950년생, 진주시 대평면 대평리)는 이웃집에 사는 당숙 조용만 옆에 앉았다. 당숙은 정연조의 아버지(정대용)의 고종사촌형(고모 아들)으로 진주보도연맹원들이 용산고개에서 학살되는 장면을 목격했다고 했다. 깜짝 놀란 정연조는 당숙에게 무릎을 가까이 했다.

"그기 뭔 말입니꺼?"

"내가 6.25 여름 난리 때 진주에서 장을 보고 오던 길이었데이."

이렇게 시작된 당숙의 말은 정연조를 충격에 빠뜨렸다.

1950년 여름. 진주장에 갔던 조용만 일행이 집으로 돌아오는 길이었다. 달구지에는 진주시에서 돈 주고 산 오물이 실려 있었다. 당시는 화장실 인분을 농사짓는 거름으로 썼다. 달구지에 똥장군을 여러 개 싣고 용산고개를 지나갈 때였다.

"멈추시오."

총을 어깨에 멘 군인이 소리쳤다.

"무슨 일입니꺼?"

"……."

군인들은 묵묵부답이었다. 잠시 후 산골짜기에서 콩 볶는 소리가 났다. 30분이나 지났을까. 총소리가 멈추자 그때서야 군인들은 조용만 일행을 통과시켰다. 그들이 고개를 지나갈 때 길 한편에는 '제무씨(GMC)' 트럭이 있었다. 조용만이 한참을 가다가 뒤를 돌아보니 제무씨 트럭은 흙먼지를 날리며 시내 방향으로 달리고 있었다. 그 산골짜기에서 총에 맞아 죽은 이들이 보도연맹원이라는 사실은 그리 오래되지 않아서 알게 됐다. 조용만의 고종사촌 동생 정대용·정태수 형제도 보도연맹 사건으로 학살되었다.

문산고개는 '피바다'

벽보를 붙였다는 이유로 보도연맹에 가입된 김진기는 6.25가 터지자 진성지서로 예비검속 당했다. 이후 진주경찰서를 경유해 진주형무소에 구금되었다. 김진기의 아내 강경순은 발을 동동 구르며 시아버지 김경술에게 보챘다.

"아버님, 현국이 아버지 안 빼내세요?"

김경술이 자식을 빼낼 방법을 백방으로 알아보았지만 허사였다.

김진기의 동생 진규가 논에서 일하고 있을 때였다. 웬 트럭이 마을 입구에서 속도를 늦췄다. 진규는 '혹시나' 하는 마음으로 트럭을 향해 뛰었다. 저 속에 형이 있지는 않을까 해서다. 아니나 다를까, 트럭 적재함에는 형이 있었다. 진규가 '형!' 하고 부르려는 찰나, 김진기도 동생을 향해 무언가 이야기하려 했다. 하지만 진규가 들은 것은 형의 목소리가 아니라 딱 하는 마

문산고개에서 발굴된 유해.(출처=진실화해위원회)

찰음이었다. 트럭 적재함에 경호를 서던 경찰이 총개머리판으로 김진기 머리를 사정없이 내리쳤다. 맞는 형이나 지켜보는 동생이나 아무런 말도 할 수 없었다. 잠시 후 트럭은 마산 방향으로 출발했다. 그런데 당시에 진규는 형이 정확히 어느 곳에서 학살되었는지 알 수 없었다.

비슷한 시각 김진기의 여동생 김숙자·김도연 자매는 산에 가는 중이었다. 집에서 기르는 소를 끌고 산에 가는데 산에서 탕탕탕 하는 총소리가 나는 게 아닌가. 태어나서 처음 듣는 총소리는 어린 남매를 기겁하게 만들었다. 그녀들은 화들짝 놀라 집에 돌아와 부모에게 알렸다.

김경술 내외와 며느리 강경순은 총소리가 난 곳으로 부리나케 뛰어갔다. 마을에서 약 500미터 떨어진 진주시 문산고개 현장은 그야말로 '피바다'였다. 골짜기에 나뒹구는 시신은 말할 것도 없고, 주변에 있는 풀과 길도 피로 물들었다. 피로 물든 진흙길에 고무신이 벗겨질 정도였다. 강경순은 남편 김진기의 시신을 찾기도 전에 기절했다. 김경술 내외가 아수라장에서 아들의 시신을 찾으려고 했지만 헛일이었다.

일 년 새경이 쌀 두 가마

아버지 정종화가 학살된 후 아들 정효갑(1942년생, 진주시 이반성면 발산리)은 초등학교 2학년 때 공부를 작파했다. 14세 때부터 마산시(현재의 창원시) 진전면 창포리에서 머슴 생활을 시작했다. 초기에는 그저 먹고 재워주는 것에 만족해야 했다. 세월이 조금 지나서야 1년에 쌀 두 가마를 새경(급여)으로 받았다.

이후 비닐과 천막을 만드는 '신흥비니루'에 입사했다. 29세가 되자 그는 사우디아라비아에 가려고 했는데, 여권을 신청했지만 나오지 않았다. 신원조회가 문제였다. 이후 예비군 소대장을 맡고서야 신원조회가 없어졌다. 그나마 김현국(1947년생, 진주시 천전동)은 신원조회로 불이익을 당하지는 않았지만 아버지 김진기의 죽음으로 힘겨운 삶을 살았다. 아버지가 보도연맹 사건으로 죽임을 당한 이후 할아버지 김경술은 화병으로 세상을 하직했다. 김현국의 어머니 강경순에게는 시누이 세 명과 자녀 2명이 딸려 있었다. 논을 팔아 시누이를 결혼시키는 것도 오롯이 강경순의 몫이었다. 죽기 살기로 일만 하고 살아 온 강경순은 평생 감기를 달고 살았다.

김현국은 19세에 진성면사무소에 취직했다. 울산에 공업도시가 만들어질 때 그의 나이 22세였다. 당시 울산에 조성된 기업체에 현직 교사들이 대거 입사해 교사들이 부족했다. 이에 진주교육대학에 18주 동안 단기간 운영된 교원양성소가 만들어졌다. 김현국은 이 교원양성소를 이수해 의령 신반초등학교 교사로 발령받았다. 그는 별 탈 없이 정년퇴직을 했다.

태풍 '루사'

2002년 태풍 '루사'가 창원시(옛 마산시) 진전면 여양리를 휩쓸고 지나갔

태풍 루사에 의해 진전면 여양리에서 드러난 유해.

고 보도연맹사건으로 학살당한 이들의 유해가 드러났다. 경남대학교 이상길 교수가 유해수습을 자원하고 나섰다. 김현국 등 진주지역 피학살자 유족들도 모여들었다.

여양리에서 유족들은 눈물로 인사를 했다. 유족들은 여양리 주변의 노인들에게 6.25 당시의 상황을 들을 수 있었다. 이증식(1950년생, 진주시 지수면 청담리)은 노인들한테서 "총질이 끝나고 경찰들이 마을 청·장년들을 동원해 시체 매장을 시켰지"라는 증언을 들었다.

이곳에서 나온 유해는 한동안 경남대학교에 안치되었다가, 2014년 진주시 명석면 용산고개로 옮겨졌다. 진주시에서 지원한 추모공간에 안치된 것이다. 그 추모공간이라는 것은 컨테이너박스에 불과해 유족들의 눈물을 씻어주기에는 턱없이 부족한 환경이다.

2021.05.18

남편과 친정아버지를 잃은 어머니, 그 기막힌 삶

민간인 희생자 진주 유족 이야기 3

1967년 논산훈련소에 입대한 정영우(1945년생)는 신병훈련을 마치고 춘천 102보충대로 갔다. 춘천 102보충대는 신병에게 주특기를 정해주었는데 정영우는 '610'을 받았다. 나머지 사람들은 대부분 100(보병)이었다. 정영우는 강원도 홍천의 '제1야전수송교육대대(야수교)'로 보내졌다. 야수교는 운전병을 배출하는 곳으로, 610은 '수송' 업무를 뜻했다.

그곳에서 11주간 후반기 교육을 받은 정영우는 정작 11사단(홍천) 자대 배치 때는 운전병이 아니라 보병으로 배치됐다. 당시엔 '운전병 하려면 논 몇 마지기를 팔아야 한다'는 소문이 있었다.

"집에 논이 없심더."

정영우의 말에 빰따구가 돌아왔다. 그런 후 일선 대대 보병으로 배치됐다.

우여곡절 끝 자대 배치를 받은 그에게 방첩대(국군기무사령부의 전신)에서 찾아왔다. 아버지 관계를 물었다. 그는 솔직히 말했다.

"6.25 때 돌아가셨슴더."

보도연맹사건으로 학살되었다는 얘기는 하지 않았지만 방첩대원들은 이미 알고 왔다. 그들은 "착실히 군생활 하라"고만 했다. 베트남 전쟁터는 신원 조회 때문에 갈 수 없었다.

사위와 장인이 모두 죽었다

정영우의 아버지 정한석(1919년생)은 일제강점기에 만주로 건너가 일본 제철소에 입사했다. 조선 땅에서 먹을 것이 없어 일본과 만주 등지로 봇짐을 싸던 때였다. 그곳에서 해방되던 해 아들을 낳고 영우라 이름지었다. 정한석은 입이 귀에 걸렸다. 그렇게 정한석이 만주에서 알콩달콩 살 때 해방이 되었다.

해방 며칠 전부터 만주 지역에도 B29 폭격이 있었다. 공습경보가 울리면 사람들은 부리나케 방공호로 뛰었다. 몇 차례 B29 폭격 후 드디어 해방되었고, 조선인들은 기쁨의 눈물을 흘렸다. 정한석도 짐을 싸 귀향했다. 경상남도 진양군 지수면 금곡리 필동마을에 돌아온 정한석은 아버지가 일반성면에서 운영하던 한약방 일을 돕기도 했다.

만주에서 돌아온 정한석이 국민보도연맹에 가입한 경위는 정확하지 않다. 어쨌든 보도연맹에 가입된 후 그는 한 달에 한 번꼴로 진주 시내로 나가 '보도연맹원 교육'을 받았다. 보도연맹원 교육은 반공강연을 듣거나 제식훈련을 받는 게 고작이었다. 그러다가 1950년 6.25가 터졌고, 지서에서 '보도연맹원 교육이 있으니 전부 지서로 오라'는 전갈이 왔다. 정한석은 아무 의심 없이 지서로 갔고 그날로 진주형무소로 이송되었다. 그가 집에서 나간 지 3일 만에 '진전면에서 보도연맹원들이 학살되었다'는 소문이 돌았다. 그런데 정한석 집안의 비극은 여기서 끝나지 않았다.

그의 장인 김영철도 예비검속돼 죽임을 당했다. 김영철(진양군 이반성면 발산리)은 일제강점기에 독립군에 군자금을 지원하던 이로 이반성면의 유지였다. 그런 그가 한국전쟁 발발 후 예비검속 대상이 돼 마을 초입에서 무참히 학살되었다. 그는 사망한 지 반백 년이 넘어서야 독립유공자로 추서되었다.

다락에서 몇 개월을 지낸 이

정한석이 학살된 것으로 추정되는 마산시(현 창원시) 진전면 여양리에서 기적적으로 살아나온 사람이 있다. 진양군 대곡면 마진리의 이병학은 진주형무소에서 진전 방향으로 가는 트럭에 실려 있었다.

손목이 묶인 그가 여양리 현장에 도착하자 비가 보슬보슬 내렸다. 잠시 후 군경의 총소리가 났다.

"탕탕탕……."

"드드드……."

콩 볶는 소리가 이어졌다. 이병학은 동물적 감각으로 총소리가 나자마자 엎드렸다. 목 뒤에서 검붉은 피가 떨어졌다. 뒤통수나 목에 총 맞았다고 생각한 그는 혼절했다.

몇 시간이나 지났을까. 깨어난 이병학은 자신이 숨을 쉰다는 사실이 희한했다. 실제 그는 총에 맞지 않았다. 목 뒤에서 흘러내린 검붉은 피는 그 위에 있던 시신에서 흘러내린 것이었다. 이병학은 밤이 될 때까지 기다렸다. 파리떼가 극성이었지만 꼼짝도 하지 않았다. 손이 묶이기도 했지만, '경찰이 지켜볼 수도 있겠다'라는 생각 때문이었다. 사방이 캄캄해지고서야 그는 조금씩 움직였다. 손목에 묶인 줄을 푸는 데 30분이나 걸렸다. 온몸이 저려왔다. 그가 주변 민가로 들어가니 주인 노인 내외가 기겁을 했다. 귀신이 나타난 줄 알았기 때문이다.

"어르신예. 제가 쪼전에 쩌그 고개에서 죽다 살았심더. 살려 주시믄 평생 은인으로 모시겠심더."

이병학을 안타깝게 여긴 주인 내외는 그를 골방에 숨겨주었고 먹을 것도

마산 진전면 여양리 유해 수습 현장.

마산 진전면 여양리에서 나온 유해.

주었다. 다음 날 새벽에 집 주인의 한복을 입은 이병학은 괭이를 메고 집을 나왔다. 그렇게 살아돌아온 이병학은 자기 집 다락에서 수개월을 보냈다. 자칫하다 또 끌려가서 죽을 수도 있기 때문이다.

똥장군을 진 여성

6.25에 남편 정한석과 친정아버지 김영철을 잃은 김기순은 무작정 넋을 놓고 있을 순 없었다. 어린 아들 영우(1945년생)·영찬(1950년생)이 있었기 때문이다. 그때부터 김기순은 머슴이나 다름없는 삶을 살았다.

집에 남자라고는 어린 자식들뿐이라 농사는 오롯이 그녀의 몫이었다. 모심고 벼 베는 것은 말할 것도 없고, 똥장군을 져 밭에 뿌리기도 했다. 당시에는 재래식 화장실의 오물을 밭에 뿌려 거름으로 사용했다. 항아리로 된 똥장군은 균형을 잘못 잡으면 옆으로 기울거나 지게에서 떨어지기 일쑤였다. 옷에 똥물이 튀는 것도 예사였다. 성인 남성도 하기 힘들다는 쟁기질도 직접 해야 했다. 어린 아들 영우가 소를 잡아 이끌면 그녀는 뒤에서 쟁기를 잡았다.

정영우가 16세 때 호적을 들쳐보니 아버지 정한석이 '행방불명'으로 신고돼 있었다. 뒤늦게 그가 아버지 사망신고를 했고, 그제야 호적이 정정됐다. 성인이 돼 군대에 다녀온 정영우는 비닐하우스 농사에 전념했다. 고추, 수박, 메론 농사를 지었다. 2002년 태풍 '루사' 때 마산시 진전면 여양리에서 유해가 드러났다는 소식에 현장으로 갔다. 저기에 아버지가 있을 거라는 생각에 눈시울이 뜨거워져 앞을 가렸다.

제1기 진실화해위원회에서 아버지 정한석의 죽음이 밝혀졌지만, 정영우의 마음은 여전히 아프다. 젊디 젊던 아버지가 국가폭력에 목숨을 잃은 것이 여전히 이해되지 않기 때문이다. 매년 찾아가는 진주 명석면 용산고개의 컨테이너 박스도 그를 우울하게 만든다. 아버지가 초라한 컨테이너

증언자 정영우.

에 모신 것 때문에 자식 된 도리를 다하지 못하고 있다는 자괴감을 불러온다. 그의 상처를 어떻게 어루만질 것인가? 국가와 지방자치단체가 답해야 할 때다.

2021.05.24

한국전쟁 발발 후 독립운동가는 왜 학살 당했을까

김승일 전 조선대 음대학장의 아버지 명예회복 투쟁기

"모시모시(여보세요)."

"……."

"하잇(네)!"

선 채로 전화를 받는 일본인 광주경찰서장의 얼굴은 창백하다 못해 얼음장 같았다. 통화를 끝내고도 그는 멍하게 서있기만 했다. 잠시 후 정신을 차린 그는 고등계장과 사찰계장(현재의 정보과장)을 호출했다.

"소련이 오늘부로 참전했소."

"옛!"

그들의 눈이 왕방울만 해졌다.

"침착하시오. 지금부터 경시청(현재의 경찰청)의 명령을 전달하겠소. 소련이 성스러운 대동아전쟁에 참전함에 따라 선내(鮮內) 요시찰인들을 전부 잡아들이라는 지시요. 즉시 시행하시오."

"하이!"

해방 직전 예비검속 당한 독립운동가

1945년 8월 8일 소련은 일본과의 중립조약을 파기하고 제2차 세계대전에 참전한다. 소련은 제2차 세계대전에 방관자적 자세를 취했었는데 미국이 1945년 8월 6일 일본 히로시마에 원자폭탄을 투하하자 긴급히 참전을 결정했다. 소련의 참전은 전후 동북아시아에서의 영향력 확보를 위한 전술이었다. 미국의 원폭 투하로 일본 패망이 머지 않았음을 직감한 소련은 뒤늦게 참전해 '손 안대고 코 풀기'식 이득을 보려 했다.

이후 광주경찰서 고등계와 사찰계는 발바닥에 땀나듯이 뛰어다니며, 요시찰인들을 잡아들였다. 난리 통에 광주경찰서 유치장은 만원이 되었고, 김한동(1915년생) 역시 영문도 모른 채 유치장에 구금됐다.

"왜 붙잡아 왔스까?"

"글씨, 저놈들이 구석에 몰리능가."

"일본에서 대형폭탄이 떨어졌다는데, 그것과 관련이 있슬랑가."

여럿이 중구난방식 의견을 냈지만 무엇 하나 딱 떨어지는 사실이 없었다. 김한동도 답답하기는 마찬가지였지만 입을 닫았다.

그렇게 유치장에 갇힌 지 일주일이 지났을 때 그야말로 경천동지할 일이 일어났다. 그날은 유치장을 지키는 경찰이 보이지 않았다. 아침식사도 나오지 않았다. 유치장에 갇힌 사람들도 술렁이기 시작했다.

"조선독립만세!"

경찰서 밖에서 들려오는 외침에 유치장 안 사람들은 아연실색했다. '경찰 놈들이 함정수사를 하는 건 아닌가' 하는 의구심도 들었다. 꼬박 하루 동안 무정부상태가 이어졌다. 식사가 나오지 않았지만 누구도 밥타령을 하지 않았다. 뭐가 어떻게 돌아가는 상황인지 몰라 갑갑할 뿐이었다.

그리고 다음 날, 유치장 문이 열렸다. 모두가 어리둥절하고 있을 때 일본인 경찰서장이 입을 열었다.

"어제 부로 일본은 전쟁을 끝냈소. 당신들 나라는 독립이 되었으니 모두 집으로 돌아가시오."

믿지 못할 말이었지만 유치장에 계속 갇혀 있을 필요도 없었기에 모두가 부리나케 경찰서를 나왔다. 1945년 8월 16일의 일이었다.

헤겔 철학과 에스페란토어에 능통했던 청년

1915년 전라남도 함평군 나산면에서 출생한 김한동은 함평나산공립보통학교를 나와 1929년 4월 광주고등보통학교(현 광주서중학교·광주제일고등학교의 전신)에 입학했다. 그해 11월 광주학생운동이 터졌다. 1929년 11월 3일 광주에서 시작된 광주학생운동은 일본인 학생들의 조선인 학생에 대한 차별에 맞서 저항한 사건으로 그 저항은 전 조선의 학생·청년에게로 확대되

일제강점기의 김한동(왼쪽).(사진제공=김승일)

었다.

당시 만 14세 나이였던 김한동은 그만 학교에서 퇴학 조치를 당하고 만다. 1930년 4월 고창사립고등보통학교에 입학했지만 다시 6개월 만에 그만두었다. 큰 뜻을 품은 그는 상경해 고학당(苦學堂)에 입학했다. 고학당에서 신사상을 접한 그는 1931년 학교를 작파하고 독서회 활동을 하다가 '전남노농협의회사건'에 연루되었다. 하지만 나이가 어리다는 이유로 기소유예 처분을 받았다.

김한동(사진제공=김승일)

그는 비단 식민지 조선의 독립만이 아니라 전 세계 피압박 민족들의 해방이 필요하다고 생각했다. 그러기 위해서는 세계 공통어가 필요하다고 느꼈고, 이를 위해 에스페란토어를 배웠다. 그는 헤겔철학에도 전문가적 식견이 있었다. 1934년에는 러시아의 신사회를 알기 위해 러시아에 입국하려다 체포돼 수개월간 옥살이를 했다.

그는 1936년 광주부 본정(현재 광주광역시 충장로)에 '히카리사진관'을 열었다. 사진관은 생업뿐만 아니라 독립운동 거점 확보와 활동자금 마련을 위한 도구였다. 이후 그는 서울에서 '항일적색노조 준비위원회' 결성에 참여했고, 그 일로 2년 형을 선고 받아 만기 석방됐다. 그러다가 다시 해방 직전 요시찰인 예비검속 조치로 광주경찰서에 구금됐다.

아들 보는 앞에서 검거된 아버지

"김 서방, 승일이 엄마 출산이 얼마 남지 않았응께 우리 마을로 오소."

김한동은 아내 박계레의 둘째 출산을 앞두고 처가 마을로 이삿짐을 싸라는 장모의 말에 시큰둥했다. 하지만 산후조리를 해줄 사람이 없었기에 1948년 전남 광산군 석곡면 망월리 월산마을로 이사했다.

둘째를 낳은 지 몇 개월이 지난 어느 날 김한동·박계레 부부는 말다툼을 했다. 그날 밤 박계레는 뒷집인 친정집으로 갔다. 다음 날 둘째(승철)를 처가에 맡긴 김한동은 장남 김승일(1943년생)을 앞세우고 광주 시내로 발걸음을 향했다. 월산마을에서 시내까지는 20리(8km)였다.

광주 도심을 지나 노점에서 사진기 렌즈를 구경할 때였다.

"김한동 꼼짝마!"

사복경찰이 김한동의 손목에 수갑을 채웠다. 1948년 11월 22일의 일이었다. 그때는 여순사건이 발발한 지 한 달 되던 날이었다. 일제강점기에 항일운동을 하던 김한동은 해방 후에도 요시찰인이 되었다. 그런 그가 광주에 나타났다는 첩보는 광주경찰서 사찰과에 즉시 전달되었다. 아니 망월리 월산마을부터 미행을 했을 수도 있다.

김한동은 형사에게 사정했다.

"나는 잡아가도 좋소만 우리 아그는 친척집에 데려다 주소."

형사가 인정있는 사람이었는지 김한동의 아들 승일을 광주시 북동마을로 데려다 주었다. 그리고 아버지 김한동은 광주경찰서로 연행되었다. 김승일은 그후 아버지를 영원히 볼 수 없었다.

김한동은 '미군정청법령 제19호 위반'으로 구속돼 5년형을 선고받았다. 그는 김천형무소를 경유해 진주형무소에 수감돼 있다가 한국전쟁 발발 후인 1950년 7월 말 후퇴하는 대한민국 군경에 의해 불법 학살되었다.

"박계레 나왓!"

"없어라우."

"어디 갔어?"

"글씨요. 집 나간 지 일주일 됐구만이라우."

허탕을 친 석곡지서 경찰들은 씩씩거리며 집뒤짐을 했다. 경찰들이 왔다간 지 며칠 후에는 청년단이 들이닥쳤다. 박계레가 없는 줄 뻔히 알면서도 '빨갱이 집' 가산을 탈취하기 위해 출동한 것이다. 그들은 솥단지며 숟가락, 이불, 가재도구를 달구지에 실었다.

김한동의 부인 박계레는 인공 시절(북한군 점령기) 마을 여맹위원장을 한 전력 때문에 청년단의 타깃이 됐다. 그런 어수선한 상황에서도 박계레의 오빠 박대현은 여동생이 사용하던 '싱거 미싱'을 빼돌렸다. 당시 미싱은 여성들에게 무척이나 귀한 물건이었다. 전쟁 후 남편을 잃은 여성들 대부분이 바느질을 해 자녀를 키웠는데, 미싱은 참으로 요긴한 물건이었다. 덕분에 박계레는 미싱으로 살림을 꾸릴 수 있었다.

음대 교수가 된 아들

김한동의 아들 김승일은 1967년 9월 어느 날 아침 일찍 서울사대로 갔다. 이날은 '중등교원 검정고시' 실기시험을 보는 날이었다. 우선 시창청음(視唱聽音)을 했다. 시창청음은 악기의 도움 없이 악보를 보고 정확히 노래할 수 있는 능력과 음을 듣고 악보에 적는 것이었다. 시창청음을 정확히 하면 음악교사로서 자질을 인정받았다.

다음은 피아노 실기를 봤다. 그가 연주한 곡은 쇼팽의 「군대 폴로네이즈」였다. 결과는 합격이었다. 김승일은 아버지 김한동이 학살되자 학교 선생이 되기로 했다. 친척들에게 '신원조회가 제일 약한 것이 선생'이라는 말을 들었기 때문이다.

광주사범학교를 나온 김승일은 초등학교 선생이 되었다. 1961년 전남 화순군 사평초등학교에 발령을 받았다. 이후 1967년 군에서 제대한 그는 보다 큰 뜻을 품고 조선대 음악교육과에 입학했다. 오전에는 초등학교에 출근하고, 오후에는 대학교 수업에 참여했다. 초등학교 교장의 배려 덕분이었다.

그해 9월 중등교원시험에 합격한 그는 초등학교에 사표내고 대학교 수업에 열중했다. 밤에는 광주 시내의 '목장 카바레'에서 피아노를 쳐 학비를 보탰다. 피아노 하루 일당이 200원이었는데 당시 교사 한 달 월급이 8000원이었다. 이후 중학교 교사와 대학 생활을 병행하던 그는 졸업 후 학교에 남았다. 조교와 시간강사를 맡게 되었다. 그러다가 조선대학교 음악교수를 맡았고, 음대 학장을 역임하기도 했다.

건국활동 안 해 독립유공자 아니다?

김승일은 제1기 진실화해위원회에 아버지 사건의 진실규명을 신청했다. 그 결과 김한동 사건은 '부산·경남지역 형무소사건'으로 분류되어 진실규명 되었다. 아버지의 억울한 죽음이 명예회복된 이후에도 김승일은 아버지의 독립유공자 추서를 위해 애쓰고 있다. 국가보훈처에서는 "김한동이 대한민국의 건국에 이바지한 바가 없으므로 독립유공자가 될 수 없다"는 입장이다.

독립유공자는 일제강점기에 독립운동·항일운동을 한 자를 말한다. 단 전향해 반민족행위를 한 자는 독립유공자가 될 수 없다. 이런 자를 제외하고는 독립운동을 한 이는 모두가 독립유공자로 인정되어야 한다. 해방 이후 어떤 사상과 신념을 가졌다 해도 독립운동가는 독립운동가라는 상식을 왜 국가보훈처는 인정하지 않을까?

2021.05.25

7

네이팜탄

월미도에 네이팜탄 쏟아부은 미군…
민간인에 기총소사까지

월미도 폭격 사건 피해자 이범기의 증언

늦여름과 초가을의 경계인 1950년 9월 9일 저녁 8시. 해가 지긴 했지만 아직 사방에 어둠이 남아 있었다. 인천 월미도에 살던 이범기(1932년생)는 형 이경윤과 아버지 이두성과 함께 집을 나섰다.

월미도에 쏟아진 네이팜탄 95발

야트막한 월미산 허리 부근에는 인민군이 공들여서 판 참호(방공호)가 길게 이어졌다. 월미도 주민들이 모이자 인민군은 작업을 할당해 주었다. 형이 곡괭이로 파헤친 흙을 이범기는 삽으로 퍼서 방공호 밖으로 던졌다. 아버지는 괭이로 흙벽을 가다듬었다. 벌써 두 달째 하는 작업이라 누가 시키지 않아도 호흡이 맞았다.

저녁 8시에 시작한 일은 다음 날인 10일 아침 5시 30분이 되어서야 끝났다. 사방에서 아이고 소리가 저절로 터졌다. 9시간이 넘는 중노동이었다. 일부 인천시민들과 월미도 주민들은 인공 시절 내내 월미산 진지 구축을 위한 참호 파기에 동원됐다.

물에 젖은 솜처럼 된 육신을 끌고 이범기 부자가 집에 도착했다. 아버지와 형은 이내 곯아떨어졌지만 이범기는 그날따라 잠이 오지 않았다. 6시 10분에 해가 부옇게 뜨고 이범기가 집 안팎 청소를 하다 보니 어느새 7시가 되었다.

갑자기 우웅 하는 소리에 하늘을 보니 전투기 4대가 낮게 날아왔다. 작약도 방향으로 간 비행기는 선회하더니 마을로 다시 돌아왔다. 잠시 후 콰쾅 하는 소리와 함께 지축이 울렸고 검은 연기가 사방을 감쌌다.

아이고, 쾅, 펑 소리가 연이어 들렸다. 네이팜탄이 마을 한가운데 터지는 소리였다. 네이팜탄은 3000℃의 고열을 내면서 반경 30m 이내를 불바다로 만드는 무시무시한 폭탄으로, 사람이 타 죽거나 질식해 죽는다.

안방에서 자던 아버지 이두성과 형 이경윤도 폭격 소리에 놀라 맨발로 마당으로 뛰어나왔다. 폭격을 맞은 이웃집의 불똥이 이범기의 초가에도 튀었다. 이두성은 입을 딱 벌리고 있던 아들 이범기의 소매를 잡아끌고 무작정 수산시험장으로 뛰었다. 그렇게 주민들이 월미도다리 방향으로 뛰는 내내 폭격은 이어졌다.

당시 이범기는 전투기 4대를 목격했다. 실제로는 이날 인천 월미도 상공에서 네이팜탄을 1차로 투하한 전투기는 총 14대였다. 미 해병대 소속 콜세르 폭격기 8대가 항공모함 시실리호에서 이륙한 시각은 이날 오전 6시였다. 같은 시각 같은 기종의 폭격기 6대도 항공모함 바딩 스트레이트에서 이륙했다. 총 14대로 이루어진 폭격기 편대는 '월미도 동쪽 지역의 집중 폭격 또는 전소' 임무를 맡았다.(강변구, 『그 섬이 들려준 평화 이야기』, 2017)

이날 폭격은 오전 7시, 7시 40분, 9시경 각각 전투기 14대, 15대, 8대가 동원됐다. 600명이 사는 작은 섬 월미도에 네이팜탄 95발이 투하됐다.

온몸에 개펄 바르고 '꼼짝마'

수산시험장 앞까지 간 이범기 가족은 순간적으로 개펄에 몸을 던졌다.

미군의 폭격 직후 월미도 항공사진(위)과 월미도 모습.(출처=진실화해위원회)

두두두 하는 소리와 함께 기총소사가 이어졌다. 개펄로 뛰어든 사람들 속에서 억, 아이고 소리가 터져나왔다. 흰 옷을 입은 탓에 전투기 조종사들에게 쉽게 식별이 돼 조준 대상이 되었다.

폭격기가 월미산 서쪽으로 날아가자 주민들은 누가 시키지도 않았는데 진흙을 온몸에 바르기 시작했다. 잠시 후 전투기가 돌아왔지만 기총소사를 하지 않고 서쪽으로 물러났다. 주민들의 꾀(?)가 통한 것이다.

폭격기가 물러갔지만 사람들은 개펄에 납작 엎드려 꼼짝도 하지 않았다. 언제 비행기가 되돌아올지 몰랐기 때문이다. 그렇게 하루 종일 월미도 주민들은 개펄에 엎드려 있었다. 아침, 점심도 먹지 못하고 젖은 몸으로 있다 보니 몸도 으슬으슬했다. 하지만 살려면 어쩔 수 없었다. 땅거미가 지고 나서야 사람들은 하나둘 일어섰다.

이범기도 몸을 일으켜 바닷물에 몸을 씻고 집으로 갔다. 그는 벌린 입을 다물지 못했다. 집터에는 까맣게 타버린 나무만이 연기를 피우며 쌓여 있었다. 가족들은 마당에 털썩 주저앉아 할 말을 잃었다. 그래도 사람이 죽지 않은 이범기 집안은 운이 좋은 축이었다. 사방에 곡소리가 났다. 120가구 600명이 살던 마을은 완전히 불타버렸다. 초가집은 폭삭 주저앉았고, 어제까지 물을 길어 먹던 우물가에도 불탄 시신이 널려 있었다.

이날 폭격으로 약 100명의 월미도 주민이 사망했다. 특히 황성례 3남매의 사연은 애틋하다.

"이 삼남매는 부모가 콜레라로 죽어 밤늦게까지 철책을 치거나 방공호를 파는 인민군 노역에 동원돼 쌀을 구해서 살아가다가 폭격 당일 아침에 사방에 불이 붙자 서로 껴안고 죽었다."(강변구, 『그 섬이 들려준 평화 이야기』에서 재인용)

"월미도 마을을 절멸하라"

미군의 월미도 폭격은 1950년 9월 10일에 시작돼 다음 날은 건너뛰고 12~14일까지 계속됐다. 월미도 폭격은 한국전쟁사의 금자탑으로 기억되는 인천상륙작전의 1단계에 해당한다.

북한의 기습남침으로 시작된 한국전쟁이 발발하자 소련의 최신식 T34 전차를 앞세운 인민군의 파죽지세에 대한민국 국군은 후퇴를 거듭했다. 6월 28일 서울, 7월 20일 대전이 인민군에 함락되었고, 그해 8월 1일 낙동강에 남북이 대치하는 전선이 형성되었다.

미국은 공산주의를 막아내고 자국의 이익을 지킨다는 목표 아래 6월 27일 UN군의 한국전쟁 참전 결의를 이끌어 냈다. 미군 사령관 겸 유엔군 사령관 맥아더 장군은 전선이 낙동강에 고착되자 '크로마이트 작전'으로 명명된 인천상륙작전을 구상한다. 인민군의 보급로가 38도선 지역부터 낙동강까지 길어지고, 이를 유지하기 어려운 시점에 측면을 치고 들어가는 인천상륙작전을 통해 서울을 수복한다는 작전이었다.

미군은 작전 지역으로 원산, 군산, 인천을 꼽았는데, 미합동참모본부는 인천을 극력 반대했다. 조석간만의 차가 너무 심했기 때문에 작전 성공 가능성을 1/5000로 점치기도 했다. 하지만 맥아더는 군사적으로는 중요하지만 방어가 허술한 인천을 고수했다. 인천상륙작전만 성공하면 한강을 경유해 서울을 수복하는 건 시간 문제였다.

인천상륙작전의 전초기지는 월미도였다. 그런데 월미도는 세계에서 두 번째로 조석간만의 차가 심한 곳이다. 자칫 공격이 지연되면 탱크와 군인들이 뻘에 빠져 고립될 수도 있었다. 이런 위험성에 반해 월미도를 점령하면 군사적으로 월등한 이점이 생긴다. 월미도 한가운데에는 높이 105미터의 월미산이 있어 인천항이 한눈에 보였다. 월미도를 점령하면 인천상륙작전은 식은 죽 먹기였다.

다만 당시 월미도는 인민군 점령 하에 있었고 월미산에 인민군이 구축한 방어진지 화력을 예측하기 어려웠다. 인민군과 UN군의 화력은 비교할 수 없을 정도로 격차가 컸지만, 인민군의 기관총과 박격포는 상륙군의 후방을 공격할 수도 있었다. 이에 맥아더는 군사적 위험성을 최소화하고 전쟁을 승리로 이끌기 위해 '월미도 무력화' 전술을 취했다. 즉, 월미도에 대한 사전정탐을 기초로 해 마을을 완벽히 없애는 '절멸' 정책을 택했다.

오폭 아닌 조준폭격… "명백한 국제인도법 위반"

월미도 폭격이 오폭 아니냐는 주장도 있었다. 당시 월미도에는 마을 민가와 큰길 사이에 해군부대 막사가 있었다. 해방 직후 한반도에 진주한 미군은 월미도에도 주둔했다. 1949년 미군이 철수한 자리에는 해군이 들어왔고, 미 군사고문단이 파견되기도 했다. 1950년 9월 월미도 폭격 당시 이 해군 막사는 해를 입지 않았다.

혹 미군은 주민들이 살던 마을과 인민군 본부를 구분하지 못한 것은 아닐까? 결론부터 말하면 '그렇지 않다'다. 인민군 본부와 마을간 거리는 약 300미터에 불과했다.

증언자 이범기.

미 전투기를 코앞에서 목격한 이범기는 비행기에 탄 조종사가 보일 정도였다고 증언했다. 이 정도로 저공비행을 했다면 민가와 인민군 진지를 구분 못할 수는 없다. 또 향후 군사적으로 이용 가능한 해군부대 막사가 피해를 입지 않은 것은 미군이 공격 이전에 월미도 지형을 철저하게 파악했다는 반증이다. 민가를 오폭한 것이 아니라 '조준폭격'했다는 결론이 타당하다.

(사)한반도통일역사문화연구소 최태육 소장은 "해군첩보대는 인천지역 출신 청년들을 차출했다. 이들은 월미도 지형을 손바닥 보듯이 훤히 알고 있었고, 인천상륙작전 이전에 미군에게 정보를 제공했다"라고 밝혔다.

제1기 진실화해위원회는 "폭격 이전 폭격지점 선정에서나 폭격 중 식별할 수 있었던 민간인들에 대하여 그들의 희생을 줄이려는 조치를 취하지 않아 월미도를 집중폭격하고 주민들에게 기총소사까지 한 것은 국제인도법을 위반한 것이다"라고 단정했다.(진실화해위원회, 『2008년도 상반기 조사보고서』)

2022.02.12

내 고향 월미도,
언제쯤 돌아갈 수 있을까

인천상륙작전의 시작, 월미도 폭격 사건 그 후 72년

네이팜탄은 베트남전에서 본격적으로 사용됐다. 항공기에서 네이팜탄을 투하하면 폭발해 파편 상태가 된 후 모든 표면에 달라붙어 900~1300℃에서 장시간 계속 타오른다. 소화는 거의 불가능하기 때문에 베트남에서도 많은 마을과 삼림을 불태웠다. 인체에 붙은 네이팜탄은 제거가 어려우며 광범위한 화상을 초래한다. 모낭에서 땀샘, 지각신경의 말단까지 침투하여 피부를 철저히 태워버린다. 직경 60m의 모든 것을 태워버리는 네이팜탄은 1945년 미국의 도쿄대공습 때 최초로 사용됐다.

월미도에 떨어진 폭탄, 쫓겨난 사람들

이 무시무시한 폭탄이 1950년 9월 10일 600명의 주민이 거주하는 인천 월미도에 투하되었다. 95발의 네이팜탄과 기총소사로 약 100명의 원주민이 희생되었다. 이날 '불의 지옥' 월미도에서 구사일생으로 탈출한 전천봉(1934년생)은 월미도다리를 어떻게 건넜는지도 기억이 안 난다. 그저 죽기 살기로 뜀박질만 했다. 월미도다리를 건너는 동안에도 그의 귀에는 쉭쉭쉭 하는 기총소사 소리가 연신 들려왔다.

월미도 원주민 희생자 위령비 앞에 서 있는 한인덕 귀향대책위원장.

그렇게 월미도를 탈출한 전천봉 가족은 월미도다리 앞 얼음창고에 자리를 잡았다. 그날부터 등을 누인 곳은 월미도 다리 앞의 얼음창고였다. 다른 주민들은 얼음창고 주변 판잣집에 짐을 풀었다. 사람들은 미군의 사격만 그치면, 한국전쟁이 끝나면 다시 고향 월미도로 돌아갈 수 있을 줄 알았다. 하지만 72년이 지난 지금까지도 고향 땅으로 돌아가지 못하고 있다.

아버지 이두성을 따라 가게에 간 이범기는 눈이 휘둥그레졌다. 가게에 진열된 공예품 대부분은 일본에서 제작되어 수입되어 온 물건이었다. 목기나 쟁반이야 그렇다 쳐도 유리로 된 제품은 놀랍기만 했다. 주먹만 한 유리 안에 물고기나 모래사장, 섬, 돛단배 등의 미니어처가 들어 있는 것들이 특히 그랬다.

이두성의 공예품 가게는 인천부(仁川府, 현재의 인천광역시) 월미도 내 일본인 회사인 '유원회사'에서 운영했다. 유원회사는 이외에도 호텔, 풀장, 해수욕장, 조탕(목욕탕), 용궁각(고급 요릿집)을 경영했다. 특히 용궁각은 월미도의 명

월미도에 만들어진 조탕(목욕탕).

물이었다. 월미도 북쪽 끄트머리 바다에 기둥을 박고 그 위에 세운 일본식 건물로 술과 음식을 팔고 사방으로 난 창문을 통해 낚시도 겸할 수 있었다. 바다 위에 세웠기 때문에 만조 때 바닷물이 차오르면 마치 건물이 물 위에 뜬 것처럼 보였다. 중일전쟁이 벌어진 1937년에 만들어진 용궁각은 해방될 때까지 전쟁과 관계없이 향락을 즐기는 일본인과 조선인들로 붐볐다.

덕분에 월미도는 일제강점기에 조선 최고의 유원지로 이름을 날렸다. 당시 전국적으로 유명한 휴양지는 인천 월미도, 부산 해운대, 원산 송도원 세 곳이었는데 그중 단연 으뜸은 월미도였다. 봄에는 벚꽃놀이, 여름에는 해수욕을 즐기러 오는 손님들로 북적거렸다. 특히 조탕은 월미도를 대표하는 시설로 인기가 최고였다.(강변구, 『그 섬이 들려준 평화 이야기』, 2017)

돌아갈 수 없는 고향, 월미도

월미도 폭격은 인천상륙작전의 전주곡이었다. 월미도를 점령하지 않고는 인천상륙작전은 불가능했고 나아가 서울도 수복할 수 없었기 때문이다.

인천상륙작전 이후 1950년 9월 28일 서울이 수복되자 한강 이남으로 피난갔던 서울시민들이 돌아왔다. 물론 '도강파'니 '잔류파'니 하며 피난하지 못한 이들을 '빨갱이' 취급하긴 했지만 말이다. 또 전쟁 당시 군경이 인민군 패잔병과 빨치산을 토벌한다며 산악지대 주변 주민들에게 소개령을 내렸지만, 1953년 휴전협정 후에 원래 살던 곳으로 돌아갔다. 즉 전투지역이라 하더라도 전쟁이 종결되면 원주민들은 복귀할 수 있었다. 하지만 월미도는 그렇지 않았다.

인천상륙작전이 성공하고 서울을 수복했다는 소식이 들려오자 월미도 주민들은 고향에 돌아가려 월미도다리 입구에 줄지어섰다. 그런데 탕 하고 총소리가 나 주민들이 혼비백산해 사방으로 흩어졌다. 월미도 주민 전천봉의 등 뒤에서 미군이 "겟 아웃!(꺼져!)"라고 고함쳤다. 영문을 모르는 주민들에게 다리 입구 초소의 미군들은 험상궂은 표정을 지었다. 이후 주민들이 월미도다리 앞에 나타날 때마다 미군들은 총부리를 들이댔다. 그제서야 주민들은 자신들이 전장의 한복판인 월미도에서 탈출한 게 아니라 쫓겨났음을 알게 됐다.

> "현재 석탄고의 위치는 석탄을 부리고 싣기에도 무척 편합니다. 지금 조선과 확실한 조약을 맺어 우리 것으로 해놓고 석탄고 주변 땅까지 빌려 둔다면 나중에 우리 해군을 위해 굉장히 도움이 되고, 한편으로는 외국이 그 땅에 석탄고를 짓지 못하게 할 수도 있다고 생각합니다."

1888년 2월 22일 인천항의 일본 영사가 본국 외무차관에게 보낸 편지 내용 중 일부다. 일본 영사가 석탄고를 지으려던 곳은 바로 월미도다. 일본은 1876년 조선과 강화로 조약을 맺고 조선을 독점적으로 지배하고자 했다. 그러려면 운수 주요 수단(배)의 연료인 석탄공급 기지가 필요했다.

이런 생각을 일본만 한 건 아니었다. 청나라와 러시아도 마찬가지였다. 월미도는 제물포항(현재의 인천항) 바로 앞에 있었기에 경제적 침략의 중요 지점이었을 뿐만 아니라 군사적으로도 전략 요충지였다. 그렇기에 일본과 청, 러시아는 월미도에 석탄창고를 지으려고 경쟁을 벌였다. 나아가 이들은 조선을 독점적으로 지배하기 위해 조선 땅에서 전쟁을 벌였다. 청일전쟁(1894~1985)과 러일전쟁(1904~1905)이 그것이며, 그 전쟁의 승자는 일본이었다.

1910년 일본이 대한제국에 합병조치를 취함으로써 한국(조선)에 대한 식민지 지배체제를 완전히 구축했다. 이후 일본이 조선의 전 국토에 도로·철도 등을 개설한 것도 조선의 쌀, 목재 등을 수탈하기 위해서였다. 월미도가

인천 중구 소재 월미공원 입구. 2004년 10월 7일 첫 농성을 시작으로 매일 회원들이 순번을 정해 농성장을 지킨다. 처음에는 열두 시간씩 교대로 밤낮 없이 농성했지만, 현재는 하루 한 명이 주간에 농성을 하고 있다.(2012년 12월 26일 촬영, 촬영자 강변구)

개발되고 조선 최고의 유원지로 각광 받은 것 역시 마찬가지다.

책임 떠넘기는 국방부와 인천시

"미군이 나가면 들어가 살게 해 주겠습니다."

1952년까지도 고향에 돌아가지 못한 월미도 원주민들이 인천시에 진정을 냈지만 돌아온 답변은 허무했다. 1953년 7월 27일, 만 3년의 전쟁이 끝난 후에도 미군은 월미도에서 나가지 않았다. 참다 못한 월미도 원주민들이 1963년에 인천시에 또 진정서를 냈다. '한국전쟁 때 군사작전으로 쫓겨난 자신들을 원래의 삶터인 월미도로 돌아가 살게 해달라'는 내용이었다. 답변은 1952년과 마찬가지였다.

8년의 시간이 흘러 1971년 드디어 미군이 월미도에서 철수했다. 주민들은 희망에 부풀었다. 하지만 해군 제2함대 사령부가 1971년 7월 20일 월미도에 둥지를 틀었다. 엄혹한 박정희 정권 시대라 주민들은 항의조차 할 수 없었다.

미군은 월미도에서 철수하면서 기지 전체를 한국 국방부에 인계한다. 당시 국방부는 월미도에 소유자가 불분명한 땅이 있음을 파악했다. 그 땅은 월미도 주민들의 마을이 있던 자리였다. 그러나 국방부는 땅주인을 찾지도 않고 해군에게 국유재산으로 등록해 놓으라고 통보한다.

시간이 흘러 1997년 월미도 주민들은 자신의 땅을 되찾기 위해 '월미도 귀향대책위원회(김경운 위원장)'를 조직한다. 인천시, 인천시 중구청, 국방부, 청와대 국민고충처리위원회에 탄원서를 제출했지만 그들은 서로 책임을 떠넘기기에 바빴다. 그러다 2001년 드디어 한국 해군마저 월미도에서 물러났다. 그런데 국방부가 인천시에 월미도를 팔아버렸다. 주민들의 땅도 포함됐다.

지금 월미도에는 월미공원이 만들어졌다. 한때 조선의 최고 유원지로 각

증언자 전천봉.

광받았던 월미도가 인천 시민들의 쉼터로 탈바꿈한 것이다. 그런데 월미도 주민들은 실향민 아닌 실향민 신세가 되었다. 그들은 전쟁 전 북한 주민들도 아니었고, 외국인도 아니었다. 대한민국의 국민이었다. 전쟁이 끝나면 당연히 고향으로 돌아갈 수 있는 권리를 가진 이들 말이다. "월미도로 돌아가는 것이 우리들의 꿈"이라는 한인덕 귀향대책위원회 위원장의 꿈은 이루어질 수 있을까.

2022.02.20

먹을 것 가지러 간 남편이 폭탄을 맞았다

월미도 폭격 희생자 정용구의 유족이 살아온 이야기

1950년 9월 11일. 인천 송도에서 월미도를 향해 걷다 뛰다 하던 방희순은 넋이 나갔다. 35리(14km) 길을 2시간도 안 돼 걸었다. 월미도다리 입구에선 그녀는 그대로 주저앉았다. 다리 건너편 월미도에서는 검은 연기가 피어오르고 있었다. 어제 미군 폭격으로 월미도가 온통 불타버렸다는 소문을 듣긴 했지만 정말 그럴 거라고는 생각하지 못했다. 직접 현장을 목격한 방희순은 망연자실해졌다.

월미도에 폭탄 떨어지던 날

한 걸음 한 걸음 내딛을 때마다 검은 구름은 더욱 커졌고, 그녀의 절망도 커져만 갔다. 월미도다리를 건너 왼쪽으로 가니 있어야 할 이발소가 보이지 않았다. 흙바닥에는 '이발'이라 적힌 나무간판만이 나뒹굴고 있었다.

몇 발자국 더 걸으니 마을 전체가 폭삭 주저앉은 게 보였다. 정신을 다잡은 그녀는 세 번째 골목으로 부리나케 뛰었다. 하지만 자기 집이 있어야 할 자리에는 돌과 흙, 나무만 뒤엉켜 있었다. 무엇보다 남편의 모습이 보이지 않았다.

월미도 다리.

방희순 혼자서 나무 판자를 뒤집고 맨손으로 흙무더기를 파헤쳤다. 몇 시간을 헤맸는지 온몸이 땀범벅이었다. "악!" 하는 소리에 뒤돌아보았다. 가족의 시신을 찾던 이가 잘려진 시신을 보고 놀라는 소리였다. 1950년 9월 10일 인천상륙작전 실행 전에 인민군의 화력을 무력화시키기 위해 미군 전투기가 월미도에 쏟아부은 네이팜탄은 무려 95발에 달했다. 그러니 집이나 건물뿐만 아니라 시신도 온전한 게 없었다.

매운 연기에 눈물 반 콧물 반이 된 방희순 눈에 한 시신이 들어왔다. 왠지 남편 같았다. 얼굴과 옷은 새까맣게 타버려 분간할 수 없었다. 입을 벌렸더니 금이빨이 보였다. 바로 남편이었다. 그녀는 남편을 가매장하고 그 위에 거적때기를 덮었다. 난리가 그치면 정식으로 매장하기 위해 표시를 해둔 것이다.

한국전쟁이 일어나자 방희순 가족은 인천 송도의 친정에서 곁방살이했다. 아무리 친정이라도 방희순 부부와 자식 둘까지 있으니 눈치가 이만저

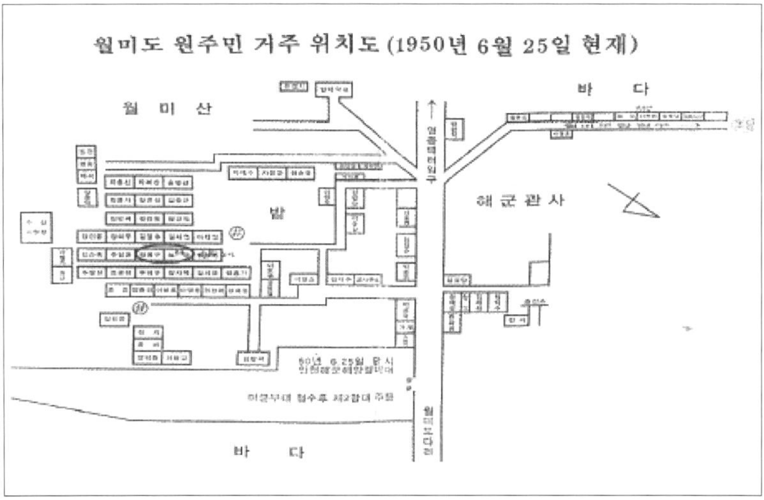

월미도 원주민 주거지. 동그라미 안의 왼쪽이 정용구의 집.(사진제공=월미도 귀향대책위원회).

만이 아니었다. 사실 예인선 선장을 하던 남편 정용구(당시 35세)도 처갓집이 불편해 "월미도 가서 먹을 것 가져올게"라며 월미도로 들어가지 않았던가. 그런데 그 일이 화근이 됐다.

월미도에 들어간 그는 그곳을 점령한 인민군에게 붙들려 야간에 방공호 파는 일에 강제로 동원됐다. 그렇게 섬에서 발이 묶인 정용구는 인천상륙작전을 앞두고 월미도 폭격을 감행한 미군의 네이팜탄에 목숨을 잃었다.

남편을 잃은 방희순은 막막했지만 자식을 건사하기 위해서는 무언가 해야 했다. 더군다나 뱃속에는 아이가 자라고 있었다. 무거운 몸을 한 그녀는 송도에서 적산가옥 하나를 얻어 아이들과 기거했다. 거적때기로 문을 대신했다. 바다에서 조개를 채취해 껍데기를 깐 다음 인천 시내에 가 팔았다. 왕복 20km 거리였다. 1950년 그해 겨울은 무척이나 추웠다. 이듬해 3월 그녀에게 새 생명이 태어났다. 아버지 얼굴을 한번도 보지 못하게 될 딸은 손발을 꼬무락거렸다.

아홉 살 구두닦이 소년

정용구의 장남 아홉 살 소년 정지명은 나무 쪼가리를 이용해 구두닦이통을 만들었다. 누가 가르쳐 줄리도 없지만 처음 해보는 구두닦이는 가슴이 설렜다. 송도유원지에서 구두닦이통을 손에 들고 "구두 닦(아요)!"을 외쳤다. 처음에는 목소리가 작았지만, '이러다가는 종일 구두 한 켤레도 못 닦겠다'는 생각에 점점 목소리가 커졌다. 다행히 해가 중천에 떴을 때 첫 번째 손님을 맞았다.

첫 손님인 영국 군인이 "헤이, 키드(Hey, kid, 이봐, 꼬마)"라고 불러 지명은 활짝 웃으며 구두닦이통을 열었다. 구두솔에 약을 잔뜩 발라 열심히 칠했다. 하지만 광을 내는 방법을 몰랐기에 구두는 점점 엉망이 돼갔다.

화가 난 군인은 지명의 구두닦이통을 호수에 내던졌다. 소년은 무작정 호수로 뛰어들었다. 하지만 통을 건지지 못한 소년은 엉엉 울면서 집으로 돌아왔다. 생쥐 꼴을 하고 울면서 집으로 오는 형의 모습을 본 동생 정지은의 눈에서도 눈물이 주르륵 흘렀다.

호된 신고식을 치른 소년 정지명은 당연히 초등학교 근처에도 가보지 못했다. 그는 16세에 연탄공장에서 일하다가 손가락이 잘리는 사고를 당했다. 하지만 당시에는 '산업재해'라는 말조차 없어 보상은 생각할 수도 없었다. 젊은 시절 고생만 하던 정지명은 30대 후반에 봉고차에 치였다. 하반신 마비의 장애를 얻은 그는 한참을 고생하다 58세에 사망했다.

정지은이 살아온 이야기

"톡톡."

극장에서 영화를 보던 연인이 소리나는 곳으로 고개를 돌렸다. 거기에는 목에 나무상자를 건 소년이 서 있었다. 그들은 작은 목소리로 "꼬마야,

오징어 하나 줘"라고 주문했다. 소년은 다음 열 좌석을 향해 발걸음을 옮겼다. 이번에도 손톱으로 나무상자를 두드렸다. 말로 하면 영화 감상을 방해하기 때문이다.

1950년 월미도에서 아버지 정용구가 죽고 난 다음 아들 정지은(1944년생)은 생활전선에 나섰다. 아침부터 나무상자를 목에 걸고 영화 상영하는 시간 내내 오징어와 과자를 팔았다. 영화 한 편이 끝나면 목과 팔, 다리가 끊어질 듯 아팠다. 마지막 영화가 끝나는 시각은 밤 11시였다. 이익금은 매점 주인과 나누었다.

일을 마친 정지은이 인천 시내 키네마극장에서 송도 집으로 가는 중에는 상엿집이 있었다. 상여와 그에 딸린 제구를 넣어두는 초막으로 당시 마을마다 있었는데 13세 소년은 상엿집이 너무 무서웠다. 그래서 상엿집을 돌아서 가다보니 집에는 새벽 두시가 돼야 도착했다.

2년간 극장 점원 생활 후 그는 인천 숭인동 로터리에 있는 대영공작소에 취업했다. 볼트를 만드는 공장이었는데 일을 하다보면 3~4켤레의 장갑을 끼어도 손에 물집이 잡혔고 퉁퉁 부었다. 그 일은 '일이 아니라 고문'이었다. 그래도 전쟁 때보다는 나았다. 아버지가 죽자 정지은 가족은 굶기를 밥 먹듯이 하고 풀뿌리도 수시로 캐먹었다. 학교 도시락으로 칼국수를 싸간 정지은은 점심으로 면이 퉁퉁 분 칼국수를 먹기도 했다.

이후 정지은은 명성 카바레에 웨이터로 취직했다. 하루하루가 전쟁이었는데 웨이터는 별도의 월급이 없고, 손님이 주는 팁으로 먹고 살았다. 그러던 어느 날 그는 악단 지휘자에게 "드럼 좀 가르쳐 주세요"라고 부탁했다. 정지은 눈에는 카바레 악단 중에서 드럼이 제일 멋있어 보였다. 그렇게 배우기 시작한 드럼을 군대에 입대해서 요긴하게 써먹었다. 비록 영어를 몰라서 힘들긴 했지만 말이다.

"다음 곡 준비!"

증언자 정지은.

군악대장의 지시에 단원들은 보면대 위의 악보를 한 장 넘겼다. 정지은은 순간 긴장했다. 〈고향의 봄〉 악보 연주야 어렵지 않았는데 악보 왼쪽 위에 쓰여져 있는 꼬부랑 글씨(영어)가 문제였다. 악기를 연주하는 방법이 쓰여져있는 연주기호가 하필 영어였다.

연주에서는 누구에게도 뒤지지 않는 그가 꼬부랑글씨만 나오면 안절부절못했다. 군악대장이 지휘봉을 들고 연주가 시작되자 귀에 익숙한 '나의 살던 고향은'이 연주되었다. 안단티노(andantino, 조금 느리게)라는 연주기호는 몰랐지만, 연주가 일단 시작되면, 어떤 식으로 해야 하는지 경험적으로 알았다. 콩나물대가리(악보)는 볼 줄 알았기 때문이다. 학력이라고 해야 인천 송도의 옥련초등학교를 나온 것이 전부이니, 정지은이 영어를 알지 못하는 것은 당연했다.

팔십을 앞둔 정지은은 요즘 들어 군대 시절 연주했던 〈고향의 봄〉이 자주 떠오른다. '나의 살던 고향은 꽃 피는 산골 / 복숭아꽃 살구꽃 아기 진달래~'로 시작되는 노래는 마치 자신의 고향 월미도를 이야기하는 듯하다.

무엇보다 고향 월미도를 잊을 수 없는 것은 아버지의 삶과 죽음이 깃들어 있는 곳이기 때문이다. 어머니가 가매장해 놓은 곳이야 찾을 수는 없겠지만 정식매장도 하지 못한 아버지의 영혼은 편안한 쉼을 하지 못하고 하늘을 떠돌 것임이 분명하다. 자신의 고향을 인천시가 국방부에 돈 주고 사들였다는 소식에는 기절초풍할 뻔했다. 그가 꿈에도 그리던 고향으로 돌아갈 날은 올 수 있을까?

2022.02.26

'월미도 며느리' 한인덕의 끝나지 않은 싸움

월미도 폭격 이후 쫓겨난 원주민들의 귀향 투쟁

"월미산에 공원을 만들겠대!"

"뭔 소리여?"

"서정화 후보가 월미산에 있는 군인들을 내보내고 그 자리에 공원을 만들겠대."

"……."

1992년 14대 국회의원 선거에 출마한 민주자유당 서정화 국회의원 후보의 공약을 들은 월미도 원주민들은 심장이 쿵쾅거렸다. 이른바 '월미도 공원' 공약은 인천에서 '뜨거운 감자'였는데, 월미노 원주민들의 심경은 좀 더 복잡했다. 월미도에 주둔하던 해군이 드디어 나가는 걸까? 그런데 그 자리에 공원이 만들어지면 우리 고향은 어떻게 되는 거지?

1950년 월미도 폭격 이후 고향에서 쫓겨난 사람들

한국전쟁이 한창이던 1950년 9월 9일 미군은 인천상륙작전을 위해 바로 옆 월미도 폭격을 감행한다. 인민군이 점령하고 있던 월미도를 절멸키로 한 미군은 네이팜탄 95발을 퍼부었고, 월미도 원주민들은 죽거나 도망

월미도 항공사진(1950. 9. 19.)

쳐야 했다. 그날로 월미도에서 쫓겨난 주민들은 다시는 고향에 돌아가지 못했다. 그들이 살던 마을에는 해군 부대가 들어왔다.

"그럼 우리는 어떻게 되는 겨?"

누군가의 질문에 모두가 묵묵부답이었다. 월미도에 공원이 생기면 원주민들의 귀향이 물거품이 된다는 불안감이 커져 갔다. 시간이 흘러 1994년 추석을 앞둔 9월 19일, 월미도 출신 동갑 모임이 열렸다. 차홍열, 김경운, 차석주, 유기송은 매년 추석과 설에 모임을 하며 타향살이 설움을 달랬다.

"지난번에 서정화 국회의원이 한 얘기가 어떻게 진행되고 있나?"

"글쎄. 그게 금방 되겠어?"

"그래도 우리가 가만히 있으면 안 되는 거 아닌가?"

그때 한 사람이 툭 내던진 말이 사람들 가슴에 파문을 일으켰다.

"군부대가 나가면 공원이 된다는데, 우리가 고향을 찾아야 되는 거 아녜요!"

이 말의 주인공은 차홍열의 아내 한인덕이었다. 모두 고향을 되찾기를 간절히 바랐지만 감히 입밖에 내기를 주저했는데 한인덕이 그 말을 한 것이다. 타지 출신인 한인덕이 그런 말을 하자 참석자들 얼굴이 화끈거렸다.

이날 추석 모임에서 시작해 1998년 드디어 '월미도 귀환대책위원회'가 결성됐다. 회장은 김경운이 맡았고, 총무는 장석주가 맡았다. 20여 명의 회원들로부터 회비를 받아 대책위원회 활동을 시작했다. 1952년과 1963년에 이은 '제3기 귀향대책위원회'였다.

'월미도 며느리' 한인덕

대책위는 '인천시장 귀하'로 시작되는 진정서를 인천광역시에 보냈다. 한국전쟁 때 빼앗긴 삶터를 원상복구해 달라는 내용이었다. 한참 후에 인천시로부터 답변이 왔다. 토지대장이 있냐고. 즉, 월미산 자락 땅이 원주민 사유지였음을 증명할 기록이 있냐는 말이었다. 원주민들이 토지대장은 없다고 했더니, 그러면 '어쩔 수 없다'는 답변이 왔다. 인천시 중구청, 국방부, 청와대도 마찬가지였다. 귀환대책위원회는 '김빠진 맥주 격'이 되었다.

결국 그 일로 김경운 대책위원장이 사의를 표명했고 설상가상으로 2004년에 뽑힌 신임 위원장도 2005년에 사퇴했다.

"대책위원회를 해체하든지, 계속하든지 양단간에 결정을 내립시다."

대책위원회 긴급총회가 열린 2005년도 인천의 한 식당에서 나온 소리였다. 이 자리에서 한인덕은 열변을 토했다.

"노점상도 불법이지만, 생존권을 계속 요구하니 판매대를 인정받는 것

아녜요! 우리가 고향으로 돌아가는 싸움을 왜 포기합니까. 계속 합시다!"

이 말에 참석자들은 눈시울이 뜨거워졌다. 그렇게 해서 '월미도 며느리' 한인덕(1945년생)은 귀향대책위원회 위원장이 되었다. 2005년 1월 18일의 일이었다. 한인덕은 지난 2년간 대책위원회 총무 일을 진정성있게 수행해 회원들에게 절대적인 신뢰를 얻었다. 특히 2004년도에 제2함대 관재부에서 나온 한 통의 문서를 찾아내는 데 주도적 역할을 했다. 그 문서는 다름 아니라 '미군이 1951년도 징발한 불명(不明)의 재산 14필지를 보존등기 했으니 잘 관리하라'는 내용이었다. 국방부가 당시 월미도에 주둔하던 제2함대에 내린 지침이었다.

대책위는 이 문서가 미군과 국방부가 이미 월미도 14필지를 사유지로 인지하고 있었음을 보여준다고 봤다. '불명의 땅'이라면 소유자를 확인해 땅을 되돌려 주어야 한다. 그런데 국방부는 그 땅을 1975년 국방부 소유로 등기이전했고 2001년에는 인천광역시에 땅을 팔아버렸다. 이 과정이 한인덕의 주도로 명백히 밝혀졌다.

한인덕은 대책위원장이 된 후 1년 동안 자료수집에 심혈을 기울였다. 서울과 대전의 국가기록원과 국립도서관에서 월미도에 관련된 각종 자료들을 수집했다. 한인덕의 열정은 전문 역사학자들조차 놀라움을 표할 정도였다. 2006년부터 국민권익위원회와 진실화해를위한과거사정리위원회를 쥐가 풀방구리 드나들 듯 했다.

"월미도에 대토 마련… 정착하게 해달라"

한인덕은 어떻게 해서 월미도와 인연을 맺게 됐을까?

1950년 여름 난리 때는 피난 짐도 싸지 못했던 이금례(한인덕의 어머니) 가족은 1.4 후퇴 소식에 피난 대열에 합류했다. 유엔군 폭격으로 그들이 살던 개풍군(당시 대한민국 영토)은 잿더미가 되어버렸다. 임진강 나루터는 피난민들로 인산인해였다. 이금례는 딸 한인덕 등과 함께 나루터 초막에 볏짚과 가마니를 깔고 하루밤 잠을 청했다. 다음 날 임진강을 건넌 그들은 경기도 파주로 갔다.

파주군 금촌에 다다른 이금례 가족은 피난민 수용소를 거쳐 힘들게 살았다. 그들의 삶이 펴기 시작한 것은 이금례가 금촌의 양복점에 출근하면서부터였다. 개풍에 살 적에 이금례는 양복 기술자였다. 한때 개풍에서는 '군수보다 월급이 많다'는 소리까지 들었다. 딸 한인덕 기억에 따르면, 개풍 시절 집에는 미싱이 있었고, 전쟁이 나기 전에는 유치원도 다녔다. 당시 개풍과 개성은 도로가 제대로 정비된 번화한 도시였다. 그런 곳에서 양복 기술로 확고한 경제적 기반이 있었던 이금례는 말 그대로 여장부였다.

이후 이금례가 경기도 문산에서 가게를 열었는데, 가게가 세들어 있던 건물의 주인 아들인 차흥열이 트럭 운전 일로 그곳을 드나들다가 한인덕을 만나게 됐다. 그런데 차흥열은 월미도 원주민이었다. 1950년 미군의 월미도 폭격시 사망한 가족은 없지만, 집이 부서지고 월미도에서 쫓겨나 돌아가지 못하고 있었다. 그렇게 월미도 원주민 차흥열과 피난민 한인덕은 운명처럼 만났다.

1952년부터 시작된 월미도 귀환운동은 2022년 현재까지 진행 중이다. 한인덕은 2005년부터 지금까지 만 17년째 회장직을 맡고 있다. 그동안 안 해본 것도 없고, 찾아가지 않은 곳이 없을 정도다. 인천광역시를 포함한 지자체, 국방부, 청와대, 국회 등을 다녔다. 하지만 진전은 없었다. 그리고 원주민들의 삶터였던 월미산 자락은 인천시민들의 쉼터인 '월미공원'이 되었다.

다만 2008년 제1기 진실화해위원회가 월미도 사건을 진실규명했고, 미군에 의한 주민들의 피해도 밝혀졌다. 진실화해위원회는 "한국 정부는 미국 정부와 적극 협상에 나서 한미 간의 공동조사와 피해자에 대한 공동책

인천상륙작전 후 71년이 지난 2021년 11월 2일, 당시 희생된 월미도 원주민을 비롯한 민간인들의 넋을 기리기 위한 위령비가 인천시 중구 월미공원 내 제물포광장에 건립됐다.

임을 질 것"을 권고했다. 또 "국가와 지방자치단체는 귀향을 원하는 월미도 주민들에게 지원을 하라"고 했다.(진실화해위원회, 『2008년 상반기 조사보고서』) 하지만 권고조치는 이행되지 않았다. 기껏 해야 월미공원 내에 '월미도 원주민 희생자 위령비'가 세워졌을 뿐이다.

월미도 원주민들은 한결같이 이야기한다.

"보상이고 뭐고 다 필요 없소. 나 살던 곳으로 보내주시오."

그런데 원주민들의 삶터는 월미공원으로 바뀌어, 이를 원상복구하기란 현실적으로 어렵다. 그렇다면 월미도 귀환 운동의 종착역은 어디일까? 이 질문에 대한 한인덕 귀환대책위원장의 답은 "월미도에 대토(代土)를 마련해 원주민들을 정착시켜 달라"는 것이다. 100여 년간 조상과 자신들이 살아온 집과 땅을 빼앗긴 주민들의 이런 요구가 과한 것인가?

2022.03.05

8

변신

우익에서 좌익, 다시 우익으로… 한 살 아기까지 살해했다

경기도 김포군 고촌면 천등고개의 비극

1952년 서울지방법원 인천지원 법정은 한여름 가마솥 같았다. '뜨거운 감자' 같은 사건으로 재판정은 팽팽한 긴장감이 감돌았다. 피고인은 당시 경기도 김포군 고촌면 치안대원과 현직 경찰로 소위 '반공애국투사'들이었다. 그런 이들이 재판을 받다니, 경천동지할 일이었다.

"일동 기립."

법원 정리의 외침에 방청객들이 일어났다. 판사는 기초적인 인적사항 확인에 이어 공소사실과 관련한 본격적인 심문을 진행했다.

"피고인 ○○○은 수복 후 김포군 고촌면 치안대원으로 고촌공소 선교사 송해붕을 포함한 6명을 고촌지서에 구금 후 천등고개로 끌고 갔는가?"

재판장의 심문에 ○○○가 답변했다.

"고촌지서 구금은 제가 관여한 것이 아닙니다. 천등고개로 갈 때는 제일 뒤에 있었기 때문에 자세한 내용은 모릅니다."

"그렇다면 피고인은 송해붕 외 6명을 살해할 때 현장에 없었는가?"

"저는 사건 현장에 가기 전에 변이 마려워 중간에 변을 보고 가느라 살해 과정에는 참여하지 않았습니다."

피고인들이 공소사실을 부인하는 것을 본 판사의 얼굴이 굳어졌다.

부역자들이 치안대로 돌변해

그리고 1952년 6월 28일 '송해붕 외 6인 살해 및 사체유기죄'에 대한 선고공판이 열렸다. 재판장은 피고인들의 위법 사실을 논거했다.

"피고인 ○○○은 북한군 점령 시절 김포군 고촌면 조국보위원회 서기장으로, 임범일은 위원으로, 이진선(가명)은 자위대장으로, 윤흥섭은 자위대 부대장으로 각기 북한괴뢰집단에 적극 협력했던 자로……."

이게 무슨 말인가? 피고인들은 북한군 점령 때인 인민공화국(인공) 시절 부역 활동을 한 이들이었던 것이다. 이 점은 북한군이 물러난 후였던 당시 사회 분위기상 이상하지 않았다. 그런데 희한한 것은 이들 부역자들이 부역죄가 아닌 다른 부역 혐의자들을 불법적으로 살해한 죄로 법정에 섰다는 점이다.

즉, 인민군 아래에서 김포군 고촌면의 조국보위위원회와 자위대의 중책을 맡은 이들은 인민군이 물러나고 대한민국 군경이 수복하려 하자 처벌을 두려워 해 도리어 치안대를 조직했다. 이후에는 자신들의 부하였던 이들이나 인민군 부역과는 관계없는 주민들을 부역 혐의로 잡아들여 무차별 학살한 것이다.

선교사 송해붕.

"피고인들은 국군의 9.28 수복이 임박하자 '고촌면 치안대(대장 ○○○)'를 조직했다. 그리고 고촌지서 선발대로 복귀한 김용창 순경 등과 함께 부역 행위와 전혀 관계가 없는 송해붕을 1950년 10월 10일 고촌면사무소 양곡 창고에 구금했다. 피고인들은 송해붕을 10월 12일 0시경 군용 전화선으로 묶어 김포경찰서 고촌지서 서쪽 1km 지점의 천등고개로 끌고 갔다. 이곳에서 피고인들은 송해붕을 포함한 6명을 M1, 카빈, 권총으로 일제히 발사(약 20발)해 전원 살해한 후 방공호에 묻었다."

판사는 검사의 공소사실을 전부 인정했다. 선고가 이어졌다.

"피고인 ○○○과 이진선을 징역 8년에, 윤흥섭을 징역 5년에, 임범일, 장장선(농민), 김용창(경찰)을 징역 2년에 처한다."

한국전쟁기 민간인 학살 사건의 가해자가 실형을 선고받는 순간이었다.(1952년 6월 28일, 서울지방법원 인천지원 형사합의부, 〈판결문〉, 형공 제351호)

변신의 귀재들

한국전쟁기 민간인 학살 사건의 가해자들이 재판을 통해 처벌받은 몇몇 사례가 있다. 충남 아산시 배방지서 유해진 지서주임이 1950년 10월 '양민 140여 명을 부역 혐의로 불법 살해하고 정부미 50가마를 횡령한 혐의'로 대법원에서 징역 3년형을 선고받았다.(《경향신문》 1955년 1월. 오마이뉴스 2018년 2월 28일 기사에서 재인용)

경남 진영지서장은 불법 살해 혐의로 사형 선고를 받고, 선고대로 집행되었다. 진영지서장 김병희는 1950년 8월 1일 낙동강변에서 강성갑 목사를 살해했는데 강성갑 목사가 이적행위를 한 일은 전혀 없었다.(홍성표, 『한얼의 밀알이 땅에 떨어져』, 2020, 선인)

1951년 2월 9일 경남 거창군 신원면에서 제11사단이 저지른 '거창사건' 피학살자는 719명이었다. 이 사건은 전쟁 중에 공론화되어 재판이 열렸는데, 가해자 김종원은 징역 3년을, 제11사단 9연대장 오익경은 무기징역, 3대대장 한동석은 징역 10년을 선고받았다. 하지만 이승만 대통령은 판결문의 잉크가 채 마르기도 전인 1년도 안 돼 이들을 특별사면했다. 군인을 인민군으로 위장해 국회 거창사건 조사반에게 총격을 가한 경남지구계엄사령관 김종원 대령은 사면 후 경찰간부로 등용됐다.

이처럼 한국전쟁기 불법 민간인 학살을 저지른 이들은 주로 군인과 경찰, 우익청년단 간부들이었다. 그런데 김포군 고촌면은 달랐다. 고촌면 치안대장과 주요 간부들은 인공 시기 부역행위를 한 당사자들이었다. 그랬던 이들이 대한민국 군경이 수복하자 처벌이 두려워 치안대를 조직하고, 숱한 민간인들을 학살했다. 이들 치안대가 죽인 민간인 중 다수는 부역과는 전혀 관련이 없는 사람이었다. 그 대표적인 인물이 고촌공소 책임자 송해붕 선교사였다.

더욱 놀라운 것은 인공 때 부역행위를 한 부역자들이 한국전쟁 발발 전에는 악명높은 우익단체였던 대한청년단 고촌면단부 간부였다는 점이다. 치안대장 ○○○은 대한청년단 고촌면단부 부단장, 임범일은 고촌면 신곡리 영사정동단 부단장, 이진선은 향산리 하향산동단부 총무, 윤흥섭은 고촌면단부 감찰부장이었다. 이들은 우익에서 좌익으로, 다시 우익으로 변신해 결국에는 집단학살 가해자가 되었다. 양지만을 찾아 권력을 뒤쫓은 자들이었다.

한 살 아기가 부역을 했는가?

고촌면 치안대가 1950년 가을에 불법으로 학살한 사람들은 몇 명일까? 1기 진실화해위에 따르면 학살된 민간인들은 최소 80명에서 최대 200명에 이른다.(진실화해위원회, 『2008년 하반기 보고서』)

"기곽도 나와."

1950년 10월 1일 경기도 김포군 고촌면 향산리 기곽도 집에 고촌면 치안대원들이 들이닥쳤다. 기곽도 집이 부역자 집안이라고 누군가 밀고했기 때문이다. 그리하여 기곽도 집안의 이양순(1899년생)부터 기노현(1949년생)까지 총 12명이 굴비 엮듯이 묶여 면사무소 양곡창고로 끌려갔고 그곳에 구금됐다. 두 번에 걸쳐 연행됐는데 당시 기노정(1948년생)은 양할머니의 치마품에 숨어 화를 면할 수 있었다.

고촌면사무소 양곡창고에는 신곡리, 전호리, 풍곡리, 향산리 주민 80명 이상이 구금됐다. 치안대원들은 주민들을 구타하거나 고문했는데 연행자의 손을 묶은 채 거꾸로 매달아 매질하고 물고문했다.

치안대원들은 10월 11일부터 구금자들을 김포경찰서로 이송한다며 양곡창고에서 데리고 나갔다. 하지만 그들은 김포경찰서로 가기 전 천등고개에서 죽음을 맞았다. 12일 새벽 0시에는 송해붕 신부와 6명이 천등고개에서 총 맞아 죽고 방공호에 묻혔다.

그로부터 며칠간 치안대원들은 최소 80명에서 최대 200명의 민간인들을 불법적으로 학살했다. 기곽도 집안에서 끌려간 12명도 모두 죽음을 면치 못했다. 이 중에는 한 살 아기 기노현과 6세 기노응도 있었다. 백 번 양보해 천등고개에서 죽은 이들이 부역행위를 했다 하더라도 한 살 아기는 무슨

천등고개 앞의 기노정.

김포군 고촌면 기곽도 일가 가계도

('생존' 표지 외에는 모두 사망자)

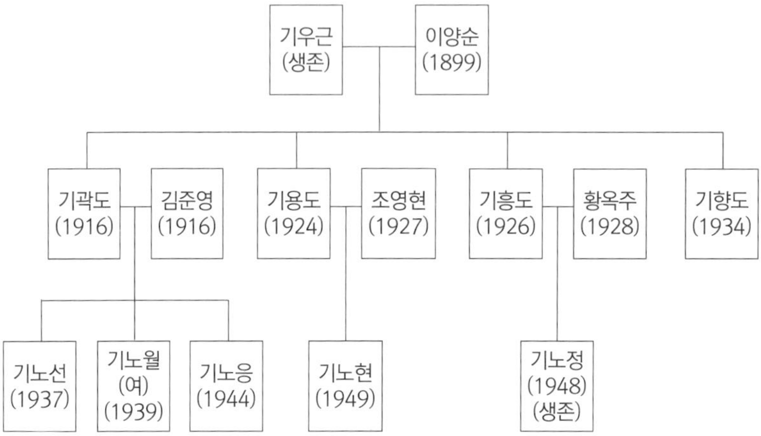

죄인가. 결국 한 가족을 몰살하려는 구차한 변명이다. 아니 변명거리도 되지 못한다. 기곽도 집안에서는 총 12명이 죽었는데 이들을 가계도로 살펴보면 위 그림과 같다.

김포군에서는 기곽도 집안처럼 한 가족이 몰살된 경우가 많았다. 특히 김포군 하성면 마곡리 강범수 집안에서는 노인·여성·어린이를 포함해 총 37명이 학살되었다. 학살은 두 차례에 걸쳐 진행되었는데, 1950년 가을 군경 수복기와 1951년 1.4 후퇴 직전에 가족들을 싹쓸이했다. 이런 불법연행과 학살에는 여러 이유가 있겠지만, 그중에는 집안 간의 갈등과 재산 갈취도 있었다.

가해자와 한마을에서 수십 년을 살아

기노정(74세, 경기도 김포시 고천면 향산리)은 6.25 당시 집안 할머니의 치마 속에 숨어 겨우 학살을 면했다. 아버지 기흥도(1926년생)와 어머니 황옥주(1928

년생)를 포함 할머니, 큰아버지·작은아버지 가족, 삼촌 등 12명을 잃었다.

그는 졸지에 천애고아가 됐다. 거기에다 가족을 몰살한 치안대가 다시 집에 들이닥쳐 그릇과 가재도구까지 빼앗아갔다. 논에는 말뚝을 박아서 마음 놓고 농사도 지을 수 없었다. 금관국민학교를 나와 김포농고를 졸업한 기노정은 회사나 공무원에 취업하는 걸 일찌감치 포기했다. '빨갱이 집안'이었기 때문이다.

1960년 여름 옆집 아줌마의 "이진선(가명)이 나왔다"는 소리에 기노정은 살이 떨렸다. 고촌면 치안대원이었던 이진선이 1952년 재판에서 징역 8년을 선고받고 만기 석방된 것이다.

기노정이 마을에서 이진선을 접촉하는 것은 고역이었다. 하지만 그는 그럴수록 눈을 부릅뜨고 이진선을 노려봤다. 이진선은 아버지 뻘이었지만, 아버지·엄마를 포함해 가족을 몰살시킨 집안 원수였기 때문이다. 그럴 때마다 이진선은 머리를 숙이고 자리를 피했다. 이진선이 마을에서 자연사할 때까지 이 고역은 반복되었다.

김포군 고촌면 민간인 학살 사건이 법정에 서고 가해자들이 처벌을 받았다고는 하지만, 전체 피해자 80~200명에 대한 사건이 아니라 송해붕을 포함한 6명 학살 사건에 국한된 것이다. 대한청년단에서 부역자로, 다시 치안대로 카멜레온처럼 변신해 권력의 양지만을 좇은 그들을 역사가 기억하리라.

2021.03.27

구덩이에서 나온 신학생복과 묵주…
공산주의자로 몰려 죽은 선교사

경기도 김포군 고촌공소 송해붕의 죽음

1952년 7월. 14세 소녀 송해숙은 천주교 선교사였던 오빠 송해붕의 시신을 찾기 위해 천등고개를 올랐다. 경기도 김포군 고촌면(현재는 김포시 고촌읍) 소재지에서 서쪽으로 1km 가니 천등고개가 나왔다. 높지는 않은 곳이지만 한여름이라 일행들의 얼굴은 땀으로 번질거렸다.

김포 천등고개에서 숱한 사람들이 죽었다는 소문은 진작 있었지만 학살 당시인 1950년 10월에는 시신을 수습할 엄두도 내지 못했다. 빨갱이가 죽어 묻혔다는 인식에다 고촌지서의 감시 때문이었다.

그날 송해숙 가족과 천주교 고촌공소 신자, 송해붕의 제자 약 200명이 시신 수습에 나설 수 있었던 것은 지난달 재판 덕분이었다. 즉, 1952년 6월 28일 서울지방법원 인천지원의 '송해붕 외 5인 살해 및 사체유기' 재판에서 치안대원 및 고촌지서 순경이 실형을 선고받았기 때문이다.

그로 인해 송해붕이 불법적으로 학살당했다는 것이 증명되었고, 가족과 관련자들이 시신 수습에 나설 수 있었다. 그런데 시신 수습에는 난관이 도사리고 있었으니, 그것은 학살 지점을 명확히 모른다는 것이다.

고촌성당에 묻힌 송해붕 선교사

송해붕을 학살해 실형을 선고받은 임범일 등의 치안대원들은 법정에서도 학살 장소를 이실직고하지 않았다. 결국 장소는 확인되지 않았고, 학살지를 찾는 것은 유가족의 몫이 되었다.

일행은 십여 명씩 나뉘어져 천등고개 이곳저곳을 삽과 곡괭이, 가래로 파헤치기 시작했다. 한 시간쯤 지났을까. 송해숙이 있는 곳에서 "아!" 하는 탄식이 터졌다. 사람들이 몰려들었다. 구덩이에서는 여성으로 보이는 유해가 나왔다. 살은 썩었지만 머리카락, 옷가지 등은 그대로였다. 잔인하게도 머리카락은 전깃줄로 위로 묶여 있었고, 두개골 주변에는 핏자국이 널려 있었다. 주변에는 피가 묻은 돌멩이가 보였다.

고촌지서에서 전깃줄로 머리카락을 위로 묶어 고문을 가하다가 천등고개에서 총으로 쏜 다음 그것으로도 모자라 돌멩이로 머리를 짓찧은 것이었다. 참혹한 모습에 사람들은 모두 입을 가리고 울음을 터뜨렸다. 하지만 누구의 시신인지 알 수 없어서 수습을 하지는 않고 다시 흙으로 묻었다. 이후에도 여기저기서 시신이 발견되었지만 송해붕의 시신은 나오지 않았다.

한나절(약 4시간)쯤 지났을 때 "여기 선교사님이 있어요!"라는 외침이 터져나왔다. 소리를 들은 사람들이 모여든 곳에는 구덩이가 있었는데 그 아래로 신학생복이 보였다. "오빠!", "요한아!", "선교사님!"을 외치는 목소리가 동시에 터졌다. 요한은 송해붕의 세례명이었다. 송해붕의 윗주머니에서는 묵주가 나왔고, 평소에 찼던 허리밴드도 그대로 있었다. 2년 가까이 천등고개에 묻혀 있던 진실이 밝혀지는 순간이었다.

1950년 10월 12일 새벽 0시에 학살된 시신이 세상의 빛을 본 때는 1952년 7월경이었다. 이날은 시신을 인근에 가매장했는데 경황이 없어 시신 매장지를 미리 마련하지 못한 탓이다.

송해붕의 유해가 안착할 수 있었던 것은 그로부터 4년이 지난 1956년 6

월 15일의 일이었다. 계양 선산으로 이장을 하던 날, 소복을 입은 여성과 천주교 고촌공소 어린 제자들이 뒤를 따랐다. 하관미사를 할 때 송해붕의 부친 송희진은 십자가를 붙잡고 있었고 참석자들은 통곡을 했다. 이후 1999년 4월 송해붕의 유해는 김포성당 묘지로 이장했다가 2004년 3월 9일 고촌성당 동산에 이장해 현재에 이르고 있다.

고촌성당 내에 있는 송해붕의 묘.

인민군 사격연습했는데……

경기도 김포는 3.8선 접경지역으로 전쟁 3일 만에 북한군에게 함락됐다. 마을에 들이닥친 인민군들은 집집마다 다니며 밥을 해달라고 했고 부상당한 군인들은 길거리에 아무렇게나 쓰러져 있었다. 1950년 7월 인민군은 의용군 모집을 시작했다. '김일성대학에 보내준다'는 말에 자발적으로 참가한 이도 있었지만 적지 않은 수가 강제적으로 끌려갔다. 송해붕의 동생 송해용(1929년생)은 후자의 경우로, 7월 10일 강제로 끌려갔다.

동생이 끌려가자 송해붕은 천주교 고촌공소 강당 옆에 굴을 팠다. 그래도 안심이 안 된 그는 밤에는 산언덕 콩밭으로 가 바위틈에 숨어 잠을 잤다. 또 송해붕은 김포군 양촌면 누산리로 피신을 하기도 했다.

독실한 천주교 신자이자 선교사였으며 김포군 고촌공소 창립자였던 송해봉은 자신의 신앙에 비추어봤을 때 북한군에게 협조할 순 없다고 생각했다. 1950년 9월 말 연합군이 인천상륙작전 후 서울 탈환 전투를 벌일 즈음 송해봉은 고촌의 한 굴에 있었다. 그의 5촌 조카 송영식의 증언이다.

"인공 때 동네 수수밭에서 국군이 버리고 간 M1 총 세 자루와 칼빈 총 한 자루를 주웠어요. 공깃돌(小石. 송해봉의 아호) 선생한테 그 말을 했더니, 고촌으로 가지고 오라고 하더군요. 나는 그것을 대빗자루 만드는 댑싸리 잎새 사이에 잘 숨겨가지고 걸망으로 메고 갔지요. 지름길로 가면 빠르겠지만 일부러 한적한 길로 돌아서 갔어요.

선생님은 그 총으로 제자 몇을 데리고 굴속에서 사격 연습을 하셨지요. 국군들이 일선에서 싸우고 있으니, 우리도 후방에서 싸울 수 있으면 싸우도록 준비를 하자는 거였어요. 그런 분이 웬 공산당입니까? 환도 후 너무 억울하니까 그냥 있을 수 없다며 당숙 댁에서는 임○○ 씨 등을 상대로 재판을 걸었지요.(안영, 『스물넷, 못다 사른 불꽃』, 미래사목연구소, 2010)"

천주교 신자(황○○)의 집 벽장에 숨어 낮에는 굴에서 사격연습을 하던 송해봉은 1950년 10월 10일 오후 3시 치안대에게 발각되어 끌려갔다. 고촌면사무소 양곡창고에 구금되었는데, 그곳엔 이미 수십 명이 있었다.

창고 안은 연일 비명 소리로 아우성이었다. 송해봉의 제자 임병열도 연행됐다가 창고 안에서 송해봉을 만났다. 임병열은 치안대원과 지서 경찰들에게서 "송해봉을 따르지 마라"고 강요당하며, 창고에서 3일 동안 거꾸로 매달리는 고문을 당했다. 그는 다른 주민들이 전깃줄로 손이 묶인 채 거꾸로 매달려 물고문을 당하는 것도 목격했다.(진실화해위원회, 『2008년 하반기 조사보고서』)

그렇다면 송해봉은 치안대에 왜 연행됐을까? 당시 치안대와 경찰은 송해봉이 '고촌면 면장 암살을 기도하고, (고촌면 천주교) 신자에게 「적기가」 등을 가르쳤다며 그가 공산주의자라고 주장했다.(1952년 6월 28일, 서울지방법원 인

천지원 형사합의부, 〈임○○ 외 판결문〉, 형공 제351호)

하지만 송해봉은 공산주의자가 아니었고 인민군을 상대로 교전도 감수하겠다는 의지가 있었다. 그는 또 수복하는 국군을 환영하기 위해 제자들과 감자로 태극 문양을 만들어 태극기를 만들기도 했다.

이러한 송해봉이 치안대에 공산주의자로 밀고된 데에는 여러 이유가 있었다. 기존에 개신교를 믿던 고촌면의 한 성씨 지도자들(지역 유지 그룹)은 6.25 전부터 천주교 선교사였던 송해봉을 질투하고 질시했다. 특히 젊은 세대들이 송해봉의 야학과 선교에 관심을 갖고 지역의 지도자로 받들자 그들은 송해봉을 제거할 기회를 호시탐탐 엿보고 있었다.

그런데 송해봉을 학살한 이들은 훗날 재판을 받고 실형까지 선고 받았다. 어떻게 이런 일이 가능했을까? 1951년 연합국 일원이었던 벨기에 군인들이 계양초등학교 운동장에 주둔했다. 이들은 학교에서 군종신부 주관으로 미사를 했는데 이 과정에서 송해봉 선교사 사건을 접하게 됐다.

사병 조지가 이 경악스러운 이야기를 군종신부(중령)에게 전했는데, 이후 군종신부는 고촌지서와 김포경찰서에 항의하고 조사를 촉구하는 한편 송해봉의 가족에게 경찰서에 진정을 넣도록 권유했다고 한다. 이렇게 해서 가족은 진정서를 제출했고 인천지검이 정식으로 기소해 형사재판에 이를 수 있었다.

가난한 이들을 위한 배움터 열어

송해봉은 계양국민학교와 인천공립직업학교를 졸업한 후 성직자의 길을 가기 위해 1944년 원산 덕원신학교에 입학했다. 여기에는 우여곡절이 있었다. 당시엔 신학교에 입학하려면 해당 교구 주교의 추천서를 받아야 하는데, 노기남 주교는 송해봉에게 "너는 장남이고 가계를 이어야 하니 취업을 하라"고 했다. 성직자의 길을 포기할 수 없었던 송해봉은 경성(서울) 명

고촌 제자들과 강당 앞에서. 동그라미 안이 송해붕 선교사.

동성당 주교관 앞에서 다섯 시간 무릎 꿇고 있었다. 다음 날 노기남 주교는 송해붕의 부모를 만나 최종 허락했다.

하지만 신학교에서의 배움은 쉽지 않았는데 라틴어가 너무 어려웠던 것이다. 그러다 1945년 8월 15일 해방이 됐고, 방학이라 집에 왔던 송해붕은 3.8선이 그어지는 바람에 신학교가 있는 원산으로 돌아갈 수 없었다.

결국 송해붕은 성직자가 아니라 천주교를 전파하는 선교사의 길을 걷기로 결심한다. 그는 계양면 굴현리에서 야학을 시작했는데 1949년에는 고촌에 공소강당 겸 야학교사를 건립했다. 그의 열정은 주민들을 감화시켰고 어린이부터 노인까지 천주교의 문을 두드렸다.

"억울하게 죽은 오빠, 복자가 되기를"

1997년 7월 김포군 고촌성당 초대 주임신부로 부임한 차동엽(노르베르또) 신부는 50년 전 고촌 토박이들에게 신앙의 씨를 뿌렸던 스물네 살 청년 송해붕을 알게 됐다. 고촌 어느 마을을 가든 송해붕, 송해붕 하는 것이었다.

송해붕은 고촌 사람들에게 가톨릭 신앙을 전파한 죄로 스물네 살에 천등고개에서 공산주의자로 몰려 순교했다. 차동엽 신부는 송해붕 선교사를 복자(천주교에서 공경할 만한 성도에게 붙이는 존칭)로 추대(시복)하기 위해 동분서주했지만 쉽지 않았다. 성직자가 아닌 일반 신자가 복자 자리에 오르는 것은 드물었다. 시복은 교황이 신앙이나 순교로 이름 높은 사람을 복자품(福者品)에 올리어 특정 지역의 교회에서 그를 공경하도록 선언하는 것을 말한다.

송해붕의 여동생 송해숙(85세, 인천광역시 계양구 계산동)은 "오빠가 복자가 되고, 나중에는 성인이 되었으면 한다"고 말했다. 전쟁 때 억울하게 죽은 송해붕이 진실규명되긴 했지만 한 발 더 나아가서 역사의 순교자로 자리매김되기를 기원하는 것이다.

2021.04.03

이장을 했다는 이유로…
국군이 수복한 뒤 그들은 죽었다

경기도 김포군 양촌면 민간인 학살 피해자 유족 정봉운·최용선

1950년 10월 대한민국 군경의 수복을 앞둔 경기도 김포군 양촌면 좌익 활동가들은 분주히 움직였다. 김포군 양촌면 인민위원장 김○○은 사회주의자로, 전쟁이 터지기 전인 1949년에 전향해 보도연맹에 가입하기도 했다. 6.25 발발 후 북한군 점령(인공) 시절에는 인민위원회 활동을 하다가, 수복 직전 결국 월북을 택했다. 마을에 계속 남아 있다가는 수복한 군경에게 화를 당할 것이 뻔했기 때문이다.

이 외에도 양촌면 인민위원회 간부 2명이 월북한 것으로 알려졌다. 반면 죽음을 면치 못한 이도 있었다. 인민위원회 활동을 한 김동철은 수복 직전 서울로 피신했지만 김포경찰서 경찰에게 검거돼 학살당했다.

인민위원회에 몸 담은 사람 중 일부는 전혀 다른 선택을 했다. 카멜레온처럼 좌익에서 우익으로 돌변해 '치안대'를 조직한 후 군경 수복과 동시에 예전에 인민위원회에서 함께 활동한 동지나 부하들을 '부역자'로 잡아들였다. 김진국(가명)은 양촌지서에 소를 갖다 바치기도 했다.

마을 이장과 반장을 했다는 이유로

하지만 치안대원들이 부역 혐의를 이유로 잡아온 이들은 기껏해야 마을에서 이장 일을 한 게 전부인 사람들이었다. 인공 시절 마을 이장은 '리인민위원장'으로 불렸는데 직함만 보면 무시무시하지만 어느 시대 어느 정권이든 행정조직은 필요한 법이다.

한국전쟁 발발 후 대한민국 정부가 밀려나고 북한군이 점령했지만 북한군 아래에서 자발적으로 감투를 쓰는 이들은 많지 않았다. 때문에 북한군은 전쟁 이전에 마을에서 이장(구장)을 한 이들을 억지춘향 격으로 마을 인민위원장에 앉혔다.

6.25 전 김포군 양촌면 수참리(현재는 김포시 통진읍 수참리) 이장을 한 최인덕과 수참리 안말 반장을 한 정경순이 그런 경우다. 그들은 기껏해야 양촌면 인민위원회 간부들의 심부름을 했을 뿐이었다. 수참리 인민위원장 최인덕도 양촌면 인민위원회 간부 김동철의 심부름을 한 죄(?)밖에 없었다. 군경이 수복한다는 소식에도 최인덕과 정경순은 도망을 가지도 않았다. '내가 죽을 죄를 진 것도 아닌데'라고 생각했기 때문이다.

하지만 그렇지 않았다. 군경이 수복하자 양촌면 치안대원들은 수참리 최인덕의 집에 들이닥쳤고 최인덕을 군용 전화선으로 묶어 지서로 연행해 갔

공주 왕촌 살구쟁이로 끌려가는 공주형무소 재소자들.
(출처=영국 픽쳐포스트지에 실린 Haywood Magee 기자 사진)

다. 최인덕이 연행된 데에는 전쟁 전 김진국과의 사감(私感)이 작용했다는 증언이 있다. 최인덕의 손자 최용선(1941년생)의 증언이다.

"김진국 씨가 6.25 전 부동산 문제로 법정에 서게 됐는데 할아버지가 증인을 섰어요. 그런데 할아버지가 김진국에게 불리한 증언을 했어요. 그게 나쁜 감정으로 남아 수복 후에 김진국이 지서에 할아버지를 밀고했다고 알고 있습니다."

며칠 후에는 최인덕의 두 동생도 검거됐다. 최인준은 김포면으로 피난 가던 중 바리미 부근에서 치안대에게 연행됐다. 그는 바리미고개에서 하룻밤을 보낸 후 미군 차에 실려 김포경찰서로 보내졌다.(진실화해위원회, 『2008년 하반기 조사보고서』) 최인만은 양곡지서로 붙들려갔다. 수참리 안말의 반장이었던 정경순은 1950년 10월 10일경 양곡지서에서 왔다고 밝힌 치안대원들에게 끌려갔다.

항고에 밥 담아 지서로 날라

최인덕의 손자 최용선은 항고(반합)에 밥을 담아 지서로 갔다. 반합 뚜껑에는 할아버지 이름 '최인덕'을 큼직하게 썼다. 소년은 까치발을 하고 유치장 안 할아버지에게 말을 건넸다.

"할아버지, 저 용선이에요."

"응, 왔구나. 쪼금 있으면 나가니까 내 걱정 말거라."

말소리를 들은 순경이 호통을 쳤다.

"이놈, 얼릉 꺼지지 못해!"

고함 소리에 기겁을 한 최용선은 부리나케 도망갔다.

옆 마을의 정봉운(1942년생) 역시 양곡지서로 잡혀간 아버지 정경순에게 주먹밥을 날랐다. 정경순의 아내 전후임은 남편이 걱정돼 집에 있을 수만은 없었다. 지서와 긴밀했던 김국진을 찾아갔다.

"남편이 어떻게 될까요?"

"걱정하지 마세요. 금방 나옵니다."

김국진의 말에 전후임은 조금은 안심이 됐다.

최용선과 정봉운이 양곡지서로 주먹밥을 나른 지 일주일 정도 된 어느 날, 지서 순경이 그 둘을 보고 "이제는 밥 해올 필요 없다"고 말했다. 그들은 그게 무슨 의미인지 모르고 순진하게도 '이제 내보내 줄라나 보네'라고 생각했다. 그렇게 해서 최용선은 밥이 그대로 들어있는 반합을 가지고 집으로 돌아갔다. 최용선의 어머니 임은예가 "야야, 왜 밥을 그냥 갖고 왔냐?" 하자 최용선은 지서 순경이 한 말을 전했다. 그 소리를 들은 임은예는 "아이고! 아버님" 하며 곡을 하기 시작했다. 시아버지 최인덕이 학살됐음을 직감한 것이다.

군경 수복 후에 부역 혐의로 양촌지서에 연행된 이는 약 60여 명이었다. 유치장이 꽉 차 지하 방공호에 구금된 이들도 있었다. 이들은 구금된 지 일주일 정도 지나 양곡지서와 양곡중학교 뒷산과 여우재, 한강변에서 학살됐다. 최인덕은 양촌면 봉성리의 한강 갯벌에서 죽임을 당했다. 봉성리 사람들이 알려주어 최인덕 집안에서 시신을 수습할 수 있었다.

정봉운이 집안 어른들과 함께 지서에 가니 경찰은 "양곡중학교 뒷산으로 가보라"고 했다. 뒷산에는 죽은 사람들의 팔 다리가 여기저기에 있었다. 경찰과 치안대는 사람을 죽이고 흙으로 다 덮지도 않았던 것이다. 그런데 정봉운은 아버지 정경순의 시신을 수습할 수 없었다. 경찰들이 총을 들고 막아섰기 때문이다.

중앙정보부 시험에 낙방

훗날 건국대학교 경영경제학과를 졸업한 정봉운은 중앙정보부 시험을 쳤다. 다행히 2차 신체검사까지 합격했다. 마지막 관문은 3차 신원조회였다. 그때부터 정봉운은 좌불안석이었다. 혹시나 아버지 관계 일로 문제가 되지 않을까 생각에서다. 그래서 이돈해 국회의원실의 사무장을 찾아갔다. 이돈해(1916~1994)는 김포·강화를 지역구로 하는 제6대(1963~1967년) 공화당 국회의원이었다. 사무장은 "잘 봐달라"는 정봉운의 부탁에 흔쾌히 "걱정하지 마라"고 했다. 그런데 '혹시나' 했던 일은 '역시나'가 되었다. 3차 신원조회에서 불합격된 것이다. 정봉운 집안의 고통은 여기서 끝이 아니었다. 정봉운의 조카가 육군사관학교 시험에서 합격하고도 마찬가지로 신원조회에 걸려 낙방했다.

사실 정봉운은 중앙정보부 시험에서 걱정보다 기대가 더 컸다. 그도 그럴것이 아버지 정경순이 불행하게 생을 마감하긴 했지만 정봉운은 순탄한 삶을 살았다. 어머니 전후임이 김포평야의 논 60마지기(1만 2000평)를 머슴 2명을 두고 농사 지었기에 학교를 다니는 데 별 어려움이 없었다. 그는 양곡초등학교, 김포중학교, 통진고를 나와 건국대학교에 입학했다.

대학 재학 중에는 공군에 입대, 헌병대에 근무했다. 당시 정봉운은 '전투비행단 체육대회'에 출전해 1등을 했는데, 4명이 한 조가 되어 완전군장을 하고 뜀박질하는 경기였다. 100팀이 출전했는데 그가 속한 조가 1등을 한 것이다. 부상으로 3박 4일 휴가가 나왔다. 여

한강변 갯벌 학살지 앞에 선 유족. 왼쪽이 최용선, 오른쪽이 정봉운.

기에다 전대장(戰隊長)이 정봉운에게 "너 하고 싶은 게 뭐냐"고 물었다. 전대장은 공군에서 단보다는 작고 대대보다는 큰 단위 부대의 최고 책임자를 말한다.

정봉운은 전대장에게 "VIP 행사요원으로 보내달라"고 했다. VIP 행사요원은 대통령과 국내외 주요 인사의 해외순방과 국내 입국 시 안내를 맡는 사람이었다. 그렇게 해서 정봉운은 1964년 당시 박정희 대통령이 독일을 순방할 때와 1964년 12월 24일 로버트 케네디(존 F. 케네디 대통령의 동생)의 국내 방문시 행사요원 일을 했다. 그는 VIP 행사요원으로 복무하면서 학업에 열중했다. 그렇기에 제대 후 건국대를 졸업하고 중앙정보부 시험에 응시했을 때 크게 걱정하지 않았다. 하지만 결과는 냉혹했다.

'진실규명 결정문' 확대 복사해 붙여놔

정봉운은 아버지 일을 반세기가 넘게 쉬쉬하고 살았다. 본인이 중앙정보부 시험에서 불합격하고 조카가 육군사관학교 시험에 낙방한 이후로는 더욱 위축됐다. 그는 2005년 과거사법이 제정되자 제1기 진실화해위원회에 진실규명신청서를 제출했다.

그리고 국가는 정봉운의 아버지 정경순이 국가 공권력에 의해 불법적으로 학살당했다고 규명했다. '진실규명 결정문'을 받은 정봉운(79, 경기도 고양시 덕양구 홍도동)은 하늘을 날 것 같았다. 반세기 만에 아버지의 명예가 회복된 것이다. 그는 진실규명 결정문을 확대 복사해서 안방에 붙여놓고 조카를 비롯한 집안 식구들에게도 나눠주었다. 이제는 아버지 이야기하는 것이 떳떳해졌다. 인터뷰 말미 최인덕의 손자 최용선(80, 경기도 의정부시 신곡동)은 "우리와 같이 억울하게 가족을 잃은 이들이 이번 제2기 진실화해위원회에 많이 신청해 억울함을 벗었으면 한다"고 밝혔다.

2021.04.10

두개골이 사라진 아버지의 시신… 기나긴 여정의 시작

경기도 김포군 하동 정씨 집성촌 정금모의 진실 찾기

경기도 김포군 검단면 대곡리 설원마을과 김포면 감정리는 이웃해 있는 마을로, 하동 정씨 집성촌이다. 13대째 살아온 이 마을들에 불행의 먹구름이 낀 때는 1950년 가을이었다.

당시 김포군에는 인민군에 협조한 이른바 '부역 혐의자' 검거 선풍이 불어닥쳤다. 인민군이 물러나고 대한민국 군경이 수복한 직후였다. 검거는 경찰이 아니라 민간 차원에서 자발적으로 구성된 치안대가 주도했다. 특히나 대곡리와 감정리 하동 정씨 집성촌에 검거 선풍이 분 데는 정씨 일가였던 정지태(가명)가 검단면 치안대장에게 '부역자' 제보를 한 것이 시초가 됐다.

하동 정씨 집성촌 싹쓸이 당해

정지태의 부역자 제보는 개인적인 감정에 의한 밀고의 성격이 강했다. 정씨 집안에서는 토지 분쟁으로 집안 간 갈등이 있었는데 정지태가 이를 이용해 해코지를 한 것이다. 상당수 주민들이 피신했지만 정지태와 치안대의 집요한 검거로 모두 잡히고 말았다.

먼저 노인과 여성들이 지서에 연행됐는데 이들은 김포경찰서 이송 후 여우재, 독자골, 김포초등학교 뒷산에서 학살됐다. 다음엔 대곡리 마을의 성인 남성들이 검단지서에 연행됐다. 검단면 대곡리 정순민(1922년생)도 연행되었는데, 검단지서에는 고문기술자 권○○이 기다리고 있었다. 검단면 오류리의 권○○은 정순민을 포함 구금된 10여 명의 사람들에게 몽둥이 찜질부터 시작해 각종 고문을 가했다.

지서에 끌려온 이 중에는 정영모도 있었는데 그는 죽지 않을 만큼 맞아 제대로 일어날 수 없었다. 불행 중 다행으로 그 탓에 정영모는 학살지로 끌려가지 않았다. 또 정환기(당시 17세)는 '집안 종손'이라는 이유로 살려 주었다. 나머지는 모두 죽음의 구렁텅이로 끌려갔다. 정순민은 1950년 10월 9일 검단면 불로리 야산에서 학살당했고, 다른 사람들은 여우재, 독자골 등에서 생을 마감했다. 그렇게 1950년 10월부터 1951년 1월까지 하동 정씨 54명이 죽임을 당했다. 두 마을의 정씨가 20여 호였던 점을 감안하면, 정씨 집안 성인은 모두 학살 당했다고 해도 과언이 아니다.

머리 없는 시신

야산에서 학살 당할 때 정순민은 정영모의 잠바를 입고 있었다. 지서에서 고문을 당할 때 정영모가 벗어준 것이다. 그 잠바 덕분에 정순민의 시신은 수습될 수 있었다. 어떤 사연인지 알아보자.

1950년 10월 아들 정순민이 죽었다는 소식에 어머니 여원순은 집안 사람들과 여우재, 독자골 등지를 헤메고 다녔다. 시신을 찾기 위해서였는데, 그 일은 쉽지 않았다. 시신이 부패하기 시작해 얼굴을 알아볼 수 없었고 팔, 다리를 젖히면 몸통에서 빠지기 일쑤였다. 유족들은 다른 이의 시신을 훼손할까 가족의 시신을 찾는 데 조심스러워했다.

여원순이 불로리 야산에서 아들 정순민의 시신을 찾을 수 있었던 것은 순전히 정영모의 잠바 때문이었다.

"작은할머니, 순민이 당숙이 맞아요."

정영모의 고함에 여원순은 엉덩방아를 찧었다. 입을 벌리고 죽은 아들의 얼굴은 문드러져 눈코입을 분간할 수 없었다. 가족들은 정순민의 손에 묶인 삐삐선을 끊고 시신을 수습한 후 선산에 매장했다.

지난 2018년 정순민의 아들 정금모(71, 경기도 안산시 상록구 사이동)는 어머니 이응희가 세상을 뜨자 아버지와 합장하기로 했다. 이장을 위해 아버지 정순민의 묘를 팠는데 기겁할 일이 생겼다. 아버지의 두개골이 없었던 것이다. 1950년 가을 시신을 수습하는 과정에서 잘린 목을 제대로 건사하지 못한 것이다. 두개골이 없는 아버지의 유해를 수습하면서 아들 정금모는 다시 한번 눈물을 흘렸다.

검단면 대곡리와 김포면 감정리의 민간인 학살 피해자 54명 중 시신을 수습한 경우는 정순민을 포함 3명에 불과하다. 또 20가구에서 54명이 죽다 보니 피해자가 없는 집이 없었고 성인은 절멸한 상태였다. 한 집안에서 4~5명이 죽은 경우도 있다. 그 내역을 살펴보면 아래의 표와 같다.

대곡리·감정리 피해자(일부) 가족관계

유족	피해자	나이	유족과의 관계
정학재	정상모	1919년생	조부
	강영애	1916년생	조모
	정순희	1940년생	고모
	정명희	1946년생	고모
	정옥희	1949년생	고모
정홍모	정순표	1920년생	백부
	정순홍	1929년생	숙부
	정순욱	1935년생	숙부
정순경	조삼옥	?	모
	정순관	1925년생	형
	정형모	1947년생	조카
	허 숙	?	형수

표에 따르면 6.25 당시 한 살 아기부터 57세 노인에 이르기까지 다양한 연령대의 사람이 학살되었고, 가족 구성원 상당수가 희생됐음을 알 수 있다. 이는 부역과는 상관없이 집단적인 학살이 이루어졌음을 보여준다. 이후 대곡리와 감정리는 '과부촌'이라 불리게 된다. 치안대원들은 피해자 집에 가서 소를 빼앗고, 솥단지를 가져가기도 했다.

정평모 집안의 파멸

김포면 감정리의 정경자 집안은 6.25 때 파멸되었다. 연희전문 출신 친척 정○○의 영향으로 사회주의에 물든 정평모(1916년생)는 수복 직전 아들 정관유(1936년생)를 데리고 월북했다. 정평모의 남동생 두 명과 여동생 정성희(1937년생)도 따라 월북했다. 평모의 동생 정윤모(1918년생)는 아들 정환규(1938년생)를 데리고 갔으며, 정범모(1927년생)는 단신으로 월북했다.

이후 1962년 정범모가 정○○와 남파되어 고향에 왔다. 정○○는 동생 정학모의 집으로 가 형제 상봉을 했다. 당시 정범모는 마을 뒷동산에 있었다. 정학모는 형에게 자수를 권했지만 거부하자, 경찰에 신고했다. 출동한 경찰에 의해 정○○는 검거되었고, 정범모는 도망가다가 걸포교 아래에서 사살되었다. 정○○는 7년 수감 후에 석방됐다.

월북자를 빼고 남은 정경자 집안 사람들은 대부분 학살되었다. 정경자의 할아버지·할머니, 백모가 죽임을 당했다. 또 정평모의 부인 한말녀와 자식 셋도 죽임을 면하지 못했다. 정경자 집안의 6.25 당시 행적을 표로 보면 아래와 같다.

정경자 집안의 625 당시 활동 상황

유족	피해자 및 관련자	나이	유족과의 관계	비고
정경자	정평모	1916년생	백부	월북
	정관유	1936년생	사촌오빠(평모 아들)	월북
	정윤모	1918년생	부	월북
	정환규	1938년생	오빠	월북
	정범모	1927년생	삼촌	월북 → 남파 → 사살
	정성희	1937년생	고모	월북
	정순달	1893년생	조부	학살
	민문자	1892년생	조모	학살
	한말녀	1915년생	백모(평모 처)	학살
	정경분	1933년생	사촌언니(평모 딸)	학살
	정환일	1942년생	사촌오빠(평모 아들)	학살
	정환국	1946년생	사촌동생(평모 아들)	학살

결국 정경자 집안은 한국전쟁으로 인해 파멸됐다. 월북한 자나 남아 있던 자나 역사의 피해자일 수밖에 없다. 성인이 된 정경자(1943년생)가 결혼을 했는데, 시댁 역시 전쟁의 상처를 입은 집안이었다.

아버지가 왜 죽었는지 밝히고 싶어

정순민의 아들 정금모는 검단초등학교, 김포중학교, 인천공업고등학교를 나와 대림대학교 토목과를 나와 공무원 생활을 잠시 했다. 이후 한강농지개량조합을 거쳐 건설업계에 몸을 담았다. 젊었을 적에는 사업하느라 정신이 없어 아버지의 존재를 깊게 생각하지 못했다. 지금은 그렇지가 않다. 특히 2018년 아버지의 시신에 두개골이 없는 것을 확인한 뒤로는 너무나 가슴이 저려왔다.

결국 정금모는 아버지 정순민이 왜, 누구에게 죽임을 당했는지 알아야겠다는 생각을 했다. 그는 검단면의 한국전쟁 민간인학살 피해자 유족들을 만나기 시작했다. 같은 집안(하동 정씨)인데도 그들은 좀처럼 입을 열지 않았다. 전쟁의 상처가 너무 컸기 때문이다. 1기 진실화해위원회에서 김포면

아버지 정순민이 학살된 검단면 불로리 야산 현장의 정금모.

감정리의 일부 피해자는 진실규명 결정을 받기도 했다.

정금모는 검단면 대곡리와 김포면 감정리의 피해자 진실규명을 위해서 혼신의 힘을 다하고 있다. 현재 그는 김포유족회 미신고자 상임대표와 '한국전쟁전후피학살자 전국유족회' 인천지회장을 맡고 있다. 그는 두 개 마을의 피해자 54명에 대한 명단을 정리하고, 유가족들을 만나 '진실규명신청서' 작성을 돕고 있다.

한국 현대사 공부도 하고 있다. 아버지가 왜 죽임을 당했는지를 알려면 역사를 알아야 한다는 생각에서다. 정금모는 3년 동안 미친 듯이 책과 자료를 섭렵했다. 그래서 그가 얻은 결론은 인권의식의 부재와 민주주의의 실종이 엄청난 국가폭력을 양산했다는 것이다.

2021.04.17

‘빨갱이’를 쫓아다니는 ‘도둑고양이들’

신원조회와 감시로 평생 고통받은 김포유족회 회장 민경철

1967년 12월. 경기도 김포 면소재지의 ‘여왕봉다방’은 지하에 있었다. 민경철은 코트에 잔뜩 묻은 눈을 털고 다방 문을 밀었다. 다방 안은 담배 연기에 너구리 굴이나 다름없었다.

“경철이 형, 여기요.”

김연호는 환하게 웃으며 손을 번쩍 들었다. 커피를 한 모금 마신 후 연호는 경철에게 용건을 말했다.

“형, 이번에 법무관 서기보 시험 봤어?”

“네가 그걸 어떻게 알아?”

“나한테 신원조회 문의가 왔어.”

김연호는 경철의 친구 김원호의 동생으로, 당시 보안사(국군보안사령부) 김포 담당자였다.

“그래서 어떻게 처리했어?”

“당연히 잘 썼지. 그런데 아무래도 우리 형하고 김재춘 아저씨를 만나 봐.”

김연호의 얼굴은 진지했다.

썩은 동아줄을 잡은 사내

김연호의 당숙 김재춘이 누구인가. 하늘을 나는 새도 떨어뜨린다는 중앙정보부장을 역임한 김재춘이었다. 김재춘은 육사 5기생으로 제6관구 참모장을 맡았었고, 5.16 쿠데타의 일등공신이었다. 그는 국가재건최고회의 최고위원과 제3대 중앙정보부장을 역임했다. 김재춘은 경기도 김포군 대곶면 출신으로 김연호의 오촌 당숙이었다. 민경철 집안 내력을 아는 김연호는 김재춘에게 신원조회를 무사히 통과하게끔 부탁을 하라는 것이다.

며칠 후 민경철은 한강농지개량조합에 근무하는 김원호를 찾아갔다. 둘은 인근 막걸리 집에 갔다.

"이번에 법무관 서기보 시험을 봤는데, 1, 2차 시험에 합격했네."

"아이구 친구야, 축하한다."

"그런데 말이야……."

말끝을 흐리는 민경철의 얼굴빛은 밝지 않았다.

"3차는 신원조회인데, 자네도 알다시피 우리 아버지가 6.25 때 죽었잖아."

"그런데, 그게 왜?"

김원호의 고개가 갸우뚱했다.

"아버지 일로 신원조회에 떨어질까 봐 그러네."

"별걸 다 걱정하네."

김원호는 너털웃음을 터뜨렸다.

"그래서 말인데, 자네 당숙한테 신원조회가 무사히 통과할 수 있게 부탁 좀 해 주면 안 될까?"

아무리 친한 친구라지만 이런 부탁을 하기가 민망했던 경철의 얼굴은 빨개졌다. 김원호는 흔쾌히 대답했다.

"친구야, 이게 무슨 부탁이야? 내가 당장 내일 당숙 어른한테 이야기할게. 걱정하지 마."

김원호의 장담에 민경철은 그제서야 안심했다.

1968년 1월경 최종 합격자 발표 날이 되었다. 민경철은 서울 용산구 삼각지에 있는 국방부로 합격자 확인을 하러 가기 직전에 김원호에게 전화를 걸었다.

"니 당숙에게 부탁해봤냐?"

"친구야, 걱정 말어. 한턱 낼 준비나 해라."

국방부로 들어가 합격자 발표 벽보를 쳐다본 민경철은 고개가 푹 꺾였다. 자기 이름이 없었기 때문이다. 그는 눈물을 머금고 발길을 돌렸다.

1, 2차 시험도 합격했고, 중앙정보부장을 지낸 김재춘에게 부탁도 했는데 왜 떨어졌을까 하는 의문이 머리에서 떠나지 않았다. 하지만 민경철은 하나만 알고 둘은 몰랐다. 1968년 당시 김재춘은 하늘을 나는 새도 떨어뜨리는 권세를 갖고 있었던 게 아니라 '썩은 동아줄'이었다.

김재춘은 제3대 중앙정보부장 취임 직후 육사 8기생을 숙청하고, 4대 의혹사건(5·16 쿠데타 후 군사정권 하 4대 비리 사건인 증권 파동, 워커힐 사건, 새나라자동차 사건, 회전당구기 사건)을 조사하다가 박정희의 미움을 사 중앙정보부장에서 중도 하차했다.(손정목, 『서울 도시계획 이야기 4』) 김재춘의 후임이 바로 김형욱(1963~1968)이었다. 이 시기 김재춘은 '이빨 빠진 호랑이', 아니 박정희에게 미움을 받아 썩은 동아줄 신세였다. 그런 그에게 인사청탁(?)을 했으니, 될리 만무했다.

여성동맹원들 줄줄이 엮여

"컹컹컹."

개 짖는 소리가 나자 민경희(당시 17세)는 후다닥 뛰어 뒷문으로 나갔다. 잠시 후 대문 두드리는 소리에 이어 치안대가 집에 들이닥쳤다.

"민경희 어디 있어?"

집에는 민경희의 올케 이옥임(1927년생)만이 있었다.

"조금 전까지 있었는데요."

치안대의 추궁이 이어졌지만 민경희는 달아난 후였다. 1950년 10월 쌀쌀한 가을날이었다. 전날부터 인공 시절 여성동맹(여맹) 활동을 한 이들을 검거한다는 소식이 들려왔다. 민경희는 다음 날 개 짖는 소리가 들리자마자 버선발로 옆 동네로 피신했다.

여맹 전력자들은 경기도 김포군 하성지서로 잡혀갔는데 구타와 고문에 시달렸다. 때마침 구세주(?)가 나타났다. 민경희의 옆집 사는 이해구가 당시 CIC(미군 24군단 소속 첩보부대)에 근무했는데, 치안대가 마을 여자들을 잡아가고 있다는 소식을 들었다.

이해구는 치안대에 찾아가 권총을 들이대며 호통을 쳤다.

"이 새끼들, 너희가 무슨 권한으로 사람들을 잡아들이냐!"

기고만장한 치안대원들도 CIC 앞에서는 꼬리를 내릴 수밖에 없었다. 그날 오후 민경희는 집으로 무사히 돌아왔다. 그녀는 화를 입지 않았지만 당시 민경희 집안은 초상집이나 다름없었다.

아버지 민만기(당시 48세)는 대한민국 군경 수복 후인 1950년 10월 20일 치안대에 연행되었는데 인공 시절 마조리 인민위원장을 맡았다는 이유에서였다. 6.25 직전 마을 이장을 지낸 민만기는 할 수 없이 인민위원장을 맡았었다.

대문에 빨간딱지 붙여놔

농민위원장을 맡았던 민만기의 동생 민남기도 연행되었다. 민만기·민남기 형제는 하성면사무소 창고에 구금되었는데 1주일 후 하성면 양택리 태

산골짜기와 하성국민학교 뒷산, 천주교 골짜기 등지에서 처형되었다.

민만기의 삼촌과 아내 남궁아기가 민만기 형제의 시신을 수습하러 다녔지만 허사였다. 민만기 집안의 고통은 여기서 끝나지 않았다. 민만기의 장남 경욱과 차남 경찬, 막냇동생 형기와 조카 경인이 의용군으로 간 후 소식이 두절됐고, 삼남 경석은 미군 폭격으로 사망했다. 여기에다 딸 경희도 연행될 뻔했으니 십년감수가 따로 없었다. 이후에는 집에 치안대가 들이닥쳐, 그릇과 가재도구를 빼앗아갔다. 그나마 재봉틀은 숨긴 걸 들키지 않아 다행이었다. 대문에는 빨간 딱지를 붙여놔 가족들이 집에 들어갈 수 없었다.

김포군 하성면 태산공원, 한국전쟁기 부역 혐의자 학살터임을 알리는 표지판.

한국전쟁이 일어나기 전 김포군 하성면 가금리 이장을 맡았던 김순명(당시 37세)도 수복 후 치안대에 연행돼 죽임을 당했다. 인공 시절 가금리 인민위원장이었다는 이유였다. 민만기와 김순명처럼 국군 수복 후 부역 혐의로 연행돼 죽임을 당한 김포군 하성면 사람들은 100여 명에 달한다. 김포군에서는 고촌면, 김포면, 양동면, 양촌면, 하성면, 월곶면 등지에서 최소 600여 명이 학살됐다.(진실화해위원회, 『2008년 하반기 조사보고서』)

6.25 때 아버지를 잃고, 형 둘이 의용군에 가자 민경철은 졸지에 소년가장이 되었다. 어머니 남궁아기를 도와 농사를 짓다가 형 민경욱이 거제도

포로수용소에서 '반공포로'로 석방돼 돌아오자 그때서야 경철은 학업을 다시 시작할 수 있었다. 그런 연유로 경철은 중학교를 2년 늦게 들어갔다. 김포중학교에 이어 김포농업고등학교에 진학했는데, 가정형편으로 직업반인 축산과에 입학했다. 그는 학교 안 양계장을 관리하며 장학금을 받았다. 그러던 1962년 어느날, 김포농업고등학교 훈육주임이 교실 두 곳을 다니며 투표(?)를 했다. '생일에 초대할 가장 친한 친구'와 '본인이 결혼할 때와 부모 환갑잔치에 초대할 사람' 이름을 써내라고 했다. 가장 믿을 만한 친구 한 명을 써내라는 것이었다.

결과 최다 득점자는 민경철이었다. 중학교에 2년 늦게 들어간 민경철은 그만큼 동급생에게 믿음직스러운 존재였다. 인기투표 결과, 그는 대대장을 맡게 됐다. 대대장은 매주 월요일 조회나 3.1절 행사 때 학생들의 사열(查閱)을 지휘하는 일을 했다. 당시 학생회장은 김연호로 후일 중앙정보부장이 되는 김재춘의 오촌조카였다.

안기부에 찾아가 항의

'빨갱이 자식'이라는 꼬리표는 질기게도 붙어 다녔다. 민경철은 나중에 초등학교 교사가 되는데, 1980년대 초반까지도 학교로 정보부와 경찰에서 찾아와 신원조회를 하고 사진 촬영을 했다. 법무관 서기보 시험에 낙방한 민경철은 실의에 빠져 동국대학교 법학과를 한 학기를 남겨두고 자퇴했다. 마을로 돌아와 농사를 돕는 등 방황기를 거쳐 사촌동생의 권유로 교사시험에 응시해 합격했다. 연평도에 소재한 연평국민학교로 초임발령을 받았다.

민경철이 경기도 포천의 노곡초등학교에 근무할 때였다. 경찰에서 찾아와 동정(?)을 살피는 통에 분노가 폭발했다. 그는 당시 남산에 있던 안기부(국가안전기획본부)에 찾아가 항의했다.

아버지 민만기가 학살된 태산공원을 찾은 민경철.

"물어볼 게 있으면 직접 물어보면 되지, 왜 도둑고양이처럼 몰래 와서 다른 사람에게 물어보는 겁니까?"

겁 없는 학교 선생의 항의 방문이었다. 1983년 전두환 신군부가 기승을 부릴 때였다. 다행히 이후에는 정보기관과 경찰이 민경철을 괴롭히지는 않았다.

신원조회에 시달리기는 김순명의 아들 김정흠(1947년생)도 마찬가지였다. 6.25 때 아버지 김순명을 잃은 그는 베트남전쟁에 자원했지만 신원조회로 뜻을 접어야 했다. 또한 11사단 수색중대에 차출됐지만 이 또한 신원조회에 걸려 낙방되었다.

지금 민경철(82세, 경기도 김포시 장기동)은 김포유족회 회장을 맡고 있다. 그는 자신과 다른 사람에게 평생 동안 따라붙은 '빨갱이 자식'이라는 딱지를 떼내기 위해 애쓰고 있다.

2021.04.24

첫날밤의 불청객, 중앙정보부가 형님을 잡아갔다

38년 만에 무죄 선고받은 민경욱 간첩 사건

"이로써 신랑 민경철 군과 신부 정경자 양의 혼인이 원만하게 이루어졌음을 내·외빈 여러분 앞에 엄숙하게 선언합니다."

1970년 11월 19일 경기도 김포군(현 김포시) 김포공항예식장에서 열린 결혼식에서 주례가 성혼선언문을 낭독했다.

"여보게, 마당에 전이랑 술 더 갖다주게."

그날 김포군 하성면 마조리 민경욱 집은 동생 민경철의 결혼 잔치를 치르느라 정신이 없었다. 술과 음식, 노랫소리가 밤늦게까지 이어지다가 손님들이 물러가고, 신혼방 불이 꺼졌다. 첫날밤을 구경하려던 이웃집 여성들은 신혼방의 문풍지를 손으로 뚫었다. 하지만 사람들은 이내 발걸음을 돌렸다. 새신랑이 고주망태가 돼 잠들었기 때문이다.

"여봐요."

새벽 3시경 신부 정경자가 신랑 민경철의 옆구리를 찔렀다. 잠에서 깬 민경철은 숙취로 머리가 깨질 듯이 아팠다.

"왜 그래?"

"밖에서 무슨 소리가 나요. 얼른 나가 봐요."

신부의 닦달에 민경철이 방문을 나가자 어떤 물체가 경철의 가슴을 쿡 찔렀다. 권총이었다. 어둠 속의 불청객은 경철에게 물었다.

"당신 공무원 아냐?"

"예, 맞습니다."

"그러면 협조해 주시오."

중앙정보부 직원이라고 밝힌 그들은 경철을 도로 방에 들어가게 했다.

어둠 속에서 구둣발 소리가 잠잠해진 후에야 민경철은 밖으로 나가 집안을 살폈다. 그런데 형 민경욱이 연행된 게 아닌가.

"형수님, 어떻게 된 거예요?"

형수 이옥임(1927년생)에게 물었지만 이옥임의 입은 열릴 줄을 몰랐다.

날이 밝자 마을에는 난리가 났다. 민경욱뿐만 아니라 민홍기, 민경성이 간첩죄로 잡혀갔다고 소문이 퍼졌다. 그 어수선한 분위기에도 신혼부부는 김포면 감정리로 발걸음을 향했다. 신부집에 인사를 하러 가는 신행(新行) 길이었다.

밤사이 새신랑 집에 벌어진 난리를 알 리 없는 신부집에서는 신랑신부를 환한 웃음으로 맞았다. 마을 청년들은 새신랑을 거꾸로 매달아 발바닥을 때리며 술판을 벌였다. 새신랑 경철의 속은 타들어 갔지만 내색할 수는 없었다. 다음 날 부부는 민경철의 직장이 있는 옹진군 연평도 연평초등학교 사택으로 갔다. 배를 타고 가는 부부의 마음은 우울하기만 했다. 아니나 다를까, 사택에 도착한 지 일주일 만에 형수 이옥임마저 연행됐다는 소식이 날아들었다.

손전등 불빛에 놀라 유산

"누구세요?"

"……."

"누구냐니깐요?"

마루를 조용히 걷던 이는 정경자의 질문에 대꾸하지 않았다. 겁에 질린 경자가 방문을 연 순간 그 사람은 손전등을 정경자에게 비추었다. 깜짝 놀란 정경자는 "악!" 소리를 지르며 엉덩방아를 찧었다. 놀라기는 상대방도 마찬가지였다. 그는 다름 아닌 연평초등학교 사택에 같이 사는 여교사로 밤에 화장실을 가려 손전등을 들고 마루를 지나는 중이었다. 하지만 정경자는 그녀를 정보기관 사람으로 착각했다.

이 일은 불행으로 번졌다. 당시 정경자는 임신 중이었는데 다음 날 산부인과에 가니 아이가 유산됐다는 게 아닌가. 1971년 봄에 일어난 청천벽력 같은 일이었다. 왜 정경자는 그렇게까지 놀랐을까?

정경자에게 1950년 10월은 결코 잊을 수 없는 악몽의 시기였다. 한국전쟁 발발 후 인민군이 점령했다가 물러가고 대한민국 군경이 다시 돌아온 수복기에 그녀의 아버지와 오빠, 큰아버지를 비롯 집안 사람 6명이 월북했다. 남은 가족들에게도 화가 미쳐 할아버지, 할머니를 포함 6명이 부역 혐의로 학살당했다. 그 난리통에 살아남은 이는 정경자 본인과 어머니뿐이었다. 그러다 보니 경찰은 공포의 대상이었고, 세상에서 제일 무서운 말은 '빨갱이'라는 말이었다.

거기에다 1970년 11월 19일 결혼식 첫날밤에 시아주버니 민경욱이 간첩죄로 중앙정보부에 연행됐으니 기가 막힐 일이었다. 물론 정경자는 남편 민경철의 집안도 전쟁의 상처가 있는지는 모른 채로 결혼을 했다. 이렇다 보니 그날 밤에도 정경자는 남편이나 자기를 잡으러 정보기관에서 사람이 온 걸로 오해했다.

"김일성대학에 보내준다"

"김일성대학에 보내준다네?"

"정말?"

한국전쟁 때 북한군은 의용군에 입대하면 김일성대학에 보내준다는 말을 퍼트렸다. 그래도 자식을 전쟁터에 보내고 싶은 부모가 어디 있으랴? 당시 김포군 하성면 마조리 인민위원장 민만기의 속은 썩어 문드러졌다. 마조리에서 제1차로 의용군에 입대한 사람은 대부분 민만기 집안 사람이었다. 그의 막냇동생 형기(당시 30세), 사촌동생 완기(25세), 조카 경인(20세), 둘째아들 경찬(19세)이었다.

낙동강 전선이 장기화되면서 의용군 모집은 계속됐고 마조리에도 할당량이 내려왔다. 민만기는 이번에도 자신의 가족부터 보냈고, 나머지는 마을 청년들이 채웠다. 큰아들 경욱(23세)과 사촌 동생 성기, 마을 청년 양○○, 황○○, 이하윤이었다. 이후 마조리 청년들의 운명은 제각각이었다. 휴전이 되면서 형기와 완기는 북에 잔류했고, 경욱과 경인은 북한에서 탈출했다가 국군에게 잡혀 포로수용소로 갔다 반공포로로 석방되었다. 민만기의 둘째아들 경찬은 교전 중 사망했고, 사촌 동생 성기는 행방불명됐다.

반공포로가 간첩(?)이 되다

"경욱아!"

큰아들을 부르는 남궁아기의 애끓는 목소리가 하성지서에 퍼졌다. 어머니를 따라 갔던 민경철(1940년생)은 수척한 형의 모습에 울음이 터졌다. 의용군으로 갔던 민경욱은 1953년 8월 반공포로로 석방되었고, 이후 한 달 만에 다시 국군에 입대했다. 그는 논산훈련소와 영천의 헌병학교를 나와 만 40개월을 헌병으로 복무했다. 제대 이후에는 농사에만 전념했고, 마을 이장을 5년간 보기도 했다.

그런데 의용군으로 갔다 북에 남았던 민만기의 막냇동생 민형기가 1961년 초 남파됐다. 처음에 그는 처와 아들을 데리고 북으로 올라갔다. 그해 3

헌병 시절의 민경욱(왼쪽).

월 25일 다시 남한에 내려온 민형기는 조카 민경욱을 찾아왔다. 둘이 만난 곳은 일가인 민홍기 집이었다.

"조카. 남과 북이 갈려있어 남북한 인민의 고통이 크네. 통일사업에 협조하게."

"무슨 말씀이에요, 작은아버지?"

"주변 군 시설과 몇 가지 정보를 협조해 주게!"

안 된다고 손을 내젓는 민경욱에게 민형기는 막무가내로 무전기와 초단파 핸드토킹, 배터리 등을 떠넘기고 자리를 떴다. 이후에도 숙부 민형기와 몇 차례 만났지만 민경욱은 어떤 정보도 내놓지 않았다.

그 뒤로 민형기는 다시 남파되지 않았고 땅에 묻힌 무전기도 어느덧 잊혀졌다. 그렇게 9년이 흘러 1970년 11월 중앙정보부가 어떻게 알았는지 민경욱과 민홍기 등을 붙잡아갔다.

"너 북에 갔다 왔지?"

"아닙니다."

"북한에서 조선노동당에 가입했지?"

"……."

민경욱은 생전 처음 듣는 소리에 당황했다. 하지만 구타와 고문은 없는 사실도 있게 만들었다.

1971년 12월 28일 치러진 2심 재판에서 서울형사지방법원은 민경욱에게 국가보안법 위반과 간첩죄를 적용해 무기징역형을, 민경욱의 처 이옥임에게는 '불고지죄'인 간첩방조죄를 적용해 징역 3년 6개월을 선고했다. 만남 장소를 제공한 민홍기에게는 징역 7년을 선고했고, 민경성은 집행유예로 석방됐다.

이후 민홍기는 수사 과정에서 당한 고문 때문에 5년 후 교도소에서 죽음을 맞았다. 민경욱은 수감된 지 18년 만인 1989년 특사로 석방됐다. 이렇게 해서 민경철의 형과 조카, 집안 식구가 간첩질을 하다가 감옥에 간 사람들이 되었고 수십년 동안 '간첩 집안'으로 낙인 찍혔다.

38년 만의 재심에서 '무죄' 선고

"회장님, 재심 청구하세요."

"글쎄요. 승소할 수 있을까요?"

"판결문을 읽어보면 조작된 사건임이 분명합니다."

2017년 1월 10일 진실화해위원회의 한 조사관은 민경철 김포유족회 회장에게 재심을 청구하라고 권했다.

민경철은 조사관이 준 1971년 판결문을 변호사에게 보여줬고 변호사도 재심을 청구하자고 했다. 민경철은 일가를 설득해 재판을 진행했다. 그 결과 2019년에 열린 재심에서 재판부는 무죄를 선고했다. 이로써 민경철의 형 민경욱 등은 38년 만에 간첩 낙인을 벗을 수 있었다.

재판부는 "중앙정보부 수사관이 민경욱 등을 연행하면서 영장을 제시하지 않았고, 압수 물품(무전기, 배터리 등)이 9년 동안 땅속에 묻혀 있었던 것이어서 증거능력이 없는 점, 피고인의 자백을 제외한 증거가 없다"는 점 등을 이유로 무죄를 선고했다.

한국전쟁의 고통은 70년 동안 민경철·정경자 부부를 짓눌러 왔다. 그나마 재심으로 그 상처의 일부가 아물었다. 그들의 상처가 온전히 치유되는 날은 언제일까?

2021.05.01

증언자 민경철.

9

창고

도망간 아버지 대신 보초 선 아들, 군경 손에 목숨 잃다

경기도 여주군 민간인 학살 유족 김수영·김인식·김병옥 삼부자 이야기

"(홍천 복대리) 막동이~"

"예, 어르신."

"하나, 둘, 셋……, 서른 가마니요!"

김수영 집 머슴 천순이(가명)가 벼 가마를 세더니, 큰 목소리로 "30가마니"라고 외쳤다. 그러자 마름 김수영은 장부에 '김막동'이라 쓰고, 그 옆에 10마지기(2천 평), 도지 30가마니(도정되지 않은 벼 80kg들이)라고 적었다.

장부에는 경기도 여주군(현 여주시) 흥천면 복대리의 소작인들의 이름이 줄줄이 적혀 있었다. 이름 옆에는 땅의 넓이(마지기)와 상태, 도지(소작료)로 낸 곡식의 양을 썼다. 소작료는 천수답(天水畓)이냐, 수리안전답(水理安全畓)이냐에 따라 달랐다. 이렇게 가을 수확기에 도지를 받아 기록하는 장부를 '추수기(秋收記)'라고 불렀다.

"다음……."

김막동은 소고삐를 끌었다. 예년보다 풍작인데도 전체 60가마니 중에 절반인 30가마니를 지주에게 바치고 나니 가슴이 쓰라렸다. 소작료가 밀리지 않은 건 그나마 다행이지만 남은 30가마니로 1년을 살 생각에 막막

했다. 마을로 돌아가는 김막동의 등 뒤로 달구지 20대가 늘어서 있었다. 소작료를 내려고 줄 선 소작인들이었다. 1948년 11월 어느 날의 풍경이었다.

여주군 흥천면과 금사면 땅의 상당수는 지주 최 아무개 소유였다. 그런데 흥천면 복대리에서 지주 최씨를 대행하는 이가 '마름' 김수영이었다. 마름은 부재지주로부터 농사의 관리·감독권을 위임받아 수확기에 도지를 걷어 지주에게 전달했다. 당시 농촌에서 마름은 하나의 권력이었다. 대지주 대부분이 부재지주였기에 농민들과 일상적으로 대면하는 마름은 감독관이자 상전이었다. 또 마름은 지주로부터 받은 문전옥답(門前沃畓)을 자경해 부를 축적할 수 있었다. 김수영 역시 복대리에서 정미소를 운영했고, 2층 집을 소유한 마을 유지였다.

소작권의 생사여탈권을 쥔 이는 지주가 아닌 마름이었다. 그렇기에 농민들은 마름 앞에서는 굽신굽신했지만, 속으로는 불만이 컸다. 일제강점기 소작쟁의 때마다 나온 농민들의 요구사항 중 하나가 '마름의 사취(詐取) 금지'였다.

아버지를 살리기 위한 고육지책이 부역죄?

"김수영이 나와!"

"아버님은 집에 안 계신데요?"

1950년 한국전쟁이 일어나자 인민군이 무서운 기세로 내려왔다. 여주군도 인민군 세상이 되었다. 흥천분주소(인민군 점령기의 경찰 지서)에는 '마름 김수영을 인민재판에 세우라'는 복대리 소작인들의 민원이 접수됐다. 미리 소문을 들은 김수영은 재빨리 도주했다. 그의 집에는 아들 김인식(1925년생)이 내려와 있었다. 서울 양복점에서 일하던 인식은 전쟁이 일어나자 고향으로 피난을 온 참이었다.

"우리 아버지가 뭔 죄가 있다고 이러냐!"

김인식이 항의하자 분주소원이 군홧발로 그의 정강이를 걷어찼다. 그는 분주소원들에게 연행돼 분주소 유치장에 갇혔다가 이틀 만에 석방됐다. 김인식이 풀려난 지 일주일 후 분주소원들이 다시 그를 찾아왔다.

"분주소에 나와서 일을 하시오. 아니면 당신 아버지를 끝까지 찾아내 인민재판에 회부하겠소."

아버지를 들먹이자 김인식은 결국 협조하는 길을 택했다. 그가 한 일이라고는 야간에 보초 서는 게 전부였다. 그것도 불과 열흘도 채 안 됐다.

이후 인민군이 물러가고 후퇴했던 군경이 여주에 수복하자 일이 터졌다. 군경은 인민군 시절 완장을 찼던 이들은 물론이고 잔심부름한 사람까지 모두 부역죄로 잡아들였다. 아버지를 보호하기 위해 고육지책으로 분주소에서 일한 김인식도 마찬가지였다.

김인식은 경찰과 치안대의 빨갱이 사냥을 피해 여주군 금사면 가마실로 피신했지만 잠시 본가에 들렀다가 검거됐다. 흥천지서로 연행된 그는 다른 이들과 함께 복대3리와 하다리 경계에 있는 쇠고개에서 학살당했다. 1950년 11월 23일의 일이었다.

여주·양평은 여운형의 활동 무대

한국전쟁 때 여주의 민간인 학살 피해는 컸다. 전쟁 발발 직후 여주 지역 국민보도연맹원들이 여주경찰서 임시유치장으로 쓰인 얼음창고에 구금되었다가 1950년 7월 1일경 여주시 교동 건지미 골짜기에서 경찰 또는 국군 6사단 헌병대에 의해 총살당했다.

또 북한군이 후퇴하기 직전 북한군과 지방좌익들이 우익인사 및 그 가족들을 얼음창고 등지에서 학살했다. 수복 후 경찰과 치안대에 의한 부역혐의자 학살사건은 셀 수 없이 많다. 가남읍 태평리 공동묘지, 금사면 옹기정 뒷산, 흥천면 계신리 강변, 북내면 신남리 버시고개 골짜기 등이다.(여주

시유족회, 『한국전쟁 전후 여주시 민간인희생 미신고자 발굴 및 증언 채록사업 2차 보고서』, 2020)

여주유족회 이인수 사무국장은 다음과 같이 말한다.

"여주에서 총 19곳의 희생지가 파악되어 있는데요. 유족과 사건 발생지 인근 주민들의 증언을 종합해 본 결과, 2000여 명의 희생자가 발생한 것으로 추정하고 있습니다."

이 사무국장이 말한 희생자 2000여 명 중에는 보도연맹사건, 적대세력에 의한 사건의 희생자도 있지만, 절대 다수가 '부역 혐의' 사건의 피해자다.

여주군에서 왜 이렇게 많은 피해자가 발생했을까? 이는 저명한 독립운동가이자 해방 후 유력한 정치지도자인 여운형과 연관돼 있다. 이러한 사실은 제1기 진실화해위원회의 진실규명 결정문에도 나와 있다.

'여주·양평지역은 일제강점기부터 몽양 여운형을 중심으로 독립운동·농민운동이 활발했던 지역이다. 1944년 10월 8일 양평 용문산에서 몽양 여운형, 여주의 신흥진, 양평의 최용근 등 13명이 참가하여 농민동맹을 조직하였다. 이들은 조선해방을 목적으로 한 투쟁을 광범위하게 전개시킬 것을 합의했다'고 한다.(진실화해위원회, 『2009년 상반기 조사보고서』)

몽양 여운형의 정치적 영향을 받아 여주군에서는 일제강점기부터 독립운동과 농민운동이 활발했다. 해방 후에는 활동가들이 대거 근로인민당에 참여했고, 농민운동·사회운동에도 동참했다. 이들은 한국전쟁이 터지자 국민보도연맹 사건으로, 부역 혐의 사건으로 국가폭력의 피해자가 됐다. 물론 여주의 대다수 희생자는 좌익활동이나 부역 혐의와는 관계없이 군경과 치안대에 의해 불법적인 죽임을 당한 경우다. 홍천면 복대리 김인식이 그런 사례다.

지게를 진 머슴 최귀남과 복대리 김씨들은 이슥한 밤에 도둑고양이처럼

김인식이 부역 혐의로 학살된 경기도 여주시 흥천면 쇠고개에 선 증언자 김병옥(희생자 김인식의 아들).

쇠고개로 접근했다. 그들은 혹시 주변에 경찰은 없는지 연신 두리번거렸다.

"윽!"

앞선 최귀남이 코를 쥐었다. 시신 썩는 냄새가 진동했다. 사방에 시신들이 즐비했다. 그나마 한여름이 아닌 11월 말이라 시신은 크게 부패하지 않았다. 덕분에 김인식의 시신은 어렵지 않게 수습할 수 있었다. 최귀남 일행이 시신을 지고 김수영 집으로 오자 사랑채 마루에 서성이던 김수영은 털썩 주저앉았다. 눈물이 마룻바닥을 적셨다.

김인식의 시신은 그날 밤 복대리 양촌에 가매장되었다. 장례를 치르는 것은 당시로서는 언감생심이었다. 서울의 양복점에서 일하던 김인식은 집에 축음기, 아코디언도 갖고 있던 멋쟁이였다. 하지만 그의 마지막 길은 한없이 초라했다. 김수영은 아들 인식이 잡혀간 날부터 말을 잃었고 시신이 가매장된 후로는 우울증이 생겼다. '나 때문에 아들이 죽었다'는 자책감 때문이었다. 그 자책감은 김수영이 죽을 때까지 가슴에 똬리를 틀었다.

어르신 일자리를 위한 봉사

6.25 때 아버지 김인식을 잃은 김병옥(1945년생, 여주시 흥천면)은 문장초등학교와 경기도 광주 중·고등학교를 거쳐 동국대학교 법대를 졸업했다. 1969년 공무원 시험에 합격해 9년 6개월간의 공직생활을 했다. 그러다가 정치권의 요청으로 국회의원 보좌관을 하다, 미래가 불투명해 상일가구에 몸담았다. 나이 들어 귀향한 그는 10년간 마을 이장을 보며 지역을 위해 봉사하다가, 현재는 흥천면노인회 분회장을 맡고 있다.

지난 11월 (사)대한노인회 경기도연합회 여주시지회 흥천면분회 사무실에서 김병옥을 만났다. 사무실은 무척 분주했는데 김병옥은 기자와 인

여주시 민간인 희생자 추모공원(여주시 하동 강변).

터뷰를 하랴 찾아오는 회원들 상대하랴 정신이 없었다.

회원 대부분은 '어르신 일자리' 신청 때문에 찾아온다. 구비서류 준비와 제출은 어르신이 혼자 하기에는 버거운 일이다. 이동이 불편한 이들도 있어 승용차로 태워주거나, 파출소에 지원을 부탁해야 한다. 2021년 현재 여주시 흥천면 인구는 5060명인데, 65세 이상 노인 인구가 1600명으로 31%를 차지한다. 급식 도우미, 마을 안길 청소 등 약 200개의 일자리를 그가 속한 노인회에서 주관한다. 또 흥천면에 있는 28개 경로당을 관리하고 지원하는 일도 한다.

2022.01.01

아버지 갇힌 창고 앞에서 보초를 서야 했던 아들

경기도 여주군 대신면 후포리 사람들이 겪은 한국전쟁

"병두야. 아버지께 밥 갖다 드려라."

동생에게 주먹밥 세 개를 건네준 정병윤(1933년생)은 마을 품앗이를 하러 서둘러 집을 나섰다. 아우 정병두(1942년생)는 손수건에 싼 주먹밥을 들고 경기 여주군(현 여주시) 대신면 면소재지로 걸어갔다.

면사무소 창고에 도착하니 치안대원이 보초를 서고 있었다.

"병윤이 동생이구나. 거기다 놓고 가."

형을 아는 듯 치안대원은 살갑게 대했다. 하지만 창고에 갇혀 있는 아버지 정달순은 면회하지 못하고 발걸음을 돌렸다.

창고에 갇힌 아버지

"보초 서러 갔다 올 테니까, 집 잘 보고 있어."

"형. 잘 갔다 와."

이날은 정병윤이 보초를 서는 날이었다. 가족이라고 해봐야 아버지 정달순과 아들 정병윤, 정병두가 전부였다. 어머니 신양진(신아기)은 속병으로

1947년에 사망했고, 누나와 여동생도 세상을 떠났다.

정병윤은 대신면 소재지에 있는 치안대로 사무실에 들렀다가 인근의 면사무소 창고에 보초를 서러 갔다. 전임자와 인수인계를 마치고 두 시간의 보초 일이 시작됐다. 보초를 서는 그는 눈이 말똥말똥했다. 사실 보초 일은 쉽지 않았다. 얼마 전까지만 해도 그는 보초 서는 내내 졸음을 참지 못했다. 낮에는 논밭에서 힘든 육체노동을 하고, 밤에는 두 시간씩 치안대에 나가 훈련을 받거나 보초를 서는 강행군을 1년 넘게 해왔다.

그런데도 오늘은 졸립지도 않았다. 다름 아니라 창고 안에 아버지 정달순이 구금돼 있기 때문이다. 대신지서와 치안대는 북한군이 점령했던 인공 시절 조금이라도 활동을 한 이들을 부역죄로 잡아들여 면사무소 창고에 가두었다. 창고는 그리 넓지 않았는데 20~30명이 차면 사람들이 어디론가로 끌려갔다. 끌려간 이들이 학살당했다는 불길한 소문이 바람결에 날아왔다.

정병윤도 아버지가 오늘 내일 어디론가로 끌려가지는 않을까 전전긍긍했다. 더군다나 아버지를 감시(?)해야 하는 자신의 처지를 생각하면 환장할 노릇이었다. 하지만 치안대에 어떤 해코지를 당할지 알 수 없어 보초 일을 그만둘 수는 없었다.

정병두가 주먹밥 심부름을 한 지 4일째 되는 날이었다.

"야. 이제는 밥 가져올 필요 없다. 다시 가져가!"

그 말의 의미를 이해하지 못한 소년은 그냥 발걸음을 돌렸다. 저녁이 돼 일을 끝내고 돌아온 형에게 이 일을 이야기했다. 그러자 형 정병윤은 엉덩방아를 찧으며 대성통곡했다. 아버지 정달순이 학살됐음을 알아차린 것이다.

인민재판 피하려 서기 감투 썼다가

"아버지, 아버지의 뜻에 어긋나는 일이 아니라면 이 잔을 저에게서 거두어 주십시오. 그러나 제 뜻대로 하지 마시고 아버지의 뜻대로 하십시오."

예수가 십자가에 못 박히기 하루 전 하나님께 올린 기도문을 암송한 정달순(1912년생)은 참담했다. 자신이 죽으면 어린 병윤·병두 형제가 어떻게 살아갈까 생각하니 막막했다. 하지만 별다른 수가 없었다. 그는 인공 시절 감투를 맡았기 때문이다.

철야기도를 마친 그는 대신지서로 출두했다. 약식조사를 하는데 아는 사람이 보였다. 치안대에서 치안대장을 맡은 이라 지푸라기라도 잡는 심정으로 아는 체 하려는데, 정달순을 본 치안대장이 고개를 획 돌리는 게 아닌가. 정달순의 얼굴은 흑빛이 됐다. 그렇게 간단한 조사를 받은 후 그는 대신면사무소 창고에 갇혔다. 구금된 지 나흘째 되던 1950년 11월 중순의 어느날 정달순을 비롯한 대신면 후포리 사람들은 보통리 강변으로 끌려갔다. 잠시 후 총성이 울리고, 끌려간 이들은 모두 저세상으로 갔다.

부역 혐의로 처형된 정달순은 경기도 여주의 유복한 집안에서 태어나 여주중학교를 나왔다. 경제적으로 어려움이 없던 그는 농사지으면서도 여러 마을을 다니며 머리를 깎아주는 일을 했다. 또 1936년 세워진 후포성결교회를 어릴 때부터 다닌 독실한 크리스천이었다. 당시 그는 후포성결교회 집사이기도 했는데, 때문에 그는 공산주의자일 수 없었다.

하지만 1950년 한국전쟁이 일어나자 그의 삶이 바뀌었다. 인민군이 여주를 점령했고 그는 후포인민위원회 서기가 됐다. 사실 후포 인민위원장(이장) 밑에서 보조업무를 하는 단순한 일이었다. 정달순은 자신이 교회 집사인 걸 세상이 다 알기 때문에 서기 자리까지 고사하면 인민재판에 회부될까 걱정됐다. 억지춘향 격으로 맡은 감투 때문에 그는 목숨을 빼앗기게 됐다.

아버지 정달순이 학살된 현장에 선 정병두.

생매장된 부역혐의자들

정달순이 업무보조를 했던 후포인민위원장 신재동은 어떻게 됐을까?

"저놈 잡아라!"

군인들이 청년을 향해 총질을 해댔다. 고모 집에 숨어있다가 군인에게 발각된 신재동은 담을 뛰어넘어 도주했지만 대퇴부에 총알이 관통했다. 잠지 주저앉은 그는 죽기 살기로 다시 뛰었지만 얼마 못 가 군인들에게 잡혔다. 대신지서 건너편 야산에 신재동이 묻힐 구덩이가 파였다. 신재동과 같은 마을에 사는 치안대안들이 구덩이를 팠다. 죽음을 앞두고 혼절한 신재동은 잠시 후 구덩이에 던져졌다.

치안대원들이 삽으로 흙을 떠서 구덩이를 덮는데 신재동의 두 다리가 쑥 올라왔다. 그는 아직 살아 있는 상태였다.

"악!"

치안대원들이 기겁하자 군인들이 호통을 쳤다.

"이 새끼들이 죽으려고 환장했나! 그냥 묻어!"

명령을 따르지 않으면 자신들이 묻힐 판이었다. 게다가 상황을 지켜보던 신재동의 형도 나타나 손으로 흙을 파내며 울부짖었다.

"어떻게 산 사람을 묻을 수가 있소!"

실랑이가 계속되자 군인은 최후의 선택을 했다.

"탕!"

위협 사격이 있고서야 신재동의 가족은 물러섰다. 군인들이 물러가고 가족이 다시 구덩이를 파헤쳤을 때는 이미 신재동의 목숨은 끊어진 후였다.

이들 이외에도 신재동의 아버지 신윤학이 목숨을 잃었고, 여주군 인민위원장이었던 신영학도 처형당했다. 신영학은 인공 시절 말 타고 여주읍내와 대신면을 다녔다고 한다. 희생자 중에는 일제강점기부터 농민운동을 한 이도 있었다. 몽양 여운형, 김용기와 함께 일제강점기 말 이상촌(理想村) 건설 운동을 전개한 최용근이다.

경기도 양평군 조안면 출신인 김용기에 의해 1935년 주도된 이상촌 운동은 민족사상을 기저로 독립운동을 전개하고, 공동체적 촌락 운영으로 농민들의 주체적인 사회경제력 향상을 도모했다. 이들은 1944년 10월 8일 양평 용문산에서 농민동맹을 결성, 공출 반대, 징병·징용 불응 운동을 전개했다. 이 이상촌 운동에 참가한 여주의 대표 인사가 바로 최용근이었다.(여주시유족회, 『한국전쟁 전후 여주시 민간인희생 미신고자 발굴 및 증언 채록사업 2차 보고서』, 2020)

아직도 침묵하는 학살 피해 유족들

아버지 정달순이 사망하자 정병윤·병두 형제는 졸지에 천애고아가 됐다. 소년 가장이 된 정병윤은 아버지한테 어깨 너머로 배운 이발 기술로 생계를 이어갔다. 후포리 집에 이발소를 차려 사람들 머리를 깎았고 상구리, 하림리, 가산리는 보름마다 출장 이발을 다녔다. 나머지 시간에는 농사를 지었다. 정병두도 형과 함께 출장 이발을 다녔는데 그의 이발 기술은 나날이 좋아졌다.

명절을 앞두고는 특히 더 바빴다. 혼자서 하루에 60명을 이발하기도 했다. 화장실 갈 시간도 없었고 머리 감기는 생략했다. 이발료는 쌀 반 되. 날이 늦어 하룻밤 숙식을 해야 할 때는 지인의 집에서 신세를 졌는데 감사 치레는 그 집 식구 머리를 공짜로 깎아주는 것으로 대신했다.

정병두가 정식으로 이발 면허증을 획득한 것은 군 입대 후였다. 1965년 그는 부산진에 있는 육군 직할부대인 '병기차량재생창'에 배치됐고 그해 가을에 부산에서 치르는 이발 면허시험에 응시했다. 전국에서 1200명이

여주 시내에 조성된 평화공원.

응시해 800명이 합격했는데, 그도 기쁨을 맛봤다. 제대 후 정병두는 농사를 지으면서 명절 때만 이발 일을 했다. 이후 소도 키우고 건축 일도 하는 등 생활전선에서 힘겹게 살아 왔다.

나이 팔십을 맞은 정병두(여주시 대신면 후포리)는 2018년부터 4년째 '한국전쟁 여주유족회장'을 맡아 인생 2막을 살고 있다. 한국전쟁기 국가폭력에 의해 여주에서 희생된 분들을 위한 진상규명과 명예회복에 힘쓰고 있다. 이 지역 희생자는 대부분 부역 혐의에 의한 경우이기에 아직도 유족 대다수가 나서기를 꺼린다. 그는 한 명의 유족이라도 더 찾아내 역사의 상처를 치유하기 위해 애쓰고 있다.

2022.01.08

국군에게 총 맞고 인민군에 치료받은 기구한 이야기

경기도 여주시 용은리 사람들의 전쟁 피해

리명선(가명) 소위는 경기도 여주군(현 여주시) 능서면 용은리 어귀에서 지프차를 멈췄다. 차에서 내린 그는 논에서 일하는 노인들에게 손나팔을 하고 외쳤다.

"어르신, 여기 박용순 동무네 집이 어댑니까?"

노인들은 지프차에 탄 젊은 군인이 낯설었지만 경계하지 않고 알려 주었다. 잠시 후 그는 박용순 집 대문을 두드렸다. 잠시 후 문을 연 이는 박용순의 아내 이씨(李氏)였다. "누구세요"라고 묻는 그녀는 잔뜩 겁을 먹은 듯 자라목을 하고 있었다.

"저는 인민군 소위 리명선이라요."

"……."

"저는 군의관입네다. 제가 박용순 동무를 수술한 사람입네다. 차도가 어떤지 보러 왔습네다."

리명선이 안방 문을 열고 들어가자 피내음이 확 풍겨왔다. 리명선이 박용순의 대퇴부를 덮은 피로 물든 헝겊을 풀자 수술 자국이 드러났다.

"총알을 빼낸 곳이 아물기 시작했습네다. 헝겊을 자주 갈아주고 여기 가져온 약을 바르시라요."

"네. 정말 고맙습니다."

군의관은 박용순에게 목발을 건넸다.

"당분간 안정을 취해야 합네다. 꼭 목발을 짚고 다니시라요."

리명선을 배웅하고 나자 박용순은 한 달 전 그를 만났을 때가 생각났다.

"탕탕탕!"

총소리에 박용순은 의식을 잃었다.

"이보시라요. 동무, 정신차리시오."

흐릿하게 정신이 돌아온 박용순은 극심한 고통에 몸부림쳤다. 급소를 비켜갔지만 몸 어딘가에 총상을 입은 것이다.

"동무 아프더라도 참으시라요."

박용순은 의식이 왔다갔다 해 대답할 기운도 없었다. 그는 양쪽 대퇴부에 박힌 총알을 빼내는 수술을 1시간에 걸쳐 받았다. 마취제도 없이 생살을 갈라 수술했다. 총알이 급소를 피해 대퇴부를 관통했기에 목숨에는 지장이 없었다. 죽은 줄로만 알았던 박용순이 여주 읍내의 병원에 누워 있다는 소식에 가족들은 함석에다 종이를 깔고 데리러 왔다. 박용순은 1950년 여름 내내 목발을 짚고 다녔다.

한국전쟁 발발…… 사라진 사람들

"쿵!"

"쾅!"

"이게 뭔 소리여?"

"……."

정체를 알 수 없는 소리에 여주군 용은리 농부들은 모내기를 잠시 멈추고 허리를 폈다. 귀를 쫑긋했지만 도무지 알 수가 없었다. 다시 허리를 굽혔다.

"전쟁이 났답니다!"

며칠 전 휴가를 받아 나온 송숙범이 소리쳤다. 한국전쟁 발발로 인한 귀대조치에 그도 부대 복귀를 서둘렀다. 그제야 용은리 사람들은 전쟁이 난 것을 알았다.

그로부터 며칠 후인 1950년 6월말 용은리에서 사람 여럿이 경찰에 연행된다. 거기에는 모내기 끝난 논에 비료를 주던 박용순도 포함됐다. 그는 해방 후 남로당 활동을 했다. 여주지역 보도연맹원들이었다. 그들은 여주경찰서 임시유치장으로 쓰인 얼음창고에 구금되었다. 그리고 7월 1일경 그들은 여주읍 중앙동 건지미 골짜기로 끌려가 경찰과 국군 6사단 헌병에 의해 학살되었다. 인민군이 무서운 기세로 밀고 내려오자 대한민국 군경은 후퇴하면서 북한에 동조할 가능성이 있다며 보도연맹원들을 없앤 것이다. 인민군이 여주에 들어오기 바로 전날, 학살은 단행됐다. (신기철·이인수, 『짧은 전쟁 긴 아픔』, 2020)

당시 흥천초등학교 교장 성관식과 전 흥천면장 이근덕, 금사면 이포리 최병화, 최영찬, 김성한과 능서면 매류리 민치복(세정중학교 교장)이 죽임을 당했다. 이 죽음의 골짜기에서 천만다행으로 살아남은 이가 있었으니 여주읍의 노학수와 능서면 매류리의 박용순이었다. 총에 맞고 건지미 골짜기에서 신음하던 박용순을 다음 날 여주읍에 들어온 인민군이 발견했고, 인민군 군의관이 수술을 해 목숨을 건질 수 있었다.

'여주의 모스크바' 용은리

1950년 9월 24일 낙동강까지 밀려갔던 유엔군이 여주땅을 다시 밟았다. 인민군이 여주에 들어온 때가 7월 4일이니 만 80일 만의 수복이었다. 그동안 여주에서는 무슨 일이 있었을까? 여주군에는 군·면·리 인민위원회가

한국전쟁기 여주군 학살터. 동그라미 안은 건지미골짜기(오른쪽)와 매류리 공동묘지.

만들어져 북한군의 통치행위가 이루어졌다. 북한식(무상몰수에 의한 무상분배) 토지개혁이 이루어졌다지만 전쟁으로 인한 공출과 짧은 인민군 점령 기간으로 별 의미가 없었다.

유엔군에 밀려 후퇴하기 직전 북한군은 우익인사들을 학살했다. 전주, 대전, 청주 등지에서 대규모 학살이 이루어졌고, 규모의 차이는 있었지만 여주에서도 벌어졌다. 여주군 금사면에서는 박규관이 얼음창고에서 희생됐고, 능서면에서는 용은리 홍순국·홍순대가, 북내면에서는 서울에서 피신 온 학생을 포함해 7명이 냇가 모래사장에서 북한군과 지방 좌익에 의해 살해당했다.

또 인공 시절 주요 활동을 했거나, 민간인 학살에 가담한 이들은 인민군을 따라 월북할 수밖에 없었다. 인민군에 의해 목숨을 건지고 인공 아래에서 이런저런 활동을 한 박용순도 선택의 기로에 섰다. 그는 신원리 처갓집으로 가 "숨겨달라"고 했지만 거절당했다. 그는 용은리 사촌처남 집 사랑방 다락에 숨을 수 있었다. 하지만 "빨갱이를 숨긴 자는 똑같이 처벌한다"는 소리에 그는 그 집에서 나와야 했다.

그의 이후 행적은 정확히 전해지지 않지만 군·경에 의해 학살된 것으로 추측된다. 그의 아내 용인 이씨(李氏)와 아들 박준원(당시 17세)도 매류리 고령토구덩이(공동묘지)에서 부역 혐의로 학살되었다. 박용순의 동생 박용옥은 월북을 시도하다가 경기도 광주군 석바다에서 사살 당했다.

용은리에서는 유독 박씨들의 희생이 컸다. 능서면 부인민위원장 박천원과 그의 아버지 박용달과 어머니가 매류리 공동묘지와 능서면 일대에서 죽임을 당했다. 박천원의 아버지 박용달은 용인리 인민위원장을 했다. 같은 마을 박중원과 그의 어머니, 할머니, 남동생 박형원도 같은 신세였다.

능서면 용은리는 부역혐의로 학살된 이들도 많고, 월북한 이들도 많고 의용군을 간 이도 많다. 당시 용은리는 '여주의 모스크바'로 불릴 정도였다.

"용은리에는 해방 후 박씨들이 죄다 남로당 활동을 했어요. 그이들 때문에 (전쟁) 피해가 컸지요."

이천수(90세, 여주시 능서면 용은리) 옹의 증언에 의하면 일제강점기에 대학을 다녔던 박용술은 인공 시절 경기도 인민위원장을 했다고 한다. 수복기에 그는 부모와 함께 월북했다. 같은 마을 박용만도 어머니, 남동생 박용조와 여동생 박용분을 데리고 북으로 갔다. 물론 용은리의 전쟁 피해가 박씨에게만 국한되지는 않았다. 이병기 가족이 대표적인 경우다. 이병기와 그의 아내, 아들 이시현과 그의 동생 세 명까지 해서 총 6명이 공동묘지에서 죽임을 당했다.

형은 의용군, 동생은 국민방위군

"18세 이상 남자들은 전부 모이시오."

전갈을 받은 이천호(당시 만18세)는 마을 회관으로 갔다. 회관 안에는 능서면 부인민위원장 박천원과 그의 아버지 박용달(용은리 인민위원장), 그리고 여성동맹 간부들이 앉아 있었다. 18세 이상 남성들이 회관 밖에까지 길게 줄지어 있었다.

즉석 심사로 의용군 입대 여부가 가려졌다. 말이 좋아 의용군이지 강제로 끌려가는 것이나 다름없었다. 이천호의 형 이만호 순서였다.

"너 의용군 가라."

"저는 안 돼요. 농사지을 사람이 없습니다."

"네 아버지, 동생도 있는데 왜 못 가냐? 가!"

그렇게 해서 형 이만호가 의용군으로 가고 이천호는 제외됐다. 이 소식이 전해진 이만호 집은 상갓집 분위기가 됐다. 그날 저녁 이만호의 아버지가 닭을 두 마리 잡아 한 마리는 만호에게 주고, 나른 한 마리는 나머지 가족들이 먹었다. 먹는 내내 아무도 입을 열지 않았다. 이만호를 포함한 인민군 의용군에 입대한 여주 용은리 청년 20명은 다시는 고향 땅을 밟지 못했다. 다만 홍종태와 인한영만이 의용군 대열에서 도망쳐 고향에 살아 돌아왔다.

이후 이천호는 제2국민병(국민방위군)에 소집되었다. 그는 1950년 11월 경북 경산에서 현역에 자원입대했다. 대구8교육대에서 2주간 훈련을 받은 후 강원도 정선에 배치되었다. 전선은 강릉과 고성, 양구로 이동되었다. 이

의용군 모집을 했던 마을회관 앞에 선 증언자 이천호.

천호는 양구에서 부상을 입고 1953년에 의병제대했다. 이렇게 여주군 능서면 용은리 사람들이 겪은 전쟁의 아픔은 크고 깊었다.

2022.01.15

4월 혁명에 참여한 엿장수, 신원조회·감시에 붙들린 삶

한국전쟁 때 어머니와 여동생을 잃은 여정수의 인생역정

대구역 플랫폼에서 마산행 열차를 기다리는 여정수의 마음은 담담했다. 사과장사를 해서 재기를 노렸지만 빈털터리가 되어 특별한 계획도 없이 마산으로 가는 길이었다. 기적소리를 내며 도착한 열차에 몸을 실은 그는 삼랑진을 거쳐 마산에서 내렸다.

그런데 초저녁답지 않게 마산 하늘이 컴컴했다. 바람도 불었다.

"날씨가 왜 이렇지, 비가 오려나?"

여정수는 중얼거리며 여인숙을 찾았다. 마산에서의 첫날밤, 그는 혹독한 신고식(?)을 치렀다. 강력한 태풍 '사라'호가 마산에 상륙한 것이다. 사이판섬의 동쪽 해상에서 발생한 제14호 태풍 '사라'는 제주도와 영남을 비롯한 전국에 물폭탄을 뿌려댔다. 태풍 사라는 사망 및 실종 849명, 이재민 37만 명이라는 엄청난 피해를 낳았는데, 여정수가 묵은 여인숙 지붕도 날아갔다. 1959년 9월 15일의 일이었다.

다음 날 마산 시내를 걷던 그는 엿장수 노인에게 말을 건넸다.

"할아버지, 저도 그 일 좀 할 수 없습니까?"

말 없이 아래위로 쳐다보던 노인은 여정수에게 말했다.

"따라 오시우."

노인을 따라 고물상에 간 그는 엿장수 지게를 받았다. 그가 할당받은 구역은 시내가 아니라 산비탈이어서 리어카로는 다닐 수 없었던 것이다.

3.15 부정선거 규탄… 그리고 부상

여정수가 엿장사를 한 지 6개월 됐을 때였다.

"으쌰 으쌰!"

"저게 뭔 소리랴?"

"부정투표는 무효다!"

"민주주의를 사수하자!"

거리에서 들려오는 구호가 거세어졌다. 엿도가(都家)에서 하숙하던 여정수가 엉덩이를 들썩이며 일어나려던 찰나였다.

"정수야, 여기 앉아라!"

도가집 안주인이 그의 손목을 잡아끌었다.

"너 나가면 죽어!"

"소변 좀 보고 올게요."

여정수는 화장실 가는 척하다가 길거리로 쏜살같이 달려 나갔다.

땅거미가 내려앉은 저녁 7시경 마산 시내는 학생과 시민들의 함성으로 뒤덮였다. 그날 치러진 1960년 3·15 정·부통령 선거에서 이승만 정부의 부정투표에 분노한 이들이었다. 당시 자유당은 이승만과 이기붕을 당선시키려 전무후무한 부정 투·개표 행위를 저질렀다. 3명이 투표소에 같이 들어가 자신이 찍은 투표용지를 조장에게 보여주는 이른바 '3인조 선거'를 강요하고 개표 과정에서 투표함을 바꿔치기하기도 했다.

3월 15일 오후부터 마산에서는 부정선거 규탄 시위가 시작됐고 엿장수 여정수도 동참했다. 마산시 자산동 굴다리 위 기찻길에는 교복을 입은 학

창원시 마산합포구에 있는 3.15 의거 기념탑.

생들이 까마귀처럼 몰려들었다. 여학생들은 치마에 철길에 있는 자갈을 담아 날랐고, 남학생들은 경찰들에게 돌팔매질을 했다. 시위대가 마산시청 정문 앞에 거의 다다랐을 때였다.

"끼익."

급정거한 지프차에서 내린 경찰들은 사방으로 흩어져 몽둥이찜질을 했다. 여정수는 골목으로 무작정 뛰었다. 부우웅 하는 소리와 함께 지프차가 골목까지 쫓아왔다. 지프차는 그를 향해 돌진했고 퉁 하는 소리와 함께 여정수는 도랑으로 날아 떨어졌다.

"저 새끼 살았는데요."

"(바다에) 집어 넣읍시다."

의식이 가물거리던 여정수는 '수장시키자'는 소리에 정신이 번쩍 들었다.

"으윽. 살려 주세요."

경찰 간부는 아무리 그래도 산 사람을 바다에 집어넣을 수는 없다며 여정수를 입원시켰다. 도립병원에 입원한 그는 전신마취를 하고 팔, 다리, 머리 수술을 했다. 깁스를 하고 있는 그를 마산검찰청에서는 중대 범죄자로 옭아매려고 했다. 그는 마산이 고향도 아닌 외지인이었고 몽양 여운형 집안이었기에 '빨갱이'로 만들기에 최적의 조건이었다. 다행히도 도립병원장은 중환자 여정수를 검찰에 내주지 않았다.

이승만이 물러가고 1년 후에 5.16 쿠데타가 일어났다. 쿠데타로 집권한 박정희 정권은 원호처(국가보훈처의 전신)를 설립해 4월 혁명의 사망자 및 부상자들을 원호대상자(국가유공자의 전신)로 선정했다.

"월 2250원을 드리겠습니다."

"필요 없어요!"

C급 원호대상자 지정과 연금을 단호히 거부하는 여정수 앞에서 원호처 직원은 얼굴이 빨개졌다. 1961년 당시 5급 공무원 월급이 2500원이었다. 4.19 혁명의 성과를 군홧발로 짓밟은 박정희 군사 정권을 인정할 수는 없어 여정수는 원호대상을 거부했다.

이후 여정수는 고향인 경기도 여주군(현 여주시) 금사면 전북리로 돌아왔다. 하지만 고향은 그를 반기지 않았다. 여주경찰서 정보과 형사는 그에게 떠나라고 했다. 이후 여정수는 기차를 타고 강원도 태백군(현 태백시) 철암역에 도착했다. 당시 철암~황지 간 산업철도 부설공사가 시작됐다. 3개월 정도 일했을 때 함바 주인이 말했다.

"성운이 떠나야겠어."

성운은 여정수의 가명이었다. 여정수가 이유를 묻자, 함바 주인은 난처한 듯 얼굴을 붉히고 입을 다물었다.

그는 철암을 떠나 황지 탄광에서 새 둥지를 틀었다. 탄광에서는 좁은 굴에 통발(굴 붕괴를 막기 위해 세우는 받침목)을 들고 가기에 적합한 덩치가 작은 사람이 필요했다. 체구가 작은 여정수가 제격이었다. 그는 몸이 부서져라 일했지만 경찰의 신원조회와 감시는 여기에도 미쳤다. 당시 박정희 정권은 4월 혁명 참가자 일부를 대상으로 신원조회를 통한 감시를 일삼았는데 여정수도 그 사례로 보인다.

한국전쟁 때 목숨 잃은 엄마와 여동생

"펑!"

하늘에서 조명탄이 터지자 주변이 대낮처럼 밝아졌다. 말 그대로 개미가 움직이는 것도 보일 정도였다.

"쾅쾅쾅!"

"타타탕!"

미군의 대포와 기관총, 소총이 연달아 불을 뿜었다. 조명탄의 수명이 다하는 순간 이번에는 깨개개갱, 삐리리리 하는 중공군의 꽹과리와 나팔 소리가 미군의 혼을 빼앗았다.

미군과 중공군의 일진일퇴로 경기 여주군 금사면 전북리의 겨울밤은 무척이나 길었다. 아침 해가 뜨자 눈 속에 파묻힌 중공군 시신이 셀 수 없을 정도였다. 주민들은 시신을 수습해 야산에 매장했다. 마을이 전장터로 변하자 주민들은 피난길에 나섰다. 피난길 준비를 하던 윤금례(당시 29세)가 뒤주에서 쌀을 꺼내는 순간이었다.

"슈~웅 쾅" 하는 소리와 함께 포탄이 그녀 앞에서 터졌다. 쌀바가지가 깨지면서 쌀이 사방으로 튀고 그녀는 마루에 고꾸라졌다. 등에 업힌 6개월 된 아기도 그 자리에서 즉사했다. 장롱에서 이불을 꺼내 갖고 나오던 아들 여정수(1939년생)는 다행히 목숨을 건졌다.

아버지 여병기는 제2국민병(국민방위군)으로 집에 없었다. 아내와 딸이 죽었다는 소식을 들은 여병기가 집으로 돌아왔다. 하지만 집안 사정은 나아지지 않았다. 쌀독이 바닥나 열흘 동안 굶은 여병기는 머리가 어질어질했다. 두 달만 있으면 햅쌀이 나오지만 결국 마을 지주에게 '장리(長利)' 쌀을 빌리기로 했다. 장리쌀은 보통 이자가 5할(50%)이었다. 즉 봄에 5말을 빌리면 가을에 7말 반을 갚아야 했다. 여병기가 장리쌀 5말을 빌려와 피눈물을 흘린 다음 날 새벽, 아들 여정수는 집을 뛰쳐나왔다. 1954년 7월, 소년의 나이 16세 때였다.

열여섯 살 소년이 할 수 있는 일은 별로 없었다. 식당 서빙, 지게꾼, 아이스케키 장수 등을 전전했다. 이후 제과업, 딸기잼 장사도 했지만 모두 망하고, 빈털터리로 마산행 기차를 탔다. 마산에서 4.19 혁명을 겪은 그는 우여곡절 끝 귀향해 농촌지도자교육을 받기도 했다.

그러던 그는 서울 동대문시장에서 옷장사를 시작했다. 그는 옷장사로 경제적 안정을 이루었는데, 1980년대부터는 지역에서 알아주는 유지가 되었다. 그는 88 서울올림픽 준비위원으로 선임돼 1964년 하계올림픽 개최지였던 일본 도쿄를 선진지 견학차 방문했다.

국가유공자 증서를 들고 있는 증언자 여정수.

방문 중 히로시마 원폭돔을 가게 된 그는 문화 충격을 받았다. 부끄러운 역사이든 피해의 역사이든 건축과 문화재를 있는 그대로 보존하는 게 중요함을 깨달은 것이다. 그때부터 그는 국내의 철거되는 건축과 문화재를 사들여 보존했다. 1975년부터 관악캠퍼스로 이전된 서울대학교 본관 건물 중 일부를 포함, 이기붕 서울시장·이후락 중앙정보부장의 자택 및 별장 건물, 삼풍백화점 정문에 있던 건축물 등이 그것이다. 1500평의 자택에 1000여 점의 문화재를 소유한 그는 진정한 문화인이다.

2022.01.22

전쟁 때 가족을 잃은 이들의 생존법

경기도 여주군 차경자·재경 자매와 김규석·박수빈 부부

"경자, 너 오늘도 월사금 안 갖고 왔냐?"

"……."

차경자(1943년생)는 매의 눈을 한 선생님의 얼굴을 똑바로 바라보지 못했다. 한심하다는 듯 쳐다보는 친구들의 눈초리와 마주칠까봐 창피하기도 했다.

소녀는 훌쩍이며 집에 왔지만 엄마에게 월사금 얘기는 입도 뻥끗하지 못했다. 삯바느질로 그날그날 생활하는 엄마에게 또 하나의 고통을 줄 수는 없었다. 저녁 내내 냉가슴을 앓은 경자는 무슨 결심이 섰는지 종이와 연필을 꺼냈다. '선생님께~'로 시작된 편지는 자기 가족의 사연과 월사금을 왜 제때 못 내는지에 대한 구구절절한 사연으로 채워졌다. 편지를 쓰면서 아버지와 엄마 생각으로 눈물이 샘솟듯 했다.

차경자는 새벽까지 쓴 편지를 들고 다음 날 아침 조회가 끝나고 교무실로 갔다.

"선생님 이거요."

경자가 건넨 편지를 묵묵히 읽던 선생님의 눈가에 눈물이 맺혔다.

"그랬구나……."

한동안 말을 잇지 못하던 선생님이 입을 열었다.

"앞으로 졸업할 때까지 사친회비 걱정하지 마라."

소녀의 가슴에 얹혀 있던 바위가 내려가는 순간이었다. 밤새 쓴 경자의 편지에 눈물을 흘린 선생님은 경기 여주군(현 여주시) 여주초등학교 이범학 교사였다. 차경자가 여주초등학교 2학년 때이던 1951년의 일이었다.

호미 들고 향교 뒷동산에 갔던 모녀

그로부터 1년 전인 1950년. 한국전쟁이 일어난 그해 10월 차경자는 엄마와 함께 아빠의 시신을 찾으러 갔다.

"경자야, 호미 챙겨라."

경자는 호미를 들고 엄마를 쫓아갔다. 8살 된 경자는 아버지의 죽음이 믿기지 않았다. 그저 호미를 챙기라고 하니 들고 따라갈 뿐이었다.

엄마 등에는 동생 재경(1947년생)이 쌔근쌔근 잠들어 있었다. 다행히 소달구지를 타고 가던 옆집 할아버지가 "경자야. 여기 타거라" 해서, 모녀는 그나마 편하게 갈 수 있었다. 아침 일찍 서두른 김정희·차경자 모녀는 아침 8시경에 여주군 여주읍 여주향교 뒷동산에 도착했다. 그곳에는 이미 많은 이들이 와 있었다. 남성들은 삽과 괭이를 들고 땅을 팠고, 시신이 나오면 사람들이 우르르 몰려들어 가족인지 확인했다.

곳곳이 울음바다였고, 삽과 괭이를 든 이들의 손놀림은 더욱 바지런해졌다. 남편의 시신을 찾지 못한 김정희의 속은 바싹바싹 탔다. 삽과 괭이를 든 이들의 손은 날랬지만 자신들은 기껏 호미로 하니 더딜 수밖에 없었다. 집에 사내가 둘이 있었지만, 큰아들은 의용군으로 끌려갔고 작은아들은 집에 없었다.

김정희 모녀의 땅파기는 오후까지 이어졌다. 경자의 배는 등딱지에 붙

증언자 차경자(왼쪽)·차재경 자매.

은 지 오래였다. 그렇지만 엄마에게 배고프다는 소리를 할 수는 없었다. 엄마는 동생까지 업고 있었다.

"경자야. 그만 가자."

"엄마. 흙이라도 가져 갈까?"

"……."

8살짜리 아기가 어떻게 그런 생각을 했는지 기특했지만, 맨흙은 아무 의미가 없기에 김정희는 고개를 가로저었다.

울음을 꾹 참았던 김정희는 집에 와서야 대성통곡을 했다. 남편 차용환은 한국전쟁 군경 수복시에 잠시 피난 가 있으라는 친구들의 권유에 서울로 피신했다. 그런데 고향의 처자식이 궁금해 엉덩이가 들썩였다. 그가 여주버스정류장에 도착하자마자 마치 기다렸다는 듯 치안대가 그를 연행했고, 이후 학살되었다. 1950년 10월 중순 어느 날이었다.

미군부대에 취직하다

"미군부대 취업하려면 영어를 알아야 돼!"

"그러면 어떻게 해야 되는데?"

경자는 걱정이 되어 조심스럽게 마을 언니에게 물었다.

"내일 아침까지 알파벳을 전부 외워."

그날 밤 경자는 알파벳 26자를 외우느라 꼬박 밤을 새웠다. 다음 날 여주군 능사면 미군부대의 미군은 그녀에게 "알파벳을 써 보시오"라고 했다. 주저없이 술술 쓰고 합격했다. 그렇게 해서 18세 차경자는 미군부대에서 식당 일과 청소를 하게 됐다.

아버지와 큰오빠가 돌아가시고 어머니 김정희의 삯바느질로 먹고 살았다. 차경자의 동생 차재경도 늘 배가 고팠다. 다행히 인쇄소에 다니는 집안 아저씨 덕분에 도화지 같은 학용품은 걱정하지 않았다. 재경은 고아원(여광원)의 친구들에게 도화지를 나눠 주고 대신 친구들에게 빵을 얻어 먹었다.

언니와 마찬가지로 차재경은 상급학교에 진학할 수 없었고 소창공장에 취직했다. 하급 선염사를 사용해 기저귀를 만드는 곳이었다. 얼마 후에는 서울 천막사에 취업했다. 결혼 후에는 남편에게 불행이 닥쳤다. 1980년 출근하던 남편이 무면허 차에 치여 장애인이 되었다. 이후 그녀는 식당을 차려 악착같이 장사를 했다. 다른 한편으로는 자신보다 더 어려운 사람들을 위해 봉사를 했다. 천주교에서 독거노인들을 위해 운영한 '베로니카집', 장애인 시설인 '나팔집', 중증장애인 목욕봉사를 하는 '평화의집'에서 활동했다. 또한 보리사 신도회장도 10년간 했다.

장애인인 남편도 돌보면서 사회적 약자를 위해 애쓴 것은 한국전쟁 때 억울하게 학살된 아버지와 행방불명된 오빠 때문이었다. 자신보다 힘든 이들을 돌보는 것으로써 그들의 한을 풀 수 있다고 믿는다.

3000세대 1만 명이 살았던 '도인촌'

1951년 할머니와 어머니를 따라 부산역에 내린 김규석(1946년생)은 모든 게 신기했다. 그때까지 김규석은 자신이 태어난 여주군 흥천면을 벗어나지 못했었다. 초등학교 6학년 때 처음 기차를 탔는데 내리고 보니 부산이었다.

김규석의 가족은 부산시 감천동 태극도 도인촌에 짐보따리를 풀었다. 온 가족 입이 쩍 벌어졌다. 산비탈에 계단식 집이 죽 늘어서 있는, 이른바 '달동네'였다. 헉헉거리며 산꼭대기에 올라가 부엌이 딸린 방 한 칸 집에 짐을 풀었다. 일요일에 교회를 갔는데, 태극도 성전이 궁궐 같아 또 다시 입이 벌어졌다. 수천 명이 되는 태극도 신도들이 모여 예배를 보았다. 이후 1958년에는 3000세대 1만 명이 거주할 정도로 태극도는 성장했다.

김규석 집안은 할머니 최춘식의 주도로 부산 도인촌으로 이주했다. 최춘식의 태극도 신앙은 거의 광신적이었다. 최춘식은 왜 이렇게 신흥종교인 태극도에 몰입했을까? 한국전쟁기에 자식을 둘 잃은 그녀는 가슴에 한이 맺혔다. 그런데도 사람들은 '빨갱이 가족'이라고 손가락질했다. 당시 교회에는 반공주의가 횡행했기 때문에 그녀는 교회에 다닐 수도 없었다. 그러자 한국전쟁으로 상처를 입은 사람들, 가난하고 소외된 사람들이 태극도 아래로 모여들었다. 이처럼 1950년대 중반 대한민국에서는 신종교(신흥종교)가 엄청난 기세로 성장했다.

전쟁의 상처 지닌 부부

최춘식의 아들이자 김규석의 아버지 김영환에게 무슨 일이 있었던 것일까. 1950년 10월 쫓겨갔던 대한민국 군경이 수복하자 여주군 흥천면 외사리 김영환(1925년생)은 이포 친구집으로 피신했다. 하지만 그는 치안대에 검거되었고, 남동생 김정환(1928년생)도 보리밭에서 일하다가 여주경찰서로

증언자 김규석(왼쪽)·박수빈 부부

연행됐다.

경찰서 유치장에서 김영환은 유서를 작성했다. '내 동생은 아무 일도 하지 않았다, 다 내 책임이다'라는 내용이었다. 하지만 두 형제 모두 불법적으로 군경에 의해 학살당했다. 두 아들이 죽은 장소를 몰랐던 아버지 김석환과 어머니 최춘식은 마을 앞 읍뜰을 헤맸다.

결국 남편 김석환마저 세상을 떠나고 최춘식은 며느리와 손주를 데리고 여주를 떴다. 김영환의 아내 박옥분은 부산에서 살 궁리를 해야 했다. 그래서 '동동구루무', 즉 화장품 장사를 시작했다. 아들 김규석이 완월동에서 도매로 물건을 가져오면 박옥분이 구루무를 병에 담아 마을을 다니며 팔았다. 하지만 외상이 많아 남는 게 없었다. 그러던 차에 1960년 큰 홍수가 부산을 덮쳤고 박옥분은 외상값도 받지 못하고 물건도 모두 날렸다.

이후 김규석 가족은 각개약진했다. 박옥분은 다시 여주로 가 농사를 지었고, 규석의 누나들은 공장에 취업했다. 규석은 구두닦이를 시작으로 청호(개똥쑥), 먹통(목통), 천남성 등의 약초를 캐 한약방에 팔았다. 공장과 건축 현장에도 부지런히 다녔다.

1972년에 결혼한 그의 부인도 전쟁의 상처를 지니고 있다. 부인 박수빈(1954년생)이 태어나기 4년 전, 그녀의 숙부인 박금석(1917년생)과 박광철(1920년생)이 부역 혐의로 학살되었다. 여주군 북내면 녹수골에 살던 박금석, 박광철 형제는 군경 수복 시기에 큰형 박백산을 찾으러 가다가 큰길가에서 이유 없이 총살당했다. 그들은 북한군 점령시절 부역활동도 하지 않았다. 이렇게 한국전쟁기에 상처를 지닌 두 사람이 만나 부부가 되었다. 그들은 결혼 이후 여주군 흥천면 외사리에서 농사를 짓고 상처를 보듬으며 살고 있다.

2022.01.29

남몰래 우익 인사 풀어준 인민위원장, 부역 혐의로 처형

경기도 화성군 태장면 최병기 일가가 겪은 한국전쟁

"형수님."

시동생들이 이한인을 불렀다. 어린 시동생들은 자기 몸집보다 큰 빨래를 이고 있었다. 동두천 미군부대에서 받아온 미군 군복 무더기였다. 이한인은 얼른 달려가 빨랫감을 받아들었다.

"아이구. 고생했어요."

소년 티를 벗어나지 못한 최병각(1933년생), 최병탁(1935년생)은 볼이 빨갰다. 이한인(1924년생)은 건네받은 빨랫감을 논 가 둠벙(웅덩이) 옆에 내려놓았다. 매서운 추위에 둠벙은 꽁꽁 얼었다. 그녀는 머리통만 한 돌을 들고 내리쳤다. 처음에는 돌이 튕겨져 나갔지만 몇 차례 반복하자 쩍하는 소리와 함께 얼음이 갈라졌다. 빨래는 얼음물에 닿자마자 뻣뻣해졌다. 이한인의 손은 빨갛다 못해 시퍼래졌다. 빨랫줄에 군복을 널면 금세 고드름이 달렸다. 밤이 지나면 군복은 얼음덩어리가 됐다.

그나마 시동생들이 빨래 거리라도 얻어와 이한인을 비롯한 가족들은 입에 풀칠을 할 수 있었다. 이한인의 시동생 최병각과 최병탁은 미군부대 하우스보이였다. 한국전쟁 당시 주로 전쟁 고아 소년들이었던 '하우스보이'

는 미군부대 안에서 빨래, 청소, 군화닦이 등의 허드렛일을 했다. 1951년부터 1954년까지 이한인은 군부대 인근에 방을 얻어 군복 빨래를 했다. 전쟁 전에는 유복한 집안 도련님이었던 최병각과 최병탁은 어쩌다 하우스보이가 됐을까.

우익인사 살려 준 인민위원장

1950년 9월 말 경기도 화성군 태장면 병점리. 인민군이 밀고 내려와 인민공화국 세상이 되었다. 우익 인사들은 병점분주소 옆 창고에 갇혀 있었다. 보초를 서는 이는 자리에 없었다. 깊은 밤 그림자 하나가 나타났다.

"봉진이 형님, 잠깐 나 좀 봅시다."

그림자는 창고에 갇혀있던 윤봉진(30대 후반)을 불러냈다.

"형님, 아무 말 하지 말고 얼릉 도망가시오."

그림자의 주인공 최병기가 말했다.

"고맙네, 동생."

윤봉진은 무작정 뛰었다. 대한청년단 병점리 부단장이었던 윤봉진이 목숨을 건진 것은 병점리 인민위원장 최병기 덕분이었다. 윤봉진은 그렇게 살아났지만, 그를 남몰래 풀어준 최병기는 그해 12월경 목숨을 잃었다. 이후 물러갔던 대한민국 군경이 돌아오자 인민위원장을 한 최병기는 부역죄에 걸려들었다.

1.4 후퇴 직전 희생된 최병기.

일제강점기에 양정고보를 중퇴한 최병기(1922년생)는 해방 직후 수원 시내 신풍국민학교에서 잠시 교사 생활을 했다. 이후 그는 아버지가 경영하던 누룩창고 관리인으로 일했다. 퇴근 후 그는 병점에서 야학을 열었다. 당시만 하더라도 글을 모르는 문맹자가 많았기에, 야학당은 언제나 만원이었다. 큰 경제적 어려움이 없이 지내던 최병기에게 고난이 닥친 것은 6.25가 터지면서였다.

전쟁 통에 두 아들 잃고 화병 난 아버지

1950년 6월 병점국민학교에 입학한 최영섭(1944년생)은 얼마 안 가 이하선염(볼거리)에 걸렸다. 할아버지에게 업혀 병원에 갔다 오는 길에 소년은 트럭 행렬을 만났다.

"즉시 피난 가시오!"

트럭에 탄 군 장교가 외쳤다. 이상한 것은 트럭에 탄 군인들이 모두 민간인 복장을 하고 있었다. 인민군과 싸우다 도망치는 군인들이 눈가림으로 민간인 복장을 한 것이다.

그럼에도 일반 국민들은 피난길을 택할 수는 없었다. 거기에는 6월 27일 이승만 대통령의 '서울 사수' 방송이 한몫했다. 서울을 탈출해 대전에서 방송을 녹음한 이승만은 국민을 기만했다. 다음 날인 6월 28일 서울은 인민군에 점령당했고, 7월 4일에는 수원·화성도 인민군 수중이 되었다. 수원이 함락되기 하루 전인 7월 3일에는 미군의 폭격으로 수원시가 불바다가 되었다.

화성군 태장면 병점리에서 지식인층에 속했던 최병기는 인민군이 진주한 후 인민위원장이라는 감투를 떠안게 되었다. 그가 인공 시절 어떤 활동을 했는지 밝혀진 바는 없다. 요즘으로 치면 마을 이장을 한 정도이니 대역죄를 지을 리도 만무했다. 오히려 그는 '어떠한 억울한 죽음도 있어서는 안 된다'고 생각했기에 대한청년단 병점리 부단장을 풀어주기도 했다.

후퇴했던 군경이 수복하자 최병기는 몸을 피했다. 하지만 그는 용인군 구성면에서 체포돼 병점지서로 연행됐다. 그 사이 경찰들은 최병기의 동생 최병문(1927년생)을 연행해 고문했다. 형이 도망친 곳을 대라는 이유에서다. 최병기가 붙잡힌 후에야 병문은 풀려날 수 있었다. 만신창이가 돼 지서를 나오는 병문의 등 뒤로 형님 최병기의 비명소리가 들려왔다. 이후 최병기는 수원경찰서를 거쳐 수원형무소에 투옥되었다. 그러다가 1951년 1.4 후퇴 직전 목숨을 잃었다.

최병기의 또다른 동생 최병무(1925년생)도 전쟁 통에 목숨을 잃은 것으로 보인다. 최병무는 일제강점기 때부터 사회운동에 뛰어들었고 일경에 검거돼 고춧가루 고문, 물고문도 당했다. 해방 직후 최병무는 남로당 활동을 하다가 국민보도연맹에 강제로 가입됐다. 전쟁 직전 수원에서 철도공무원 생활을 한 그는 인민군 주둔 시절에도 활동을 했다. 수복 후 그는 행방불명되어 아직도 정확한 생사가 밝혀지지 않았다. 가족들은 다만 월북을 했거나 군경에 학살되었을 걸로 추측한다.

난리 통에 두 아들을 잃은 최성보(1897년생)는 화병으로 1951년 55세의 나이로 세상을 떴다. 일제강점기 때 경찰조직에 10년간 몸 담았던 최성보는 누룩 사업을 크게 벌여 병점역에 누룩 창고를 짓기도 했다. 누룩을 전국적으로 매집해서 이듬해 봄에 파는 사업으로 부를 축적했고 양조장도 경영했다. 그렇게 남부러울 것 없던 최성보는 난리 통에 두 자식을 잃고 삶의 의욕을 잃었다. 수복 후에는 반공청년단이 땅을 전부 빼앗아가기까지 했다.

부잣집 딸이 겪은 '난리'

최병기의 부인 이한인은 화성군 남양면 무송리 출신이다. 그는 일제강점기 후반 이른바 '처녀공출'을 피하기 위해 병점 유지의 자제인 최병기와 결혼을 했다. 결혼 전 그녀는 남양보통학교를 나와 서울에 있는 상급학교 재수를 준비하고 있었다. 당시 여성이 서울 상급학교에 진학하려고 했다

증언자 최영섭.

는 것 자체가 그만큼 집안이 유복했음을 보여준다.

그런 그녀에게 한국전쟁은 고통 자체였다. 남편과 시동생이 죽고, 시아버지도 화병으로 세상을 떴기 때문이다. 먹고 사는 것은 이제 이한인의 몫이 되었다. 다행히 전쟁 통에 우익청년단에 빼앗겼던 땅 중에서 38마지기는 되찾을 수 있었다. 하지만 '빨갱이 집안'이라는 손가락질 때문에 병점에서는 더이상 살 수 없었다.

땅을 헐값에 팔고 친정인 화성군 남양면 무송리로 갔다. 그곳에서 논을 사 소작을 주고 이한인은 시골로 행상을 다녔다. 처음에는 떡장사, 엿장사를 하다가 옷장사를 했다. 이한인은 쌀 2말을 이고 서울에 걸어가서 옷을 샀다. 쌀 2말은 옷값이었다. 다음 날 다시 옷을 이고 화성까지 걸어와 마을을 다니며 옷을 팔았다. 쌀과 옷 무게 때문에 그의 목은 자라목이 되었다.

최병기 아들 최영섭은 초등학교 1학년을 세 번 다녔다. 병점초등학교에 입학한 지 한 달도 안 되어 6.25가 났다. 당연히 학교가 문을 닫았다. 이듬

해인 1951년 화성군 남양면에 있는 활초초등학교에 다시 입학했다. 이번에는 일주일 만에 학교를 그만뒀다. 엄마 이한인이 서울로 행상을 다녀 3살짜리 여동생을 봐야 했기 때문이다. 다음 해인 1952년에야 다시 활초초등학교에 입학했고 이번에는 끝까지 학업을 마칠 수 있었다. 이후 그는 경동 중·고등학교를 거쳐 경희대 상과를 졸업했다.

1965년에 군에 입대한 그는 경기도 양평 9사단 백마부대로 배치되었다. 당시는 베트남전쟁이 벌어져 한국군이 베트남에 파병될 때였다. 그는 '명분 없는 전쟁에 왜 가는가'라며 베트남전쟁에 부정적이었고 결국 베트남 파병에 응하지 않았다. 그는 대학 졸업 후 사진재료상을 하기도 했으며, 서울 돈암동 성신여대 입구에서 치킨센터를 열었다. 장사가 잘 되었지만 건물주와의 갈등으로 장사를 접었다. 이후 그는 여주로 낙향해 농사를 지었다. 팔십을 앞둔 그는 아버지의 명예회복이 이루어지기를 간절히 기도하고 있다.

2022.02.05

박만순의 기억전쟁 2

2022년 7월 1일 초판 1쇄 발행

지은이 박만순
펴낸이 유정환
펴낸곳 도서출판 고두미
등록 2001년 5월 22일(제2001-000011호)
충북 청주시 상당구 꽃산서로8번길 90
Tel. 043-257-2224 / Fax. 070-7016-0823
E-mail. godumi@naver.com

ISBN 979-11-91306-28-6 03300

값 17,000원